贵州山区普通二级公路提质升级改造技术方案研究与应用实践

——以 G243 湄潭月亮坝至余庆公路为例

郑世伦　刘斌　罗波　董延琦　肖平　孟云伟　◎　编著

西南交通大学出版社
·成　都·

图书在版编目（CIP）数据

贵州山区普通二级公路提质升级改造技术方案研究与应用实践：以 G243 湄潭月亮坝至余庆公路为例 / 郑世伦等编著. —成都：西南交通大学出版社，2022.7
ISBN 978-7-5643-8780-8

Ⅰ. ①贵… Ⅱ. ①郑… Ⅲ. ①国道 - 道路工程 - 旧路改造 - 方案 - 贵州 Ⅳ. ①U412.36

中国版本图书馆 CIP 数据核字（2022）第 128739 号

Guizhou Shanqu Putong Erji Gonglu Tizhi Shengji Gaizao Jishu Fang'an Yanjiu yu Yingyong Shijian
— Yi G243 Meitan Yueliangba zhi Yuqing Gonglu Weili

贵州山区普通二级公路提质升级改造技术方案研究与应用实践
——以 G243 湄潭月亮坝至余庆公路为例

郑世伦　刘　斌　罗　波　董延琦　肖　平　孟云伟　**编著**

责任编辑　陈　斌
封面设计　GT 工作室

出版发行　西南交通大学出版社
（四川省成都市金牛区二环路北一段 111 号
西南交通大学创新大厦 21 楼）
邮政编码　610031
发行部电话　028-87600564　　028-87600533
网址　http://www.xnjdcbs.com
印刷　四川煤田地质制图印刷厂

成品尺寸　185 mm × 240 mm
印张　16
字数　300 千
版次　2022 年 7 月第 1 版
印次　2022 年 7 月第 1 次
书号　ISBN 978-7-5643-8780-8
定价　85.00 元

PREFACE 前言

近年来，随着我国社会经济的稳步发展，人民对于公路交通出行的需求在快捷、安全、舒适的基础上，也呈现出品质化、绿色出行等新的趋势，公路行业的建设，对此进行了积极响应和引导。贵州省的普通二级公路具有典型的山区公路特点，公路建设往往需要顺应地势、气候、交通条件等多因素的要求而采取不同的线形指标。同时，贵州省是旅游大省，旅游资源极为丰富。为此，贵州省山区普通二级公路提质升级工程的建设，需要保障交通通行，实现绿色低碳，降低建设成本，也需要适应旅游事业的开展，提质升级工程就是在这样多因素制约的背景下产生的。

本书以 G243 湄潭月亮坝至余庆公路建设为例，探讨贵州省普通二级公路在提质升级工程建设中的技术方案、应用实践，书中对该公路建设做了整体性的详细论述。本书在编写过程中，认真吸收了建设单位（贵州省遵义公路管理局）、施工单位（贵州省公路建设养护集团有限公司）、设计单位（招商局重庆交通科研设计院有限公司）、咨询单位（重庆交通大学）及专家的意见，从公路建设者的角度出发，力图在建设过程中减少对环境的干扰，减轻工程建设对交通的影响，为公路使用者提供高品质的通行感受。本书在编著过程中，还引用了大量的国内外文献资料，所引用的文献尽量做到标注，但难免有所疏漏，不当之处还望得到谅解，并对所有的文献作者表达谢意。

全书的相关章节编著内容依次为：绪论，总体设计，路线、路基、路面、桥涵、交安设施改造技术，景观美化量化技术，绿色品质理念的运用，结论和展望。

本书对于从事贵州省山区普通二级公路提质升级工作的管理、技术人员具有直接参考价值，对于从事其他类型的公路建设人员、道路及交通工程相关专业的高校师生等，也有一定的借鉴意义。

本书的编著团队常年从事贵州省普通公路的建设及养护工作，把理论知识与工程实践相结合，编著了此书。编著团队既有经验丰富的技术管理人员，也包括重庆交通大学的硕士研究生，在编著过程中，重庆交通大学的硕士研究生蔡宏奇、王鸿浩、文浪、张坤、李凤俊、廖健，整理了本书的编著初稿。此书旨在为促进贵州省普通公路的高质量发展略尽薄力，与读者共勉。

尽管本书是编著团队多年工作实践与实际工程建设相结合的成果，但是提质升级工程中还面临着很多新的问题有待进一步研究总结，加之水平有限，书中难免存在一些缺点和不足。希望本书出版后，相关领域内的专家、同行和广大读者不吝赐教。

编著者

2022 年 7 月

CONTENTS

目 录

第一章　绪　　论

第一节　贵州省公路发展状况

贵州省位于中国西南的东南部，东毗湖南、南邻广西、西连云南、北接四川和重庆，是我国西南乃至全国的交通枢纽地区，公路运输在贵州省经济社会发展中起着举足轻重的作用。贵州山高谷深，沟壑纵横，“八山一水一分田”，是名副其实的“山国”。在17.61万平方千米的省域内，山地和丘陵面积所占比例达92.5%。山区典型的地势地貌，极大增加了贵州交通的开发建设难度，使得贵州的交通建设要付出比中国绝大多数平原地区都更高的成本代价，同时也严重制约了贵州省经济社会的快速发展。

依托干线公路网规划，借助国家西部大开发战略的实施，贵州省公路建设取得了巨大的进步。截止到2020年底，贵州全省公路总里程206 693 km，其中高速公路7 607 km，二级以上公路19 328 km，普通国省道二级及以上公路比例达到41.2%。高速公路通车总里程迈上新台阶，相比“十二五”末新增2 479 km，总里程跃居全国第五位，西部地区第三位。建成省际通道22个，高速公路综合密度继续保持全国第一；普通国省干线公路网初步形成，全省普通国省道里程26 119 km（其中，普通国道8 422 km，普通省道17 697 km），路面铺装率95.71%；农村公路172 967 km，等级公路、硬化路面比例分别达到86.74%、90.57%，农村公路中等及以上路率达到76.7%，实现了建制村通畅率100%，30户以上村民组100%通硬化路。贵州省的公路建设在“十三五”期间取得了巨大的成就，全省公路网络得到进一步的完善，同时贵州省公路的提质升级工程也以“畅安舒美”的主题在不断地推进建设当中。

“十三五”期间贵州省的公路建设取得了巨大的成就，全省公路总里程超过20万千米，既有的公路陆续进入到大中修期，周期性的公路养护高峰随之而来。普通国道二级及以上比重达到90%，普通省道三级及以上比重达到50%；建制村通沥青（水泥）路比例达到100%的建设目标对贵州公路养护管理工作提出了更高要求。面对这些挑战和要求，全省公路养护管理应进一步加强公路养护科学决策制度建设、强化公路养护工程管理制度建设、建立健全养护工程管理办法和完善公路养护监管与考评体系，提升公路养护管理工作的科学化、精细化和规范化水平，实现全省公路可持续发展和群众满意交通。

第二节 普通干线公路养护改造

一、国外改造措施

20 世纪 60 年代末 70 年代初，西方发达国家就已基本完成了主要公路网的建设任务，形成了较为发达的公路基础设施体系，公路交通工作重点逐步从建设转向养护，形成了较为完善的公路养护组织体系和技术保障体系。进入 21 世纪，发达国家一方面根据社会经济发展需求，以“人性化服务、可持续发展”为导向，不断优化提升公路养护管理的工作理念，同时，积极利用不断发展的新一代信息、材料装备技术，改造原有的公路养护传统产业模式，持续提升管理信息化、施工机械化、交通组织智能化技术水平。为了保证上述理念得到切实贯彻，这些国家均从国家层面更新发布了公路发展战略。比如美国和英国，这两个国家都以让公路使用者满意为核心，分别发布了《顾客至上：服务于美国民众》《交通新政：更好地为公众服务》白皮书，从服务经济、服务公民出行、可持续发展、绿色环保、科技创新等方面提出了具体的行动计划。通过实施系统的公路养护技术研发和推广，改变了传统的公路养护模式，提升了公路养护技术能力，使公路交通行业逐步走上了可持续发展的道路。在养护技术与管理的相互促进和深度融合方面，国外已有大量的实例，例如美国、日本、印度等国纷纷通过制定相关的技术法规法案、养护工作手册等来进行技术政策的制定。先进的养护技术促进了养护管理工作的顺利开展，科学的养护管理保障了养护技术的有序实施。

（一）美国

美国早在 20 世纪 80 年代就在管理与技术的融合方面做了大量突破性工作。与公路养护管理相关的方面，1991 年由美国国会通过指导交通运输施政的“冰茶法案”（ISTEA），是世界上相关行业中最为典型的技术政策；1997 年又推出了“继冰茶法案”，其中将现代交通运输技术与现代管理需求做了深度融合，成为指导美国跨世纪交通与经济发展的纲领性文件。与公路建设相关的方面，“21 世纪公路安全与运输计划”是目前美国公路建设的技术政策，该计划的研究从 1996 年开始，历时 6 年，计划投资 2 800 亿美元。美国公路设计主要依据公路设计标准（ASHTO 标准），此标准由美国公路与运输协会负责制定，该协会由每个州一名代表组成，各州也有这样一个协会。各州公路设计标准基本相同，但不是绝对的，如北部要解决冬季的问题。各州经常进行技术交流和研究，在联邦标准的基础上做一定的修改，美国各州可以根据本州的地形条件，在联邦政府制定的设计标准基础上，制订适合本地区的设计标准。

（二）日本

为了解决公路建设对巨额资金的需求，日本在1952年制定了《道路建设特别措施法》。为了有效地实施这项法规，1956年日本颁布了《道路公团法》，并成立了公益性组织，即日本道路公团。日本的公路经过40多年的发展历程，在建设规模、施工工艺、运营管理、科技含量等方面都达到了很高的水平。对于公路建设和养护技术具体提出“七个注重”的要求：一是注重生态与环保。如施工尽量减少对自然生态的破坏，公路沿线树木、河流、自然植被保持良好，施工废料100%进行再生利用等。二是大力推进立体交通。如日本《道路法》专门规定了立体交通原则，将其作为一项法律制度予以明确，以确保珍惜国土资源，减少对土地的占用。三是注重智能交通的开发利用。实行了全国联网，功能也比较完善，包括了通行费收缴结算、电视监控、信息收集、统计分析、提供信息服务等各个方面；各单位、部门在信息工作方面能够密切配合，如道路公团监控中心、警视厅交通监控管制系统、VICS系统等联网进行数据的交换和处理，做到了资源共享。四是注重新技术、新材料、新工艺的应用推广。如铺筑高性能路面，对路面碾压施工采用GPS卫星监测，在施工中采用各种先进的设备、机具。五是注重提高公路的防灾抗灾能力。由于日本列岛位于太平洋地震带，因此，日本的桥梁建设中普遍采用抗震构造，如第二东名高速公路建设也避开了六级以上地震带。此外，由于台风及雨、雾、雪等恶劣天气较多，因此日本公路的防灾设施及灾害对策比较完备。六是注重科学组织养护施工。养护工作实行集中作业，加快了养护节奏，缩短了养护工期，避免了长时间的养护作业。七是注重以人为本。如在高速公路的设计、建设、养护及配套设施方面坚持以安全、舒适、便利为出发点；在隧道中设置齐全的救援设备和救护通道，以确保过往车辆及人员的安全；针对日本社会的老龄化问题，专题研究公路建设如何适应这一社会现象等。

（三）印度

印度通过成立“国家技术中心”来确保公路建设和养护技术质量。“国家技术中心”为印度公路出台了大量的技术政策，如《农村公路施工统一规范》《公路数据分析标准手册》《优化设计和成本分析手册》《公路建设操作手册》《现场工程师培训计划》《招投标规范标准》《承包人质量控制手册》等相关技术标准和法规，为规范和引导印度公路的发展起到了重要作用。

二、国内改造措施

为规范公路工程的建设与养护管理，经过长期的实践总结，我国颁布了一系列的法律法规和标准规范。如《中华人民共和国公路法》《公路安全保护条例》《公路养护工程管理办法》《公路桥梁养护管理工作制度》等法律法规以及《道路交通标志和标线》（GB 5768）、《公路工程技术标准》（JTG B01）、《公路养护技术规范》（JTG H10）、《公路桥涵养护规范》（JTG H11）、《公路隧道养护技术规范》（JTG H12）、《公路工程质量检验评定标准 第一册 土建工程》（JTG F80/1）、《公路护栏安全性能评价标准》（TG B05-01）、《公路技术状况评定标准》（JTG H20）等标准规范，有效地指导了公路的建设与养护管理工作。

在此基础上，为提高干线公路的通行能力和整体技术水平，国家也开展了多项专门整治工程，如实施具有中国特色的公路标准化、美化建设工程，发布了《国省干线 GBM 工程实施标准》，其中对路基、路面、桥涵构造物、沿线设施、绿化、管理等方面按照标准化、美化的要求提出了实施标准；针对干线公路文明建设样板路工程，颁布了《国家干线公路文明建设样板路实施标准》，规定“路基路面桥涵构造物及其附属设施必须达到和保持部颁《国省干线 GBM 工程实施标准》的规定和要求”，并补充了关于收费站建设与管理技术标准，各地在文明建设样板路工程中也都根据地方特点制订了地方实施标准。随着公路交通的不断发展和人民安全便捷出行要求的不断提高，原有的相关实施标准已不能完全适应需要。

三、普通干线公路功能定位

随着高速公路和农村公路的大量建设，整个公路网中不同行政等级公路的功能也在发生着变化，普通国省干线公路根据所处地理位置、区域特点、技术等级的不同，在路网中发挥的功能也不尽相同，大致可分为以下几类：

（1）区间交通运输主通道。相当一部分普通国省干线公路作为交通主干线，承担着地方区域的过境交通及区间主要交通流量，这些路段一般交通流量大，货车比重高。

（2）应急抢险通道。有一部分普通干线公路，虽然主要交通量已分流至高速公路，平时交通量较小，但这部分路段往往与高速公路平行或相距不远，若高速公路因天气、灾害或事故等原因而临时封闭，这些路段就要承担起分流和应急抢险的作用。

（3）城市道路。国内许多城市的建设或规划都依路而建，因此许多干线公路就成为城市道路的一部分，其中包括城市出入口或穿城路段以及城市环线。

（4）旅游线路。许多干线公路都邻近或穿越风景区、自然保护区等，这部分路段作为旅游线路的功能比较突出，对生态保护的要求也比较高。

（5）战备通道。部分干线公路还承担着战时交通运输通道的作用，是交通战备的重要组成部分。

对不同的路段，要根据不同的功能定位和实际情况对各方面的具体问题进行调研分析、设计改进，采用合理的技术方案实施改造，确保质量和效益。

第三节 普通干线公路养护管理发展理念

理念是行动的指导思想，随着公路养护事业的发展，我国公路养护的理念也在不断地变化和丰富。交通运输部在“十三五”公路养护管理发展纲要中指出，公路养护管理必须遵循发展规律，顺应时代要求，把准阶段特征，把牢服务属性，以创新、协调、绿色、开放、共享的发展理念为指引，努力推动公路养护管理工作健康协调发展。公路养护的理念主要有以下几个方面：

（1）创新发展激发养护管理新动力。

（2）协调发展构建养护管理新格局。

（3）绿色发展探索养护管理新模式。

（4）开放拓展养护管理新空间。

（5）共享发展提升公共服务新水平。

上述理念在指导全国公路养护建设管理工作中起到了非常重要的作用，“十三五”期间，全国公路养护工作取得的优异成绩与贯彻遵守这些理念分不开。“十四五”期间，在长期实践的基础上，通过不断地深化总结，对公路养护管理的理念又提出了新的要求，丰富了现有的内容，要继续坚持“安全至上、崇尚创新、注重协调、倡导绿色、厚植开放、推进共享”。激发广大养护职工的创造性，增强公路养护发展活力，深刻改变和重塑公路养护发展格局，为公路养护赢得更大的发展主动权。

（1）安全至上：强化公路养护安全保障体系，构建安全至上的体制机构，以人民安全为宗旨，以安全出行为根本，加强养护安全能力建设。

（2）崇尚创新：培育引领公路养护发展的强劲动力，构建创新发展的体制机制。瞄准公路养护世界科技前沿技术，突破关键共性技术，破解公路养护现代化发展难题。

（3）注重协调：增强公路养护整体发展的综合效能，构建协调发展的体制机制。促进公路养护管理全要素、多领域、高效率的平衡协调发展新格局迈上新台阶，全面缩小区域间公路发展差距。

（4）倡导绿色：坚持公路养护资源节约和生态保护，构建绿色发展的体制机制。加强生态和环境保护，加快建立绿色低碳循环公路运行管理体系，以路为媒，为美丽中国建设提供有力支撑。

（5）厚植开放：坚持开放发展的基本理念，构建开放发展的体制机制，推进公路养护工作更加充分、更趋平衡地发展。

（6）推进共享：促进和维护社会公平正义，构建共享发展的体制机制。增强服务主动性、创新服务供给模式、拓展服务内涵、延伸服务链条、提高服务品质，继续推进公路养护公共服务均等化管理。

贵州省交通运输发展正由“基本适应”向“提质增效”、由“大”向“强”转变。在“十四五”期间将不断地加强行业改革创新、全面提升治理能力，建设好、管理好、运营好现代化公路体系。在贵州省的“十四五”公路养护发展规划中提出，要以高质量发展为核心，到2025年，公路基础设施网络更加通畅、安全、绿色、和谐、高效，公路养护管理事业可持续发展能力明显提高，公路养护的基础性地位显著增强，在支撑全面建设现代化综合交通运输体系、加强交通强国发展中的作用更加突出。

二级公路提质升级，是山区普通二级公路养护管理发展的必然趋势，由此，提出二级公路提质升级的概念为：根据既有公路的使用服务水平的评价，为了提高既有公路的以绿化及服务设施舒适性为代表的使用功能、以路面的路用性能和承载能力为代表的结构性能、以路面抗滑及交通安全设施为代表的安全性能，提升出行服务品质，从而实现便捷畅通、路况服务明显提升、管理优质高效、信息发布及时准确的目的，通过工程建设的手段，保持既有公路的技术等级为二级或拟将其提升到二级的一系列工程措施。

第四节　依托工程概况

一、所在区域特点及技术方案总体情况

G243 湄潭月亮坝至余庆公路提质升级改造工程项目，起讫桩号 K4 + 450（湄潭县内）至 K95 + 300（余庆县内），全长 90.85 km，为二级公路，2007 年开建（在原来旧路基础上改建），2010 年验收。路线沿线经过湄潭县、兴隆镇、抄乐镇、松烟镇、敖溪镇、大乌江镇、龙溪镇、小腮镇、余庆县；其中湄潭县境内约 21.5 km，余庆县境内约 69.35 km。路基全宽 10 m，路基横断面为：0.75 m + 0.75 m + 3.5 m + 3.5 m + 0.75 m + 0.75 m，其中兴隆街道段路基宽度 21.0 m（两侧均设置宽 4.5m 的人行道）；敖溪场镇段路基宽度 13.0 ~ 19.0 m（两侧均设置宽 2.0 ~ 5.0 m 的人行道），公路路面均为沥青路面，沥青路面气候分区为 2-4-1。

原路面采用如下路面结构（局部路段进行过中修罩面）：

主线填方及挖土路段采用 5 cmAC-16C 面层 + 25 cm 水泥稳定碎石基层 + 25 cm 填隙碎石底基层。

主线挖石路段采用 5 cmAC-16C 面层 + 20 cm 水泥稳定碎石基层 + 15 cm 填隙碎石底基层。

平交和联络线采用 4 cm 沥青表处 + 20 cm 水泥稳定碎石基层 + 15 cm 填隙碎石底基层。

路线与乡村道路平交的交叉口，主线范围外采用 4 cm 沥青表处 + 15 cm 填隙碎石基层。

（一）项目建设背景

G243 湄潭月亮坝至余庆公路，建成至今已运行多年，是湄潭县和余庆县境内的一条主轴线，区域内旅游、生物资源丰富，近年来旅游人数激增，交通量每年呈增长趋势。

本项目公路经过长年的使用，目前道路状况逐年变差，路面破损较严重、交安设施不完善、行车舒适性差、道路外观形象不佳，既不利于行车安全，也不利于遵义市对外形象展示。并且随着交通量的逐年上升，道路状况已不能满足运输功能的要求。为改善沿线人民群众的交通运输条件，加速地方矿产、旅游资源的开发利用；改善投资环境，促进招商引资，增强民族团结，为加快脱贫致富步伐，构建大交通、促进大发展；为湄

潭县和余庆县经济社会跨越式发展提供强有力的支撑性基础条件。因此，亟须对该道路路面进行整治，保障 G243 湄潭月亮坝至余庆公路的高效性、安全性、舒适性，进一步提高综合服务水平，遏制路面病害进一步加剧，提升道路整体形象，延长路面的使用寿命。

（二）改造技术方案的范围

G243 湄潭月亮坝至余庆公路（K4 + 450 ~ K95 + 300）段，全长 90.85 km，主要工作内容包括：全线路线、路基、路面、交通工程及沿线设施及相应绿化及景观工程等的勘察设计。

（三）主要技术标准

本项目原道路平面、纵断面线形在 2016 年《贵州省遵义市 G243（S204）湄潭至余庆段公路安全生命防护工程》项目中已进行调整和优化，因此改造设计全线技术标准与原设计一致，不予调整变动，从项目提质升级性质来看，本项目是以路面工程及相关附属工程的改造为主。主要设计技术标准如表 1.1 所示。

表 1.1 主要设计技术标准

序号	项目		单位	采用指标
1	公路等级		级	二级公路
2	设计速度		km/h	40
3	路基宽度		m	10 m
4	停车视距		m	40
5	圆曲线最小半径		m	60
6	不设超高圆曲线最小半径		m	600
7	最大纵坡		%	8
8	最小坡长		m	120
9	竖曲线一般最小半径	凸形	m	450
10		凹形	m	450
11	竖曲线最小长度		m	35
12	行车道宽度		m	2×3.5 m
13	路面类型		沥青混凝土路面	

续表

序号	项目	单位	采用指标
14	路拱横坡	2%	
15	设计洪水频率	1/50	
16	汽车荷载等级	公路-Ⅰ级	
17	地震设计烈度	Ⅵ度区	
18	服务水平	三级	
19	自然区划	V_3区	
20	设计标准轴载	BZZ-100	
21	设计使用年限	路面结构性大修8年，加铺罩面3~5年。	

（四）项目所在地气候、环境条件

1．地形地貌

余庆县地处黔中腹地、遵义东南角，是遵义、铜仁、黔南、黔东南四地州市结合部，东与石阡县接壤，南接黄平县，东南连施秉县，西南临瓮安县，西北接湄潭县，东北与凤冈县毗邻，地理坐标为东经107°25′～108°2′，北纬27°8′～27°41′，辖区面积1 623.7平方千米。

余庆县地貌显示了堆积、侵蚀剥蚀、溶蚀、剥蚀构造地貌等多种类型。碳酸盐岩区表现为溶蚀、侵蚀构造地貌特征。有岩溶丘陵、岩溶山地及断层谷地或断陷盆地，碎屑岩区域以剥蚀作用为主，多成缓坡地形过渡地带，轻变质岩以剥蚀构造地貌特征为主，构成山地、断陷谷地等类型。堆积地貌有河流冲积坝与侵蚀剥蚀堆积坝两种类型。按成因类型，依据主导力作用分为堆积地貌、侵蚀剥蚀地貌、溶蚀地貌及剥蚀构造地貌四类。按地势等级、主要形成指标及农业利用价值分为平坝、丘陵、低山及低中山四类。

2．气象、水文

余庆县属亚热带温润季风气候。四季分明，冬无严寒，夏无酷暑，气候温和。年平均气温为16.4 °C。年平均最高气温为21.3 °C，年平均最低气温为12.9 °C。霜雪不多，无霜期长达300 d，雨量充沛，年平均降雨量为1 056 mm。

各地年平均气温在13～16.4 °C之间，呈西北向东南递增。低温区分布在狮子场、齐坡、瓮脚、新寨等地，年平均气温为13～14 °C；高温区分布在乌江河谷和白泥大坝区，年平均气温为16～16.4 °C，其余地区年平均气温在14～16 °C之间。

项目沿线部分路段有雨、雾、凝冻等不利自然天气，尤其冬季，易造成行车安全隐患。同时在植物选择上也需充分考虑低温、凝冻等因素，如图 1.1 所示。

图 1.1 凝冻、雨雾天气对公路运行的影响

3．自然资源

湄潭县、余庆县均属于亚热带温润季风气候，雨量充沛，四季分明，冬无严寒，夏无酷暑，气候温和。气候条件宜人，生态环境优良，山水田园风光优美。

项目区域森林覆盖率十分高，均在 60% 以上，自然植被生长良好，环境优越。湄潭县拥有多种野生植物资源以及黄杉林保护区、茶山樱花。余庆县有树种（银杉、桫椤、珙桐等）82 科 360 种，其中近 20 年来新引进外地水杉、柳杉、华山松、北炬松、云南松等 10 余树种。公路沿线生态环境如图 1.2 所示。

图 1.2 公路沿线生态环境优良

4．人文资源

（1）红军长征。

红军长征期间经过余庆，留驻湄潭，当地人民跟着共产党为民族解放的伟大事业做出了不懈努力，留下了艰苦卓绝的红色文化，如图 1.3 所示。

图 1.3 红军长征

（2）民俗风情。

湄潭、余庆地区民俗风情浓郁，湄潭农民画、打闹歌，余庆狮灯、花灯等民俗民间文化，为当地旅游提供了更好的文化基础和景观亮点。其中花灯为省级非物质文化遗产，如图 1.4 所示。

图 1.4 湄潭、余庆民俗风情

5．旅游资源

项目跨湄潭、余庆两县，沿线旅游资源丰富，自然风光秀丽，人文历史悠久，自然景观、人文古迹等旅游资源兼具，经过飞龙湖景区、红渡景区、千年土司文化旅游古镇等著名风景旅游区，如图 1.5 所示。

图 1.5 旅游资源丰富

（五）原公路状况调查

经现场的详细调查、检测、踏勘研究后，可得到本条公路的现状基本情况，为提质升级改造提供了最直接的材料。现场调查研究如图 1.6 所示。外业调查完成后，及时开展详细的内业整理、分析工作。

图 1.6 现场调查、检测、踏勘研究

1．原公路线形状况

既有公路较好地适应了地形，设计采用平纵指标一般，局部受限路段采取极限值，在 2016 年公路安全生命防护工程专项工程中对风险评估等级 A、B 类和事故多发路段进行核查、加强、完善，基本能满足现行二级公路的指标要求，局部路段路侧树枝需要砍伐、修剪，避免影响行车视距。

2．原公路路基状况

原有路基总体稳定，防护措施基本完好，仅部分路段存在局部破损、沉降或塌方，如图 1.7 所示。

图 1.7　湄潭至余庆段原路基状况

3．原公路路面状况

原有路面病害严重，以纵向裂缝、龟裂沉陷、坑槽病害为主，局部路段存在波浪拥包、块状裂缝等病害，其中场镇段以坑槽和龟裂病害为主，根本原因在于本道路交通量增长较快，绝对数量较大，货车较多，原路面结构偏薄，承载能力不足，导致路面产生大范围疲劳开裂，需要做彻底处治，如图 1.8、图 1.9 所示。

图 1.8 湄潭段原路面状况

图 1.9 余庆段原路面状况

4. 原公路排水状况

原有路基排水系统较完善，排水措施基本完好，局部存在淤塞、破损现象，需疏通、维补；另场镇段排水在暴雨季节时容易出现拥堵、排水不畅的现象，需要进行系统调查和必要的改造，如图 1.10 所示。

图 1.10 湄潭至余庆段原排水状况

5．原公路交通安全设施状况

原道路沿线设置有标志、路侧护栏、线形诱导标等交安设施。存在的问题主要有：① 护栏设置长度不足，部分路段路侧波形梁护栏连续设施长度不足 48 m，混凝土护栏不足 24 m；护栏受外力作用后发生变化、破损而未得到修复；波形梁护栏与混凝土护栏无有效连接。② 标志立柱损坏、版面锈蚀视认效果差。③ 部分路段的减速震荡标线磨损严重，需要进行系统调查和必要的改造，如图 1.11、图 1.12、图 1.13 所示。

图 1.11　湄潭至余庆段原波形梁护栏状况

图 1.12　湄潭至余庆段原混凝土护栏状况

图 1.13　湄潭至余庆段原标志牌状况

二、技术方案研究的特点

（一）总体部分

G243 湄潭月亮坝至余庆公路改造工程勘察设计具有以下特点：

（1）既有桥梁段改建应与路基段顺接。

桥梁段铺装改建不增加原桥面厚度，路基段加铺与桥面铺装存在高差，应设置合适长度的过渡段，实现桥梁铺装段与路基段的顺接。

（2）交通组织方案的高效性。

本路段交通量较大，尽量做到不中断交通或中断交通时间短，勘察检测期间与施工期间对交通组织方案要求较高，既要保证施工的可持续性，又要满足社会出行需求，确保公路营运畅通。

（3）历年养护资料搜集难度大。

本项目养护次数较多，时间跨度大，搜集难度大，历史养护资料对勘察检测设计方案的确定至关重要。

（4）路线平纵横的控制。

项目路线起终点、抄乐、松烟镇、敖溪镇和兴隆街道等城镇过境段与公路存在平面线性过渡，且因本公路交通量大，超载车辆多，运营时间长，局部路段沉陷较大，平纵横设计要求高，应确保加铺后路面平顺。

（5）原路面结构具有差异性。

建设和养护要求全寿命周期成本最低，对于养护对策的制订要求较高，不同的原路面结构采取不同的改造方案，并根据交通流量和交通荷载分布等情况进行针对性、精细化设计。

（6）病害类型多。

病害类型多，横向裂缝、纵向裂缝、龟裂、坑槽等，均需处治彻底后才能加铺。

（7）交通安全设施改造要求高。

中修加铺或大修改造后，原路面标高提升，护栏高度不满足相应规范要求，应保证护栏高度满足规范要求。

（8）桥梁为运营桥梁，通行车辆较多，桥面施工交通安全问题突出。

（9）本项目中敖溪、兴隆街道等城镇过境段，排水不畅问题突出且相关资料收集困难。

（10）本项目路基工点分散、工期短、勘察作业规模小、地质勘查钻探设备需频繁调度，组织较为困难。

（二）景观部分

本项目路线为连接周边城镇和景区的主要道路，与 G326、S305、X362、X352 等交通要道相连接，交通便利。路线连接湄潭、余庆两县，沿线经过乡镇众多，人口相对密集；途经多种地形地貌带，跨越乌江，道路断面形式多，景观类型丰富；自然、人文景观资源丰富。通过对全线的调查分析，总结出道路的特点如下：

（1）沿线植被丰富。

沿线原有植被资源较为丰富，绿量充足，生态环境较好；但部分区域地被植物较为杂乱，绿化缺少色彩性。需对沿线植被进行资源整合，对植物层次进行梳理，增花添彩。

（2）沿线人文资源丰富。

项目沿线人文资源丰富，经过、连接多个景区；其中以红色文化最具有代表性，除此之外民族的历史人文风情成为路线周边的一大亮点，景观设计中可通过对这些元素的吸取和展现，营造一条具有文化特色的公路。

（3）沿线交安设施较为完善。

项目沿线交安设施较为齐全，且同时具有一定的装饰景观性，为景观绿化的营造打下了基础。

（4）沿线经过城镇较多。

项目沿线经过城镇、村落较多，城镇中路侧围墙破损，展现当地文化内容较少；且道路绿化连续性不足。设计中应对当地文化内容进行提取精炼，运用到当地文化展示中；且进行行道树补栽，完善道路绿化的连续性。

（5）挡墙类型、数量多。

道路全线挡墙类型较多，高度不一，且数量较多，现有挡墙涂装大部分破损。因此，在设计中必须紧扣工程实际，同时提出如何通过植物遮挡、弱化公路挡墙的具体措施，根据工程现状选择风景较突出的位置设置观景平台。

（6）不雅景观视觉效果差。

全线靠近公路的裸露土地较多，部分路段路侧取弃土场视觉效果不佳，如何对这些不雅景观进行遮蔽或适当利用，减少对行车人的视觉影响，同时加以利用可以形成路线上的特色景观，这也是本次设计需要解决的重要问题之一。

（7）沿线服务设施建设不完善。

沿线旅游资源分布较多，道路沿线服务设施建设不够完善，且缺少具有当地文化特色的标识系统。景观设计中需对沿线的观景台、服务站、加水点及标识标牌及特色景观装饰灯进行统一的服务设施设计，对道路的服务功能进一步完善。

三、技术方案的总体思路及原则

（一）设计目标

针对本项目的特点、关键点，结合贵州省及其他类似地区的设计经验和项目区的建设条件，确定本项目的设计目标是：利用先进的检测、设计技术，在确保既有道路正常运营的前提下，尽可能降低工程造价和后期运营养护费用，确保工程设计质量，结合“多彩贵州、平安公路、绿色环保”的相关要求，努力将本项目设计成一条“安全、舒适、美观、和谐、畅通、环保、节约、耐久、经济”的公路精品工程。其设计使用年限为：路面结构性大修 8 年，加铺罩面 3～5 年。

（二）总体设计原则

（1）“以人为本、安全至上”的设计原则。

（2）遵循“统筹规划、兼顾长远、注重实效、指标合理、节约资源、绿色环保、科学组织、安全实施、全时保通、合理加铺”的原则。

（3）贯彻“全寿命周期成本”原则。

（4）技术指标合理、工程规模适中原则。

（5）积极谨慎应用新技术、新材料、新工艺的原则。

（6）树立全过程服务的思想意识，引入动态设计原则。

（7）根据不同使用条件进行针对性设计的原则。

（8）充分发挥环保设计理念，合理利用原路基路面剩余强度的原则。

（9）维修处治方案做到实事求是、易于操作的原则。

（10）保持不中断交通的快速维修原则。

（三）总体设计思路

1．资料收集

详细调查收集 G243 湄潭月亮坝至余庆公路的历史技术资料，内容包括：G243 湄潭月亮坝至余庆公路竣工图、G243 湄潭月亮坝至余庆公路历年检测报告、G243 湄潭月亮坝至余庆公路历年养护数据及维修路段采用的施工设计图纸等。

2. 交通量调查

对 G243 湄潭月亮坝至余庆公路的历年交通量进行详细调查，分析交通量和轴载组成，预测交通量的发展趋势，交通量调查与分析结果是维修设计的主要依据。

3. 地理气候特征调查与分析

对 G243 湄潭月亮坝至余庆公路沿线的地理、气候特征进行调查与分析，调查内容包括气温条件、降雨条件和地质条件。

4. 全线路况调查与检测

对原有路面的状况进行详细的调查与检测，按照《公路路面技术状况评定标准》（JTG H20—2018）分段进行评价，取得现有路面状况（强度 PSSI、平整度 RQI、抗滑 SRI、路面车辙 RDI、路面状况 PCI）的真实数据，并通过钻芯对原路面结构混合料取样，通过室内试验了解原路面材料情况。路面病害调查分析，采用无损快速检测与人工调查相结合的办法，全面覆盖，重点突出，综合评价路面使用现状和病害原因，为病害处治设计提供原始的翔实资料。

5. 交通设施的调查

对全线交通设施的使用情况进行调查，包括护栏、标线、标志牌。同时，对标志标牌进行净空高度调查，为维修处治方案提供依据。

6. 地质勘查

以工程地质勘查的手段和方法，调查研究和分析路基处治工点的工程地质条件，为设计提供所需的工程地质资料。

7. 初步方案设计

综合上述内容，全面分析病害产生的原因，提出经济合理的初步处治方案供业主单位选择和决策。

8. 施工图设计的编制

对 G243 湄潭月亮坝至余庆公路进行维修处治的施工图设计，应满足以下要求：

（1）经济技术最优：施工图设计方案应尽量满足工程项目设计寿命周期内经济与技

术最优，实现养护资金投入与工程服务性能恢复的最优组合。

（2）环境友好与资源节约：设计方案应尽可能利用原路面的潜在功能，避免大开大挖与材料浪费，合理采用一些新技术与新工艺。

（3）施工可行：设计方案将充分考虑该公路专项维修工程中施工时间短、交通维护压力大的特点；设计方案适用于国内路面施工单位的施工水平，技术成熟，使用效果良好；同时设计方案应尽量减少对公路通行的干扰，确保营运畅通。

G243 提质升级改造项目，是贵州省在“十三五”期间打造的“畅安舒美”示范工程项目，“畅安舒美”公路将一个个旅游景区、产业园区和美丽乡村“串珠成链”，提升了普通国省干线公路的颜值，助推了贵州省旅游“井喷式”增长和“黔货出山”，实现了人畅其行、货畅其流。围绕“畅安舒美”的目标，从路线、路基、路面、桥隧、交通安全设施、景观、绿色品质七个方面开展深刻的研究和实践。示范工程的成效显著，“畅安舒美”效果突出，展现了干线公路的新面貌，让公路管理者有成就感，让从业者有自豪感，让出行者有愉悦感，得到了社会各界的广泛好评，显著提升了贵州省公路的行业形象。

G243 提质升级改造以普通二级公路提质升级改造要求为目标，以构建“畅、安、舒、美”的公路交通环境为中心，结合贵州省山区二级公路，针对路线、路基、路面、交安设施、路侧景观设计等方面的提质升级改造，进行了关键技术方案研究。总结出适合于山区二级公路的、可量入为出的、有推广价值的、可持续发展的、能形成地方性可借鉴的提质升级改造应用方案。总结了提质改造升级过程当中的技术经验，为贵州省乃至全国干线公路提质升级改造，提供了实体示范工程。

第二章　总体设计的改造技术

第一节　概　述

一、公路的功能定位

二级公路作为连接城乡、完善路网、提升等级、增强运力的重要交通干线，对当地社会和经济发展有重大作用。二级公路主要具有连接行政中心、交通枢纽、商业区、居民点或旅游景点等功能。二级公路与其他主次干道和支路的互通性极高，适合中短距离间人群货物的高密度、高频率交流，且其基本采用全开放式，可以实现所有地区间的无缝对接和沟通。二级公路可以在一定程度上缓解高速公路的交通压力，分流部分车辆；在高速公路发生严重堵塞时，附近的二级公路更能起到应急疏通的功效。相较于高速公路，二级公路上的故障车辆施救难度较低，有利于就近救援、掉头和修车。

二、山区普通二级公路提质升级改造工程的背景

贵州省交通运输主要分为公路、水路、铁路、航空四种交通运输方式，其中公路客运量比重达 84.3%，公路货运量占全省货运量的比重达 93.8%，公路运输是贵州客货运量占比最大的运输方式。

2020 年贵州省纳入国家统计的等级公路里程为 170 883 km，按技术等级分：高速公路 7 005 km，一级公路 1 397 km，二级公路 9 280 km，等级公路共有 170 883 km，等外公路 33 840 km。贵州省部分二级公路经过长年的使用，道路状况逐年变差，路面破损较严重、交安设施不完善、行车舒适性差、道路外观形象不佳，既不利于行车安全，也不利于贵州省对外形象展示。随着交通量的逐年上升，道路状况已不能满足运输功能的要求，不能够满足人民群众的出行需要，成为制约全省经济社会发展的瓶颈，在经济状况欠发达的州市表现尤为突出。表 2.1 所示为 2020 年贵州省各等级公路占比情况。

表 2.1　各等级公路占比情况（2020 年）

公路等级	高速公路	一级公路	二级公路	二级以下公路
里程	7 005 km	1 397 km	9 280 km	152 401 km
占比	4.55%	0.82%	5.43%	89.20%

随着我国公路网的加快完善和机动化社会的快速到来，经济社会发展和公众对公路服务水平提出了更高要求。局部路段存在的通行能力不足、路况水平参差不齐、抗灾和安全保障能力不够、出行服务设施不完善和路域环境差等问题，已经成为新时期公路养护管理的主要矛盾。

从 2013 年开始交通运输部决定开始在普通国道上组织创建畅安舒美示范公路活动。“十三五”期间，贵州省地方公路改造升级计划 2.62 万千米，其中国省道改造 8 556 千米，形成“六纵七横三联络”干线公路骨架。在此背景下，结合国家提出的“创建畅安舒美路”目标，有必要开展普通二级公路提质升级改造工程。

三、山区普通二级公路提质升级改造的必要性

1．是实现共同富裕宏伟目标的需要

实现共同富裕宏伟目标要求全面加强公路养护管理工作，强化公路交通服务供给和保障能力。公路交通作为支撑国民经济和社会发展基础性、先导性和服务性体系，“综合便捷、智能安全、绿色生态、文明有序”的交通发展规划成为新时期群众最迫切、最期盼的民生实事，在把共同富裕宏伟蓝图写在贵州大地、把多彩贵州唱响神州大地的进程中，发展对公路交通基础设施保障能力和服务水平提出了新的更高要求。因此，全省交通行业需全面加强公路养护管理工作，不断提高公路交通通行能力和服务品质，不断优化公路交通公共服务供给和保障能力，更好地满足经济社会发展和公众出行需求升级的需要。

2．是建设群众满意交通、加强公路养护管理制度建设的需要

随着贵州公路交通的快速发展，既有公路陆续进入大中修期，周期性的公路养护高峰期随之而来。普通国道二级及以上比重达到 90%、普通省道三级及以上比重达到 50%、建制村通沥青（水泥）路比例达到 100% 的建设目标对贵州公路养护管理工作提出了更高要求。面对这些挑战和要求，全省公路养护管理应进一步加强公路养护科学决策制度建设、强化公路养护工程管理制度建设、建立健全养护工程管理办法和完善公路养护监管与考评体系，因此，提升公路养护管理工作的科学化、精细化和规范化水平，实现全省公路可持续发展和群众满意交通，就必然要求对山区普通二级公路进行提质升级改造。

3．是公路交通转型发展、公路养护管理提质增效的需要

经过多年的建设和加快发展，贵州公路发展已进入“转型升级、提质增效”的新阶

段，公路发展的主要矛盾已由过去的基础设施供给能力不足，逐渐转变为发展方式与经济社会发展需求不相适应、公共服务能力与社会公众的要求不相适应的矛盾。在公路建设投资继续保持高位运行的基础上，重视和加强公路养护管理工作，对于转变公路发展方式、延长公路设施使用寿命、提高现有公路路网通行效率、服务经济社会发展和人民群众安全便捷出行、实现公路交通可持续发展等均具有十分重要的意义。顺应公路交通转型发展的要求，全省公路行业管理的重心也将向坚持建设和养护协调发展、全面提升公路养护管理水平转变。

4. 是提高现有道路服务水平的需要

贵州省公路养护管理发展规划仍保持加速发展、加快转型、推动新跨越的“新常态”，交通运输发展也将步入转型升级、提质增效的新阶段。目前，贵州全省经济社会历史性新跨越的发展总体趋势、交通行业破解“四化同步”瓶颈和建设群众满意交通的变化对全省公路养护管理工作提出了更高要求，而且，贵州公路养管工作问题日益突出，已面临周期性的公路养护高峰期，加之公路交通流量特别是重载交通量的持续快速增长，公路将面临集中大修和改造的压力，养护任务极为艰巨。同时，随着交通量增长速度超出预期，货车比重较大，通行压力较大，道路破损严重，严重影响服务水平，急需进行提质升级改造。同时，随着公路基础设施的使用状态逐年下降，每年的小中修已不能满足增加的车流量对公路造成的损害，为保障通行的安全性和恢复道路使用功能，对公路进行提质升级改造势在必行。

第二节 山区公路普遍存在的问题

一、路线

山区普通二级公路路线提质升级主要存在以下问题：

（1）在早期的建设中，公路技术等级较低，随着现在居民汽车保有量的增长以及货运需求的增长，已有的公路等级已经不能满足交通量的需求，这表现在纵坡较大、圆曲线半径较小，以及设计速度较低等多个指标方面。同时，路线走廊内普遍缺少避险车道、爬坡车道等必要设施，存在一定的安全风险。

（2）山区普通二级公路建设服务于沿线居民的出行，在提质升级工程中又受限于沿线村镇、居民点等设施。随着公路的建成，沿线产生了众多居民区，在提质升级工程中面临着大量拆迁、选新路线如何抉择的难题。

二、路基

山区公路由于其复杂的地质气候环境，导致路基需要花费大量的人力物力去养护，以保证道路正常安全地运行。从技术角度看，路基的提质升级主要存在以下问题:

（1）尚未实现工程防护与植物防护的有机融合。公路边坡的防护仍以圬工防护为主，防护工程的人工痕迹较为明显，生态防护尚需加强，否则会影响公路与自然环境的协调统一。

（2）在多年的实践中，各地积极创新，研发出了一些较为适合本地实际的路基养护技术，但还未上升到标准指南，导致在大范围的推广受到制约。

三、路面

路面是公路本体提供服务的直接界面，其技术状况对于行车舒适性有着直接的影响。因此，我国目前的养护改造、升级体系中，对于路面改造、升级的投入比重最大，而且路面改造的技术发展也最为成熟。但由于山区公路的规模较大，而且公路外部运行条件，尤其是超载现象，对于公路路面的技术状况有较大影响，导致公路改造升级的任务繁重，同时资金的不足又限制了路面改造维护的规模与质量。

四、桥涵和隧道

山区环境复杂，相当数量的桥梁是拱桥，在多年的使用中存在诸多的问题。

（1）山区公路桥梁大多数始建于二十世纪七八十年代，由于当时技术水平有限，不能完全满足现代交通运输的需求。部分桥梁由于老旧破损成了危桥，车辆不得不绕道而行，需要大笔资金进行加固维护方能使用。

（2）部分桥梁的护栏的防撞性较差，而且与路基护栏的连接不顺畅。同时，桥梁普遍缺少检修通道，致使后期的检测维修难度加大。

（3）部分隧道内的通风、照明设施不完善，使隧道内通行存在一定的安全隐患。

（4）桥隧构造物养护管理科学化程度不高，桥梁（隧道）数据库及养护管理系统等信息化工具的使用频率不高。

五、交通安全设施

山区公路交通安全设施的设置存在以下问题：

（1）安全设施不足。贵州山区二级公路部分路段安全设施设置不足，有些设施即使有也过于简单，无法达到有效防护的目的。在视距不良路段缺少视距诱导设施和警示标志，机动车驾驶员无法事先掌握道路状况，容易判断失误，出现超速行驶和违规占道行为。在下坡路段，避险车道和相应的减速设施设置不足，一旦有车辆失控，后果往往较为严重。

（2）安全设施选用及设置位置不合理。路段上存在安全设施设置不合理的现象，这体现在安全设施的材质、尺寸、设置位置等方面。

（3）安全设施不配套。各种交通安全设施需要相互协调、配套使用才能更好地发挥其作用。

第三节　山区二级公路设计速度的选择

一、公路等级与设计速度

根据我国现行行业规范，二、三、四级公路设计速度如表 2.2 所示。

表 2.2　二、三、四级公路设计速度

公路等级	二级		三级		四级
设计速度/（km/h）	80	60	40	30	20

双车道二级公路能适应将各种汽车折合成小客车年平均日交通量 5 000 ~ 15 000 辆；双车道三级公路能适应将各种汽车折合成小客车年平均日交通量 2 000 ~ 6 000 辆；双车道四级公路能适应将各种汽车折合成小客车年平均日交通量 2 000 辆以下。单车道四级公路能适应将各种汽车折合成小客车年平均日交通量 400 辆以下。

二、设计速度的选用

1．二级公路主要技术指标（见表 2.3）

表 2.3　二级公路主要技术指标

公路等级		二级公路	
设计速度/（km/h）		80	60
车道数		2	2
车道宽度/m		3.75	3.50
回旋线最小长度/m		70	50
停车视距/m		110	75
最大纵坡/%		5	6
最小坡长/m		200	150
平面交叉最小间距/m		500	300
圆曲线最小半径/m	一般值	400	200
	最小值	250	125
不设超高圆曲线最小半径/m	路拱≤2%	2 500	1 500
	路拱≥2%	3 350	1 900
平曲线最小长度/m	一般值	400	300
	最小值	140	100
凸曲线最小半径/m	一般值	4 500	2 000
	最小值	3 000	1 400
凹曲线最小半径/m	一般值	3 000	1 500
	最小值	2 000	1 000
竖曲线长度/m	一般值	170	120
	最小值	70	50

2．设计速度的选定

设计速度选用应根据公路的功能与技术等级，结合地形、工程经济、预期的运行速度和沿线土地利用性质、老路利用率等因素综合论证确定。

结合贵州山区公路的特点与地形地质条件，设计速度的选择应结合道路线形、地质地貌、水文气候等，在国家相关规范的规定下采用适当的速度值，以满足当地公路的服务水平要求。

兼具城市道路功能的公路设计速度应符合以下规定：

作为干线二级公路或者二级公路设置慢车道的路段，或二级公路与城市主干路衔接的路段，设计速度宜采用 60 km/h；作为集散二级公路，或与城市次干路衔接的路段，设计速度可采用 40 km/h。

对于特殊路段，设计速度的选择遵循以下的要求：

（1）急弯曲线。

二级公路设计速度采用 40 km/h 时，困难路段经充分论证后可采用设计速度 35 km/h、30 km/h 的平纵指标，但平面半径不宜小于 40 m；三级公路设计速度采用 30 km/h 时，困难路段经充分论证后可采用设计速度 25 km/h 的平纵指标，但平面半径不宜小于 20 m；并满足合成纵坡、停车视距的要求。

（2）越岭路段。

二级公路设计速度采用 40 km/h 时，困难路段为充分利用老路，节约资源，在采用相应的安全防护措施后，可以采用 35 km/h、30 km/h 的平纵指标；三级公路设计速度采用 30 km/h 时，困难路段为充分利用老路，降低造价，在采用相应的安全防护措施后，可以采用 25 km/h 的平纵指标。

第四节 绿色环保的要求

一、绿色环保原则

在贵州山区二级公路提质升级改造中，应遵循的绿色环保原则为：以可持续发展为指导，以低碳环保为目标，将生态文明建设融入交通运输发展的各方面和全过程，加快建成资源节约型、环境友好型的交通运输行业，实现交通运输绿色发展、循环发展、低碳发展。以“三低三高”（低能耗、低排放、低污染、高效能、高效率、高效益）为出发点，提高资源的使用效率和新能源的利用效率，降低能源消耗，降低污染物和二氧化碳的排放，提升公路工程建设项目的科技含量和技术水平。

二、生态环境保护措施

生态环境保护功在当代、利在千秋，是我国的基本国策，党的十八大以来，越来越放在更加突出的位置。因此，高度重视山区公路提质升级改造工程中的生态环境保护，应尽可能防止、减少环境污染和生态破坏，努力打造绿色公路，助推地方经济社会发展，全面普惠山区广大人民群众。公路提质升级改造工程不可避免会对生态环境造成一定程度的破坏和影响，而山区生态环境相对脆弱，若环保工作不力，轻则引发阻工，影响工程正常施工组织，重则留下“伤疤”及隐患，严重影响地方全面可持续健康发展，后果严重。秉持“低碳环保”原则，公路提质升级改造工程中的生态环境保护措施主要有以下几个方面：

（1）结合自然条件，尽可能利用现有地形。

灵活运用公路技术指标，少占土地资源。在对山区公路的提质升级改造过程中，结合生态保护红线的相关规定，在技术指标满足设计的前提下，尽可能减少对土地资源的占用。

统筹考虑建设项目的合理用地，减少对农业、林业用地的侵占，尽量避免对原有土壤的扰动，防止水土流失，以保护生态环境，绕避较好的用地以及固定屋舍，减小对沿线居民生活的影响。

（2）减小对沿线环境的破坏。

坚持“宁填少挖”的原则，避免大填大挖，减少对沿线既有的山体坡面开挖和破坏，尽最大可能减少对既有公路周边植被的破坏，以利于保护公路沿线的自然环境。

结合实际地形地貌、当地气候以及降水情况等，合理设计排水系统工程、相应的边坡防护设施以及绿化工程，减少水土流失，尽可能降低对林地以及原有自然环境的破坏。

（3）保护水土资源，强化水源保护。

尽量不降低地下水位，不破坏既有地表水的状态和流向，以防止土地因地表水的改变而沙化或者土壤的结构和性质发生改变。

山区公路提质升级改造工程中若存在水井、泉眼以及其他类型的水资源等，应当根据相关保护要求进行避让，若可以经过的也需采用相关方式对其进行有效的保护。若公路在建设过程中需经过水源保护区缓冲区地段，在施工阶段应当在路侧两旁设置钢筋混凝土护栏，并在此处建立中型或大型的应急沉淀池以及导流排流系统，防止施工中的废水流入当地水源，影响水资源的质量。

（4）加强资源的回收利用。

大力发展和推广新技术、新工艺、新设备、新材料的“四新技术”应用。回收利用废弃老公路材料。如对旧沥青路面铣刨后再生利用、对废弃老公路的路面砂石材料回收利用等。

（5）加强公路与周边环境的协调性。

山区公路提质升级改造工程应当结合周边的生态环境，结合当地的自然植物和气候特点，采取“花、草、灌、乔”相结合恢复路基边坡、边沟外沿以及弃土场等位置的植被，加以景观打造，加强绿化、美化与周边环境的协调性和统一性。

“适地适树”地种植当以易于成活的植物，对公路边坡及沿线设施进行绿化，尽可能恢复自然植被，使公路与沿线自然环境浑然一体；不断变换防护形式，选用不同植被，使得绿化景观多样化。

（6）完善平交，合理设置通道。

根据地方需求以及实际情况，合理地设置过人和机耕通道。细化公路平面交叉设计，使平交道口搭接平顺、排水通畅，并在平交处设置标志，提醒车辆减速缓行，以利于人群和农用机械的通过，尽量减少对沿线居民的生产、生活造成的影响。

第三章　路线改造技术

在贵州山区普通二级公路提质升级改造工程建设中，往往维持既有的线形不变，如 G243 湄潭月亮坝至余庆公路，就维持平、纵、横线形，尽管如此，仍有一些公路的路段面临着拓宽、改线等路线方面的技术问题。本章着重介绍提质升级工程中的路线技术指标选择的要求。

第一节　交通行业、地方标准中对路线的规定

《公路工程技术标准》（JTG B01—2014）和《公路路线设计规范》（JTG D20—2017）等行业标准、规范以及地方标准，对公路的技术等级及其技术指标都有相应的规定，但是，如果在改造过程中简单套用技术标准、规范，容易使公路投资规模变大，甚至破坏自然生态环境等，因此在进行技术标准选择时应因地制宜，合理选择技术指标。

一、公路工程技术标准

《公路工程技术标准》（JTG B01—2014）将我国的公路按照技术等级划分为高速公路、一级公路、二级公路、三级公路和四级公路，各等级公路的技术指标都有所不同。

1.《公路工程技术标准》（JTG B01—2014）对路线的一般规定

（1）确定路线走廊带应考虑走廊带内各种运输体系及不同层次路网间的分工与配合，据以统筹规划、近远期结合、合理布局，充分发挥和提高公路总体综合效益。

（2）公路选线必须由面到带、由带到线，在对地形地貌、地质水文、气候气象、自然保护区等调查与勘察的基础上论证、确定路线方案。

（3）路线线位应考虑农田与水利建设、城市规划的配合，尽可能避让不可移动文物、水源与自然保护区，保护环境且同当地景观相协调。

（4）各级公路应做好总体设计，正确处理公路与相关路网、交通节点的关系，合理设置各类出入口、交叉和构造物。各类构造物的选型与布置应合理、实用、经济。

（5）路线设计应根据公路功能、技术等级和地形等条件，恰当选取设计速度，合理确定公路断面布置形式，正确运用各类技术指标，注意平纵线形组合、保持线形连续均衡，在确保行驶安全性的前提下，满足舒适、环保与经济等要求。

2．设计交通量

二级公路的年平均日设计交通量宜在 5 000 ~ 15 000 辆小客车以上。

三级公路的年平均日设计交通量宜在 2 000 ~ 6 000 辆小客车。

双车道四级公路的年平均日设计交通量宜在 2 000 辆小客车以下，单车道宜在 400 辆小客车以下。

3．设计速度

公路设计速度见表 3.1。

表 3.1 公路设计速度

公路等级	二级公路		三级公路		四级公路	
设计速度/（km/h）	80	60	40	30	30	20

4．公路车道宽度与路基宽度

（1）车道宽度及车道数见表 3.2 和表 3.3。

表 3.2 公路车道宽度

设计速度/（km/h）	80	60	40	30	20
车道宽度/m	3.75	3.50	3.50	3.25	3.00

表 3.3 公路车道数

公路等级	二级公路	三级公路	四级公路
车道数	2	2	2（1）

（2）路基宽度（见表 3.4）。

表 3.4 公路路基宽度

公路等级		二级公路、三级公路、四级公路					
设计速度/（km/h）		80	60	40	30	20	
车道数		2	2	2	2	2	1
路基宽度/m	一般值	12	10	8.5	7.5	6.4	4.5
	最小值	10	8.5	—	—	—	

5．圆曲线的最小半径（见表 3.5）

表 3.5 圆曲线的最小半径 m

设计速度/（km/h）		80	60	40	30	20
最大超高	10%	220	115	—	—	—
	8%	250	125	60	30	15
	6%	270	135	60	35	15
	4%	300	150	65	40	20
不设超高的最小半径	路拱≤2.0%	2 500	1 500	600	350	150
	路拱＞2.0%	3 350	1 900	800	450	200

注：“—”为不考虑采用最大超高的情况。

公路圆曲线半径小于“不设超高最小半径”时，应设置圆曲线超高。最大超高应符合下列规定：

（1）一般地区，圆曲线最大超高应采用 8%。

（2）积雪冰冻地区，最大超高值应采取 6%。

（3）以通行中、小型客车为主的高速公路和一级公路，最大超高可采用 10%。

（4）城镇区域公路，最大超高值可采取 4%。

6．最大纵坡（见表 3.6）

表 3.6 最大纵坡

设计速度/（km/h）	80	60	40	30	20
最大纵坡/%	5	6	7	8	9

（1）公路改扩建中，设计速度为 40 km/h、30 km/h、20 km/h 的利用原有公路的路段，经技术经济论证，最大纵坡值可增加 1%。

（2）二级及二级以下公路的越岭路线连续上坡（或下坡）路段，相对高差为 200～500 m 时，平均纵坡不应大于 5.5%；相对高差大于 500 m 时，平均纵坡不应大于 5%。任意连续 3 km 路段的平均纵坡不应大于 5.5%。

7．不同纵坡的最大坡长（见表 3.7）

表 3.7　不同纵坡的最大坡长

纵坡坡度/%	设计速度/（km/h）				
	80	60	40	30	20
3	1 100	1 200	—	—	—
4	900	1 000	1 100	1 100	1 200
5	700	800	900	900	1 000
6	500	600	700	700	800
7	—	—	500	500	600
8	—	—	300	300	400
9	—	—	—	200	300
10	—	—	—	—	200

公路纵坡变更处应设置竖曲线。竖曲线最小半径和最小长度不应小于表 3.8 的规定值。

表 3.8　竖曲线最小半径和最小长度

设计速度/（km/h）	80	60	40	30	20
凸形竖曲线最小半径/m	3 000	1 400	450	250	100
凹形竖曲线最小半径/m	2 000	1 000	450	250	100
竖曲线最小长度/m	70	50	35	25	20

二、公路路线设计规范

为指导公路设计，合理确定公路功能、技术等级、建设规模、主要技术指标等，我国于 2018 年起实施《公路路线设计规范》（JTG D20—2017），适用于新建和改扩建公路设计，其中与山区公路提质升级改造工程路线直接相关的要求体现在以下几个方面。

1．总则部分

（1）路线方案应在所选定走廊带与主要控制点的基础上，进行布局和总体设计，合理运用技术指标。应对可行的路线方案进行比选，确定设计方案。当采用不同的设计速度、技术指标或设计方案对运营安全、工程造价、自然环境、社会经济效益等有明显影响时，应进行同等深度的技术经济论证。

（2）路线线位应根据地形、地物条件，对工程地质、水文地质、气象条件、自然灾害、筑路材料、生态环境、自然景观等进行充分调查，结合沿线区域气候特征研究选定，并选择主要平、纵技术指标。

（3）路线设计必须贯彻执行加强环境保护和合理利用土地资源的基本国策，在确定路基、路面、桥梁、隧道、交叉、交通工程及沿线设施等人工构造物的结构形式、布设位置以及取弃土场、征用土地等设计中，应减少因修建公路给沿线生态环境带来的影响，并结合绿化或采取相应工程措施，协调、改善人工构造物同沿线自然景观的配合，提高公路环境质量。

（4）公路应按设计速度进行路线设计，采用运行速度进行检验，保持线形连续性；应综合协调公路平面、纵断面和横断面三者间的关系，做到平面顺适、纵面均衡、横面合理。

（5）公路改扩建时，应对改扩建方案和局部新建方案进行论证比选。采用改扩建方案时，应遵循利用与改造相结合的原则，合理、充分利用原有工程。

2．公路分级与设计交通量

公路按照交通功能分为干线公路、集散公路和支线公路。干线公路分为主要干线公路和次要干线公路，集散公路分为主要集散公路和次要集散公路。

公路根据交通特性及控制干扰的能力分为高速公路、一级公路、二级公路、三级公路及四级公路五个技术等级。

（1）二级公路为供汽车行驶的双车道公路。二级公路的设计交通量宜为 5 000 ~ 15 000 辆小客车/日。

（2）三级公路为供汽车、非汽车交通混合行驶的双车道公路。三级公路的设计交通量宜为 2 000 ~ 6 000 辆小客车/日。

（3）四级公路为供汽车、非汽车交通混合行驶的双车道或单车道公路。双车道四级公路设计交通量宜在 2 000 辆小客车/日以下，单车道四级公路设计交通量宜在 400 辆小客车/日以下。

3．设计速度

本规范设计速度、公路车道宽度、车道数与《公路工程技术标准》（JTG B01—2014）完全一致，未做出改变。

4．选线

路线设计是山区公路提质升级改造的关键环节，开展路线改造设计的具体流程为：

交通调查→确定公路等级→评估旧路指标和服务性能→拟定公路建设技术标准→合理布线→检查路线运行速度协调性和一致性。

选线应包括确定路线基本走向、路线走廊带、路线方案至选定线位的全过程。路线走向及主要控制点的选定应符合下列规定:

（1）路线起、终点，必须连接的城镇、重要园区、工矿企业、综合交通枢纽，以及特定的特大桥、特长隧道等的位置，应为路线基本走向的控制点。

（2）特大桥、大桥、特长隧道、长隧道、互通式立体交叉、铁路交叉等的位置，应为路线走向控制点，原则上应服从路线基本走向。

（3）中、小桥涵，中、短隧道，以及一般构造物的位置应服从路线走向。

公路选线应遵循下列原则：

（1）确定路线走廊带应考虑走廊带内各种运输体系及不同层次路网间的分工与配合，按照其功能统筹规划，近远期结合，合理布局。

（2）必须由面到带、由带到线，在对地形地貌、地质水文、气候气象、环境敏感区等调查与勘察的基础上论证、确定路线方案。同一起、终点的路段内有多个可行路线方案时，应对各设计方案进行综合比选。

（3）应考虑同农田与水利建设、矿产资源开发和城市发展等规划的配合。

（4）应充分利用建设用地，严格保护农用耕地；应保护生态环境，并同当地景观相协调。

（5）应尽可能避让不可移动文物、水源地和自然保护区。

（6）应保持与易燃、易爆等危险源及污染源间的安全距离。

（7）公路改扩建工程应注重节约资源，坚持利用与改扩建相结合的原则，合理、充分利用原有工程。

公路选线应符合下列要求：

（1）对路线所经区域、走廊带及其沿线的工程地质和水文地质应进行深入调查、勘察，查清其对公路工程的影响程度。遇有不良工程地质的地段应视其对路线的影响程度，分别对绕、避、穿等方案进行比选论证。

（2）调查沿线各类敏感点及矿产资源，并研究其对路线方案的影响，合理选择线位。

（3）高速公路和一级公路与沿线主要交通源衔接，应利用区域路网或新建连接道路。

（4）二级公路、三级公路在遵循项目总体功能和走向的基础上，应尽量避免穿越城镇。

（5）应协调桥梁、隧道、互通式立体交叉、服务区等构造物的位置和高程等关系。

（6）应综合考虑与相关公路、铁路、输电线路、油气管道等的平行或交叉关系，合理利用走廊带资源，节约占地。

（7）山岭区选线应充分利用地形条件，合理确定垭口位置，应尽量避免高填深挖等现象。

（8）沿河（溪）线选线时，应根据设计洪水位，结合地形、地质合理确定线位高程，必要时应对桥梁与路基方案进行比选论证。

5. 圆曲线

各级公路平面不论转角大小，均应设置圆曲线。在选用圆曲线半径时，应与设计速度相适应。圆曲线最小半径应根据设计速度，按表 3.9 确定。圆曲线最大半径不宜超过 10 000 m。

表 3.9　圆曲线最小半径

设计速度/（km/h）		80	60	40	30	20
圆曲线最小半径（一般值）/m		400	200	100	65	30
圆曲线最小半径（极限值）/m	$I_{max}=4\%$	300	150	65	40	20
	$I_{max}=6\%$	270	135	60	35	15
	$I_{max}=8\%$	250	125	60	30	15
	$I_{max}=10\%$	220	115	—	—	—

注：“一般值”为正常情况下的采用值；“极限值”为条件受限制时可采用的值；“I_{max}”为采用的最大超高值；

“—”为不考虑采用对应最大超高值的情况。

高速公路、一级公路、二级公路、三级公路的直线同小于表 3.10 不设超高的圆曲线最小半径相连接处，应设置回旋线。四级公路的直线同小于表 3.10 不设超高的圆曲线最小半径相连接处，可不设置回旋线，但应设置超高、加宽过渡段。

表 3.10　不设超高的圆曲线最小半径

设计速度/（km/h）		80	60	40	30	20
不设超高圆曲线最小半径/m	路拱≤2%	2 500	1 500	600	350	150
	路拱＞2%	3 350	1 900	800	450	200

圆曲线半径小于表 3.10 规定的不设超高圆曲线最小半径时，应在曲线上设置超高，并符合下列规定：

（1）圆曲线部分的最大超高值应符合表 3.11 中的规定。

（2）圆曲线部分的最小超高值应与该公路直线部分的正常路拱横坡度值一致。

表 3.11　各级公路圆曲线最大超高值

公路技术等级	二级公路、三级公路、四级公路
一般地区/%	8
积雪冰冻地区/%	6
城镇区域/%	4

注：一般地区公路，圆曲线最大超高应采用 8%；以通行中、小型客车为主的高速公路和一级公路，最大超高可采用 10%。

二级公路、三级公路、四级公路接近城镇且混合交通量较大的路段，车速受到限制时，其最大超高值可按表 3.12 采用。

表 3.12　车速受限制时最大超高值

设计速度/（km/h）	80	60	40	30	20
超高值/%	6	4	2		

6．最大纵坡（见表 3.13）

表 3.13　最大纵坡

设计速度/（km/h）	80	60	40	30	20
最大纵坡/%	5	6	7	8	9

（1）公路改扩建中，设计速度为 40 km/h、30 km/h、20 km/h 的利用原有公路的路段，经技术经济论证，最大纵坡值可增加 1%。

（2）四级公路位于海拔 2 000 m 以上或积雪冰冻地区的路段，最大纵坡不应大于 8%。

7．不同纵坡的坡长

不同纵坡的最大坡长见表 3.14，不同纵坡的最小坡长见表 3.15。

表 3.14 不同纵坡的最大坡长

纵坡坡度/%	设计速度/（km/h）				
	80	60	40	30	20
3	1 100	1 200	—	—	—
4	900	1 000	1 100	1 100	1 200
5	700	800	900	900	1 000
6	500	600	700	700	800
7	—	—	500	500	600
8	—	—	300	300	400
9	—	—	—	200	300
10	—	—	—	—	200

表 3.15 不同纵坡的最小坡长

设计速度/（km/h）	80	60	40	30	20
最小坡长/m	200	150	120	100	60

此外，该规范对公路的最大合成坡度值（见表 3.16）进行了如下规定：

表 3.16 公路最大合成坡度

公路技术等级	二级公路、三级公路、四级公路				
设计速度/（km/h）	80	60	40	30	20
合成坡度值/%	9.0	9.5	10.0	10.0	10.0

当陡坡与小半径圆曲线相重叠时，宜采用较小的合成坡度。下列情况其合成坡度必须小于 8%：

① 冬季路面有结冰、积雪的地区；

② 自然横坡较陡峻的傍山路段；

③ 非汽车交通量较大的路段。

公路纵坡变化处应设置竖曲线。竖曲线最小半径和竖曲线长度应符合表 3.17 中的规定值。

表 3.17　竖曲线最小半径和竖曲线长度

设计速度/（km/h）		80	60	40	30	20
凸形竖曲线半径/m	一般值	4 500	2 000	700	400	200
	极限值	3 000	1 400	450	250	100
凹形竖曲线最小半径/m	一般值	3 000	1 500	700	400	200
	极限值	2 000	1 000	450	250	100
竖曲线长度/m	一般值	170	120	90	60	50
	极限值	70	50	35	25	20

注："一般值"为正常情况下的采用值；"极限值"为条件受限时可采用的值。

8．平曲线长度

平曲线最小长度应符合表 3.18 中的规定。

表 3.18　平曲线最小长度

设计速度/（km/h）		80	60	40	30	20
平曲线最小长度/m	一般值	400	300	200	150	100
	最小值	140	100	70	50	40

注："一般值"为正常情况下的采用值；"最小值"为条件受限时可采用的值。

三、山区普通公路改扩建工程技术规范

贵州省地处云贵高原东麓，区域发育有大娄山脉、武陵山脉、苗岭山脉、乌蒙山脉，山地和丘陵占全省面积的 92.5%，山高谷深、沟壑纵横，地质复杂多变，是全国唯一没有平原支撑的省份，地形、地质条件的限制使得贵州公路建设工程任务艰巨。由于历史原因，既有普通公路大部分技术等级低、指标低，提质升级改造难度大。

针对贵州省当地的地形地貌特点，贵州省市场监督管理局于 2021 年 8 月 18 日发布《山区普通公路改扩建工程技术规范》，该规范于 2021 年 12 月 1 日正式实施，对于贵州省普通公路改扩建与提质升级建设具有重要的指导意义。该规范从以下几个方面对工程技术指标的选用做出了规定。

1．一般规定

路线设计应根据总体设计方案，结合道路功能及既有公路的利用与改扩建要求，遵循最大限度利用既有公路资源的原则，合理选用指标。对既有公路经安全性调查存在安全隐

患的路段、地质灾害需处治的路段、工程艰巨路段，在路线设计时应进行多方案比选。

利用既有公路的局部路段受自然条件制约时，可灵活采用平纵指标，但极限指标不应组合使用，并应强化相应的交通安全设施。

路线设计应保证运行速度的均衡，提高公路安全性。二级公路应重点对下列路段进行运行速度检验：

① 不同设计速度路段相衔接处；

② 受条件限制，采用平、纵面指标低限值的路段；

③ 被利用公路交通事故多发的路段。

兼具城市道路功能二级公路设计交通量预测年限为 20 年。应根据城镇总体规划、城市综合交通规划，合理确定道路等级、平纵线形、横断面布置、交叉口形式等，应符合交通安全要求。

2．既有公路技术指标及运行状况调查

应对既有公路开展技术指标调查，调查手段主要包括资料搜集、现场调查、几何测量、试验检测，调查内容主要包括路线平纵线形指标、横断面形式、构造物技术状况等级。应对既有公路开展运行状况调查，调查内容主要包括运行期间的交通组成调查、运行速度调查、交通事故多发点及地质灾害点调查。应根据既有公路技术指标与运行状况的调查结果进行评价，评价方法主要包括专家调查法、指标对照、统计分析、结构计算等方法，从行车安全性、承载能力、稳定性、规范符合性、功能适应性等方面，对既有公路做出定性或定量分析。应根据调查及评价结论，合理确定老路利用率、路段设计速度与相应技术指标。

3．设计速度

设计速度选用应根据公路的功能与技术等级，结合地形、工程经济、预期的运行速度和沿线土地利用性质、老路利用率等因素综合论证确定。二级公路设计速度不宜采用 80 km/h，当采用 60 km/h 时不应设置回头曲线。设计速度如表 3.19 所示。

表 3.19　设计速度

指标	公路等级				
	二级公路		三级公路		四级公路
设计速度/（km/h）	60	40	40	30	20

注：二级公路越岭路段、急弯曲线段或回头曲线段时设计速度可采用 35 km/h、30 km/h，三级公路越岭路段、急弯曲线段或回头曲线段时设计速度可采用 25 km/h。路基宽度不变。

兼具城市道路功能的公路设计速度应符合以下规定：

（1）作为干线二级公路、二级公路设置慢车道的路段，或二级公路与城市主干路衔接的路段，设计速度宜采用 60 km/h。

（2）作为集散二级公路，或与城市次干路衔接的路段，设计速度可采用 40 km/h。

4．路基宽度（见表 3.20）

表 3.20　路基宽度

指标		公路等级							
		二级公路				三级公路			四级公路
设计速度/（km/h）		60	40	35	30	40	30	25	20
车道宽度/m		3.50	3.50	3.50	3.50	3.50	3.25	3.25	3.00
右侧硬路肩宽度/m	一般值	0.75	—	—	—	—	—	—	—
	最小值	0.25	0.25	0.25	0.25	0.25			
土路肩宽度/m	一般值	0.75	0.75	0.75	0.75	0.75	0.50	0.50	0.25
	最小值	0.50	0.50	0.50	0.50	0.50			

注 1：二级公路：设计速度为 60 km/h 时，路基宽度一般值为 10 m，最小值为 8.50 m；设计速度小于 60 km/h 时，路基宽度为 8.50 m；

注 2：三级公路：设计速度为 40 km/h 时，路基宽度为 8.50 m，急弯曲线、回头曲线路基宽度按表 3.19 的要求执行；设计速度小于 40 km/h 时，路基宽度为 7.50 m；

注 3：四级公路：路基宽度为 6.50 m。

贵州省《山区普通公路改扩建工程技术规范》较《公路工程技术标准》（JTG B01—2014）二级公路、三级公路、四级公路设计速度进行了更细致的区分，以及对不同设计速度下车道宽度进行了规定，以充分与当地地形地貌条件相结合，保障行车安全。

5．圆曲线

各级公路平面不论转角大小，均应设置圆曲线。在选用圆曲线半径时，应与设计速度相适应。圆曲线最小半径及回旋线最小长度应根据设计速度，按表 3.21 中的要求确定。

表 3.21　圆曲线最小半径

指标			要求值					
设计速度/（km/h）			60	40	35	30	25	20
一般值/m			200	100	85	65	45	30
极限值/m	最大超高	6%	135	60	45	35	25	15
		8%	125	50	40	30	20	15
回旋线最小长度/m			50	35	30	25	25	20

贵州省《山区普通公路改扩建工程技术规范》较《公路工程技术标准》(JTG B01—2014)对不同的设计速度超高的极限值下圆曲线的最小半径进行了更细致的规定，以保障驾驶安全。

设计速度与平面半径的灵活选用：二级公路设计速度采用 40 km/h 时，困难路段经充分论证后可采用设计速度 35 km/h、30 km/h 的平纵指标，但平面半径不宜小于 40 m；三级公路设计速度采用 30 km/h 时，困难路段经充分论证后可采用设计速度 25 km/h 的平纵指标，但平面半径不宜小于 20 m；并应满足合成纵坡、停车视距的要求。

越岭路段：二级公路设计速度采用 40 km/h 时，困难路段为充分利用老路，节约资源，在采用相应的安全防护措施后，可以采用 35 km/h、30 km/h 的平纵指标；三级公路设计速度采用 30 km/h 时，困难路段为充分利用老路，降低造价，在采用相应的安全防护措施后，可以采用 25 km/h 的平纵指标。

6. 最大纵坡

最大纵坡根据设计速度，按表 3.22 中的要求确定。利用老路路段，最大纵坡可增加 1%。

表 3.22　最大纵坡

指标	设计要求值					
设计速度/(km/h)	60	40	35	30	25	20
最大纵坡/%	6	7	7.5	8	8.5	9

贵州省《山区普通公路改扩建工程技术规范》较《公路工程技术标准》(JTG B01—2014)对设计速度为 35 km/h 和 25 km/h 时的最大纵坡值进行了更细致的规定，以保障驾驶安全。

越岭路段连续上坡(或下坡)路段，相对高差为 200 ~ 500 m 时平均纵坡不应大于 5.5%，相对高差大于 500 m 时平均纵坡不应大于 5%，且任意连续 3 km 路段的平均纵坡不宜大于 5.5%。超过上述规定的路段应进行专项安全性评价，并采取相应的安全防护措施，设置公路限速设施。

7. 不同纵坡的坡长

为充分利用老路，在困难路段最大坡长可按纵坡减 1% 后，最大坡长取值应符合《公路路线设计规范》(JTG D20)的要求，经运行速度检验，满足协调性要求，不低于载重汽车上坡方向容许最低速度规范值，并采取相应的安全防护措施，设置公路限速设施。

最大合成坡度值应根据运行速度、圆曲线半径、路线纵坡、横向力系数、自然条件等因素经计算确定。

四、技术标准选择的原则

在贵州山区普通二级公路提质升级改造工程建设中，公路技术等级的选用应结合工程项目所在地区的综合运输体系、路网结构、远景发展等，根据公路功能、路网规划、交通量等，结合工程项目在所在区域公路网中的地位和作用、使用任务和性质以及远景交通规模等多种因素来综合分析确定公路的技术标准。在论证建设标准时，突出“项目在路网中的功能和定位”，适度弱化“交通量”的控制性作用，还应考虑公路所在地区的建设条件。如一些地区由于自然条件和城镇分布等特点，尽管公路运输距离长，但是交通量却相对较小，如果以交通量作为论证公路建设标准的唯一刚性指标，显然难以适应这些地区实际建设需要。所以在公路改扩建勘察设计中，应遵循“安全、环保、舒适、和谐”的设计理念，灵活运用技术指标，不片面追求高标准。

综合考虑上述因素，在贵州山区普通二级公路提质升级改造工程建设中，对于技术标准的选择，应遵循以下理念：

（1）采用差异化的设计思路，根据“老路老标准、新路新标准”的原则，灵活采用技术标准，在条件受限路段可采用低限指标，局部路段甚至可降低技术等级，但降低技术等级的路段连续长度不能超过 10 km，且不能超过路线总长度的 20%。

（2）山区路段应综合论证环境影响程度、资金投入规模、公众出行需求等，适当提升通行能力，提高出行的效率。

第二节　山区公路路线升级改造的基本要求

一、山区公路提质升级路线设计需求

二级公路具有连接行政中心、交通枢纽、商业区、居民点或旅游景点等功能。近年来，贵州二级公路提质升级改造工程的实施，极大地改善了贵州的交通基础设施状况。二级公路的路线设计应依据基本标准、规范，也应该着重考虑沿线城镇、大型居民点、

旅游景区等的交通快捷性、互通性，充分发挥二级公路的纽带作用。山区公路提质升级路线设计需求主要有以下几个方面：

（1）公路兼具市政道路需求。

贵州山区有大量的城镇街道依公路演变而来，这往往导致公路兼具市政道路功能，因此公路提质升级改造对路线设计需要兼顾过境城镇段的市政道路功能，满足城镇对外交通的要求。因多种因素，山区城镇过境公路存在的路线问题，不利于公路提质升级工程的路线设计和实施：一是城镇道路线形差，不能满足公路建设的基本要求，又难以通过拆除路侧既有建筑物的方式来提高线形指标；二是公路经过城镇路段的空间较为狭窄，已无二级公路改造和市政化的空间。因此，山区二级公路的改扩建在经过城镇路段对路线设计提出了更高要求，除依据公路设计相关规范、标准外，还须结合相关市政道路规范和标准进行设计，同时考虑城镇和经济发展的要求。

（2）连接搭接需求。

二级公路为全开放式，有利于交通的无缝连接。贵州山区分散的农村居民点等需要通过低等级公路才能快速连接至二级公路。二级公路应能与不同等级公路搭接顺畅，以确保山区城镇、景区、居民点、工业区等进出的快速转换、便捷交通。

（3）生态环境保护的需求。

贵州山区生态环境脆弱，破坏后生态环境难以恢复，对二级公路路线设计要求较高。公路路线设计可能占用农田、河流、植被等，造成水土流失；路基开挖、回填等破坏地质稳定、破坏植被从而导致山体滑坡或泥石流等自然灾害；建筑垃圾、施工设备尾气、扬尘、噪声以及营运期的汽车尾气、交通噪声等对环境造成影响。因此，山区二级公路路线设计需对公路沿线环境进行详细调查，综合比较，优化路线设计、保护生态环境。

（4）节约资源的需求。

山区公路沿线土地、植被、矿产等资源珍贵。因此，山区二级公路提质升级改造工程中路线设计应充分考虑节约资源，提高现有老路利用率，减少征地和生态资源破坏，多角度降低公路建设对土地、植被、矿产以及生态资源的破坏或占用，达到节约资源的目的。

二、山区公路提质升级路线设计原则

山区公路的提质升级需要通过对原线形进行重新组合，以提高公路的等级。对贵州山区普通国省道二级公路提质升级改造工程，平面指标和纵坡的合理选择，成为提质升级工程面临的、必须优先解决的技术问题，其对公路工程建设投资、建设周期、公路运营安全以及生态环境保护具有重要影响。

原有山区公路一般已经充分利用了地形、进行了比较合理的线形组合，特别是沿溪线、越岭线，线路总体走向往往不是问题的主要方面，关键是局部重新选线的路线指标的选择，使路线方案既能满足技术标准的要求，又能充分利用原有公路和构筑物，达到经济、合理的目的。

（1）原有路线利用原则。

在山区二级公路提质升级改造工程中的路线设计应遵循尽量利用原有公路的原则，即在路线设计时需充分结合原有公路线路走向，对路基和路面情况进行详细勘察，合理评估公路标准等级，结合技术标准、规范，保证路线设计能够最大化利用原有公路，减少资源浪费。可以通过加长路线、设置连接线等方式提高老路利用率，科学合理地降低建设成本、节约资源。

（2）经济和社会效益原则。

在山区二级公路提质升级改造工程中路线设计必须利用二级公路的开放性功能，连接低等级公路与高等级公路以及连接重要城镇、工业区、景区等的重要作用，充分发挥二级公路的经济和社会效益。在路线选线及设计时，须详细调查公路沿线的重要节点，在保证通行安全的前提下，最大化地连接沿线的重要节点，提高出行的安全、快捷、高效，带动沿线区域的城镇规划、旅游、资源开发，最大化地提高二级公路提质升级改造工程的经济和社会效益。

（3）保护生态环境的原则。

在山区二级公路提质升级改造工程中路线设计必须遵循节约用地、保持原有生态系统连续性、路域生态系统稳定性、保护自然植被、生态环境恢复以及保护水环境、声环境等保护生态环境的原则。可以通过合理选线布线、适合的建设标准、降低路基高度、资源综合利用、生态恢复等相关措施保护公路沿线生态环境，使公路建设与生态环境自然协调。

三、路线升级改造设计方法

1. 设计流程

改造升级的路线设计，非常重要的是对原有路线和对原有路线走廊的充分利用，设计流程如下：

（1）进行交通调查，依据调查数据和升级之后路线在路网规划中的功能和作用，确定公路等级和服务水平。

（2）对既有道路技术指标和路用性能进行评估，对升级改造路段沿线的自然条件、地方经济等方面进行调研，确定技术标准。

（3）对沿线建设条件调查，对既有道路可利用路段进行分析，在设计时对既有道路进行充分利用，同时尽量少占耕地资源。

（4）考虑路线升级后功能定位的变化，经过居民集中点时可采取绕避措施，选择合理线位布线。

（5）对设计线形进行运行速度协调性和一致性检查，找出不足，予以修改。

2．设计方法

升级改造中对平面线形和纵断面线形的设计方法如下：

（1）平面线形设计。

山区低等级既有道路的平面线形与平原微丘区的线形有明显差异，平原微丘区平面线形直线多，距离长，在升级改造设计中许多旧路指标都能满足更高等级技术标准的要求，但对于山区的低等级既有道路就不同，平面线形蜿蜒曲折，直线比例小，且距离较短，在设计时可以这样处理：同向曲线间的直线长度不能满足要求时，能够合并为一个交点的，可用基本型圆曲线和缓和曲线进行连接，若不能合并的，则用其他特殊形式的曲线进行连接，例如卵形、凸形、复合形，或C形；当既有道路线形为反向曲线时，视曲线半径和直线长度情况，可在满足标准、规范要求的情况下用S形曲线连接。既有道路的圆曲线和缓和曲线段的半径和长度能够满足规范要求时，尽量保持半径大小及曲线长度不变，从而充分利用既有道路；当圆曲线半径与缓和曲线的长度无法达到升级改造技术指标要求时，可适当缩短两端直线的长度，以扩大圆曲线的半径，增加缓和曲线长度，要兼顾圆曲线间的直线长度满足要求，如不能满足要求，可以用特殊形曲线连接。若小半径圆曲线出现在长直线尽头，车辆驶入时，这样突兀的线形变化往往会造成交通事故，因此，应当考虑实际地形条件，扩大半径，条件允许时，可不设超高半径。

（2）纵断面线形设计。

公路在升级改造中既有道路由于技术指标低，不能满足更高等级公路对纵断面指标的要求，例如坡度和坡长，因此，在设计中需要改善纵断面的坡度和坡长的，则应在节约工程量的前提下使道路纵坡和坡长满足升级改造项目的技术指标要求，使之满足规范规定的最小坡长等指标要求。对于大纵坡路段则应着重考虑行车安全，长大纵坡路段的平均纵坡值不能超过限制值，在设计纵断面坡度和坡长时，应注意与平面线形的协调配合，使之尽量节约工程量，同时，保证平纵协调。山区道路纵坡起伏较多，其长度和坡度对行车安全影响大，在升级改造时应给予充分重视。

进行纵断面竖曲线设计时，应在节约工程量的原则下进行，同时竖曲线的半径和长度也均应满足升级改造技术标准对最小半径和最小长度的要求，纵向的填挖高度与工程量直接相关，在进行设计时，应充分重视，在遵守标准、规范要求，同时现有地形又较有利于布线时，应尽量采用较大半径的竖曲线。

既有道路的标高是进行升级改造时应着重考虑的因素，在进行纵断面设计时，路基标高、桥梁标高、设计洪水位等标高控制值，均应满足规范的要求，在与其他道路交叉时，对高程则应更加重视，以使搭接的纵坡顺适。

在对山区公路纵断面线形中的坡长升级改造时，应在其符合标准、规范中最小坡长要求的前提下，尽可能地减小工程量。对于纵坡较大的路段，首先要确保车辆动力和行车制动安全，平均纵向坡度不应大于极限值。同时，在调整公路纵断面坡长、坡度时，必须与其平面线形相协调。在进行既有老路改造设计时，一方面应确保坡度和坡长不超过《公路路线设计规范》（JTG D20—2017）中的极限值，且不出现连续长大纵坡，另一方面要适当减少土石方开挖工程量，并与平面线形相互协调（平包竖）。

在对山区公路的纵断面线形中的竖曲线升级改造时，应确保半径、长度符合规范中的半径和长度的规定。如果既有公路地形方便布线，需尽可能地采用半径较大的竖曲线。

四、路线升级改造比选方法

提质升级改造中，对于部分新建与利用既有公路、路线通过的不同型式等方案难以取舍时，应进行路线方案的同精度比选。路线升级改造比选的方法与新建道路的比选有所不同，沿线村镇一般沿既有公路布设，而升级改造后会不会影响道路功能的发挥，这需要从多个方面进行考虑，新建方案和既有公路拓宽方案的取舍要从技术指标、工程造价、自然环境、社会环境、路网布局、行车安全等多方面进行详细比选。

总的来说，方案比选主要从以下几个方面指标进行：

（1）技术指标。包括路线长度、圆曲线最小半径和个数、最大纵坡等。

（2）经济指标。包括土石方、路面、桥梁、隧道、涵洞、征地和拆迁等的工程量和工程造价指标。

（3）经济效益和社会效益。

（4）行车安全。

第三节　山区公路中路线常见的问题

路线是公路最基本的特征，表现为平、纵、横三方面的指标，良好的线形指标对于保证汽车安全、迅速、经济和舒适地行驶具有重要的作用。公路路线改造的主要目的是，对交通拥堵路段、线形不良路段进行改造，通过合理设定路线技术指标完善相关设施等，在全面提升公路通行能力的同时保障行车安全。

一、山区公路自然环境特点

（1）地形复杂。

山区地形变化幅度较大，在一定程度上增加了山区公路的建设和运营难度。山区地势落差大，在山区公路路线设计环节，需要慎重考虑路线走向、构造物布设、对生态环境的影响、工程造价等一系列内容。如果山区公路路线设计方案不合理，会影响后续的施工，降低山区公路的整体效益。

（2）地质条件多变。

贵州省的山体多属于多石少土山体，开挖难度大，多雨及潮湿的环境，增加了滑坡与泥石流等地质灾害发生的概率。另外，在公路工程地质勘查环节，受当地的地形与环境因素干扰，难度较大。山区地质结构具有多变性特点，使得山区公路施工成本较高。

（3）水文条件呈现多样性。

贵州省大部分山区的河流较为曲折，在公路路线设计环节，无法完全躲避河流，河流对山区公路路基会产生一定冲刷，故设计人员要采取合理的措施，有效减少河流对公路路基产生的不利影响。此外，大部分山区存在暗河，若勘察数据不够全面，会严重影响山区公路建设质量。

既有的山区公路由于当时建设资金的限制，设计标准一般较低。大多数二级公路只做小幅度的低填浅挖，或者只填不挖，线形随自然地形起伏。这样虽然减少了填挖方，减少了对自然环境的破坏，但也产生了纵断线形较差、视线不良、行车安全隐患突出等问题。

二、路线常见问题

目前，我国山区普通二级公路在路线方面存在以下主要问题：

（1）安全问题。

随着社会经济的发展，汽车保有量急剧增长，而且随着公路网的逐步完善，客货运输也蓬勃发展，但由于早期对公路交通量增长预计不足，加之建设时的技术条件、造价等因素，导致修建的公路技术等级较低，运行至今已不能满足交通量的需求，尤其是一些热点路线，车辆集中通行导致的拥堵现象严重。同时，由于受到客观条件限制，公路存在较多的急弯、陡坡等线形不良路段，尤其是长大纵坡路段，还存在一定的安全风险。

（2）连续坡度问题。

在目前的设计中，大部分情况均考虑了坡长的问题，并对坡长进行了限制，在一定程度上可以减少交通事故的发生。但是，既有山区公路在建设时，有部分的路线设计并未考虑连续纵坡，所以，有很多连续上坡和连续下坡的情况，这为安全事故的发生埋下了隐患。以持续的下坡道路为例，在连续下坡时，司机会根据坡度的情况进行频繁换挡操作，如果路线使得司机需要紧急刹车或者减速，加速度会变动较大，给行驶人员的安全带来显著不利的影响。

（3）道路线形不良。

山区公路地形复杂，山高谷深，陡坡较多。山区公路由于周边地质条件复杂，容易发生泥石流、山体滑坡等地质灾害，在条件恶劣的山区进行公路设计与建造时，部分路段会出现道路线形不良、平曲线曲线半径较小等问题，影响驾驶员的驾驶视距，如图3.1所示。

（a）　　　　（b）

图 3.1　道路线形不良

（4）直线过短。

受地形地貌限制，山区公路往往直线间距较短。直线过短会影响交通安全，直线过短易误导驾驶员产生错觉，互相通视的同向曲线间若插以短直线会形成“断背”曲线，导致驾驶员产生把直线和两端的曲线看成反向曲线的错觉，当直线过短时甚至把两个曲线看成是一个曲线。这种线形破坏了线形的连续性，且容易误导驾驶员做出不正确的操作，严重时会偏离行驶轨迹而引发交通事故。

为保证行车安全，两圆曲线间以直线相连接时，直线的长度不宜过短。《公路路线设计规范》规定：设计速度大于或等于 60 km/h 时，同向圆曲线间最小直线长度（以“m”计）以不小于设计速度（以“km/h”计）的 6 倍为宜；反向圆曲线间的最小直线长度（以“m”计）以不小于设计速度（以“km/h”计）的 2 倍为宜。设计速度小于或等于 40 km/h 时的山岭重丘公路的特殊困难地段，可适当放宽。在进行平面线形设计时，如果相邻圆曲线间直线长度不满足要求，或者设置直线后，圆曲线半径过小，可以考虑在反向曲线间不设置直线，直接将前后曲线相连。图 3.2 所示为山区公路直线过短。

（a）　　（b）

图 3.2　山区公路直线过短

（5）平曲线设置频率。

弯道是线形的重要组成部分，弯道的设置是减少过长直线设计中不可缺少的，但是过多的弯道个数会造成行驶环境复杂，强迫驾驶员过多、过快地接收信息，有时采取措施不及时或稍有疏忽便会发生交通事故，如图 3.3 所示。

（6）平曲线转角。

曲线转角也是公路交通安全的影响因素，而山区公路由于地形地貌和工程资金的约束，平曲线转角过大。在实际的山区公路线形中，会出现转角为钝角甚至回头曲线的路线，不利于道路行车安全，如图 3.4 所示。

（a）

（b）

图 3.3　山区公路连续转弯

（a）

（b）

图 3.4　山区公路转角过大

（7）长下坡。

下坡时，因惯性的作用，车速会变得越来越快，这时驾驶员就需不断地踩制动器，使车速不致增加太快而产生不安全的后果，但频繁制动会使制动效能降低，再加上驾驶员心理紧张，也很容易导致事故发生。坡度越大，坡长越长，车速增加越多，驾驶员踩制动器就越频繁，也就越容易导致事故，如图 3.5 所示。

（8）短距离内连续变坡。

研究表明，车辆运动按某种方式做持续累加与延续，是造成车辆发生交通事故的根源之一，而造成车辆运动的不良累加与延续的往往是多种线形组合的区段及衔接区段。汽车短距离内在反复凹凸的路段上行驶时，由于道路反复起伏所产生的超重与失重的频繁变化，会导致乘客感觉不适；同时，对驾驶员来讲，容易产生较多的视觉盲区，从而引发交通事故，如图 3.6 所示。

（a）

（b）

图 3.5　山区公路长下坡路段

图 3.6　山区公路短距离内连续变坡

（9）长陡坡后接缓坡线形。

下坡行驶到坡度变缓的路段时，由于周围景观与路面倾斜度降低所造成的影响，驾驶员会产生上坡的错觉，采取提速冲坡操作。同样，在上坡时，也会因为中途坡度变缓而误认为上坡结束，开始下坡，从而盲目换挡。这些错误的操作都会诱发交通事故。

（10）视距不足。

① 平曲线路段：由于弯道内侧有边坡、建筑物、树木、道路设施等，阻碍驾驶员视线，使得视距满足不了要求，从而成为视距不足路段。有时尽管原设置的视距是足够的，但路边的绿化树、花草长期得不到及时清理，也会造成视距不足。在弯道内侧如果设有道口（或小路），当地的行人、车辆、牲畜频繁出入道口，尽管驾驶员已发现并采取措施，但由于距离不足，仍会造成危险。

② 凸形变坡路段：在纵断面为凸形竖曲线的路段、上下坡连接处的竖曲线上，驾

驶员的视线常受到阻碍。当竖曲线半径较小时，视线受阻严重，视距满足不了要求，成为视距不足的路段。

③ 凹形变坡路段：纵断面为凹形竖曲线的路段，在上下坡连接处的竖曲线上，白天视线通畅，而在夜间汽车的车灯照射范围受到阻碍，驾驶员的视线受到上跨天桥、公路、树木等物体遮挡造成视线受阻，视距无法满足要求。

此外，山区公路中路线还存在其他的安全问题，这些问题影响驾驶员的驾驶体验，造成驾驶员视线不连续，易使驾驶员产生紧张感，增加驾驶负荷和心理压力等，影响行车舒适与安全。关于此类问题，应在提质升级改造工程中，科学合理布线，使道路线形更加流畅，充分提高道路安全系数。

第四节　路线处治常用对策

一、公路路线设计特点

公路提质升级改造工程路线设计方面，从宏观上看与新建公路一样，都要按照现行规范进行设计，但是从具体工作的内容和特点、权重要素考量来看，公路提质升级路线设计与新建公路路线设计有着很大的区别，主要体现在以下几个方面：

（1）提质升级公路平、纵面线形设计特点。

公路提质升级工程设计的平、纵面线形设计是在既有公路路线的前提下进行的，其设计原则是在满足相关设计规范的前提下，充分利用既有公路工程，以减少征地、路基土方及结构工程数量，路线平面设计的关键是与既有道路路线的符合性和衔接的有效性，空间的“自由度”很小。因此，提质升级设计首先要对既有公路路线几何线形、指标，工程与沿线地形、地质耦合及工程规模、性能等进行全面的调查评估、评判，再考虑新建部分和既有工程间衔接的紧密性、有效性和结构的安全性等问题。这与新建公路有着本质的不同，从而增加了细部处理的技术难度。

（2）公路几何线形组合不当和瓶颈咽喉路段的设计调整。

在公路提质升级工程实际实施时，要做到统筹兼顾，全面调查分析运营状况，围绕消除既有公路几何线形组合不当的“瓶颈”、局地气候环境不利交通的“咽喉”、运营事故的集中点及地质灾害点等，必要时通过改变平、纵面几何线形和线位，甚至废弃部分路段，以清除局部路段的“瓶颈”，提高公路各路段通行能力和服务水平的均衡性。

① 全面布局。

全面布局是解决路线基本走向的全局性工作，就是在起讫点及中间必须通过的节点间寻找可能通行的“路线带”，并确定一些大的控制点，连接起来即形成路线的基本走向。全面布局是通过路线视察，经过多方案比较来实现的。

② 逐段安排。

在路线基本走向已经确定的基础上，进一步加控制点是路线局部方案的工作，即在大控制点之间，结合地形、地质、水文、气候、桥隧等条件加以解决。逐段安排是通过踏勘测量或详测前的勘查路线来实现的。

③ 具体定线。

在逐段安排的小控制点间，根据技术标准结合自然条件，综合平、纵、横三方面因素，反复穿线插点，具体定出路线的控制要素。通过实测道路中心线，初步拟合出既有公路中心线的平面现状。

二、路线改造设计控制原则

（1）合理选择控制点。尽量利用既有公路，以平面为主安排路线。纵面线形应综合考虑桥涵、隧道、交叉等构造物的要求，合理确定路基、桥隧设计高程。注意避免纵坡起伏过于频繁，但也不应过于平缓而导致排水不良，同时纵面设计应充分体现因地制宜和灵活性，或穿或跨、或高或低或平。

（2）正确掌握和运用技术标准。在工程量增加不大时，应尽量采用较高的技术标准。不轻易采用较小指标或极限指标，也不应不顾工程经济性，片面追求高指标，即“适宜、顺应地形，前后路段匹配是最好的”。路线布设应在保证行车安全、舒适、快速的前提下，做到工程数量小、造价低、运营费用少、效益好，并有利于施工和养护。

（3）重视生态环境保护。设计时加强环保工作，重视生态平衡。应注意保护既有自然状态，并注意与周围环境、美景相协调。充分考虑对可能破坏和影响的自然美景、资源和污染的环境的防治措施，减少公路对自然美景与资源可能产生的影响。

（4）处理好公路与城镇的关系。公路沿线可能有较多的城镇、村庄、工业区及其他公用设施，路线布设应正确处理好服务与干扰、穿越与绕避、拆迁与保留的关系。

（5）综合考虑路与桥隧的关系。在设计中，个别特殊大桥的桥位、较长隧道进出口一般作为路线总方向的控制点；大中桥位、较长隧道进出口原则上应服从路线的总方向，一般应作为路线走向的主要控制点；小桥涵、短隧道位置应服从路线走向。

三、线形不良路段采用的处理方式

对于线形不良路段，常采用的路线改造处理方式如下：

（1）回头弯路段宜加宽、降低设计速度。

山区既有公路，在越岭路段，为克服高差，在展线困难的狭窄且地形陡峻的地段设置回头弯，其半径较小，在回头弯前后经常因大货车转弯困难而造成这些路段塞车。因此，需调查通行货车所占比例和货车的长度，从而确定回头弯路段的加宽值（尽可能加宽 3 m），以保证公路运营通畅。另外，应考虑超长车辆的通行，特别是较窄的公路。一是加宽方式采用曲线内外侧同时加宽，加宽价值较小时在外侧加宽；二是回头弯两端尽可能设置错车道；三是尽可能采用“葫芦”形，避免采用“试管”形；四是增大回头弯视距或增设凸面镜；五是注意路面的抗滑系数提升问题。

（2）视距不足路段应可采取的措施。

由于山区复杂的地形地貌，在受地形地物限制的路段，为了满足视距要求，要增加的工程量较大时，可以采用费用较低的方法（如设立交通标志或强制分道行驶等措施）确保安全。一般可采取的措施有：

① 对妨碍视距的建筑、植物予以拆（清）除。

② 对视线不良的道口、岔路予以封堵、调整。

③ 设置限速、禁止超车等禁令标志。

④ 路面中线标划双实线或采用强制分道，禁止驶入对向车道。

⑤ 设置减速鸣号等诱导标志。

（3）裁弯取直。

既有公路线形“瓶颈”处理：既有公路局部路段线形指标较差路段，应结合地形的实际情况进行改善，原则上消除“瓶颈”咽喉。

对于部分弯多且急、线形较差、边坡不高路段，采取裁弯取直进行布线，使所布设的道路线形符合规范要求，做到线形合理、土石方填挖平衡、工程量节省。

第四章　路基改造技术

山区普通二级公路提质升级工程实施过程中，受环境保护、国土资源合理利用及地方经济条件的制约。由于公路路基的稳定性会直接影响公路的使用性能，只有路基具有充分的稳定性和强度，才能保证道路的正常使用，不会出现大的变形和破坏。因此对老路进行提质升级，面临旧路基改造技术研究，本章主要以 G243 湄潭月亮坝至余庆公路提质升级改造工程项目为依托，阐述山区普通二级公路提质升级在路基方面的技术要求。

第一节　路基断面基本形式及主要构造物

山区公路路基的基本横断面形式有路堤、路堑、半挖半填和不挖不填四种类型。主要构造物包括支挡和坡面防护等。

一、路堤

高于原地面、由填方构成的路基称为路堤。按其填土高度可划分为：矮路堤（填土高度低于 1 m 的路堤）；高路堤（填土高度大于表 4.1 所规定的路堤）；一般路堤（填土高度介于两者之间的路堤）。以所处的条件及加固类型分，可以分为沿河路堤、陡坡护脚路堤及挖渠填筑路堤等。

表 4.1　路堤边坡的高度及坡度

填料种类	边坡的高度/m			常用的边坡坡度		
	全部高度	上部高度	下部高速	全部坡度	上部坡度	下部坡度
黏性土、粉性土、砂性土	20	8	12	1∶1.5	1∶1.5	1∶1.75
砾石土、粗砂、中砂	12					
碎（块）石土、卵石土	20	12	8		1∶1.5	1∶1.75
易风化的石块	20	8	12		1∶1.3	1∶1.5

注：采用台阶式边坡时，下部边坡可以采用与上部边坡一致的坡度。

确定路基边坡的坡度是路基设计的基本任务之一，边坡的坡度值以 m 表示，它是边坡的高度 h 与边坡宽度 b 的比值，一般写为 $1:m$，m 值越大则边坡坡度越缓，稳定性越好，但工程量则越大；m 值越小则边坡越陡，工程量虽小但稳定性差。因此，正确确定边坡的坡度是极其重要的，一般路堤边坡坡度见表 4.1，改造设计一般路堤时，可参考使用。

矮路堤易受地面水的影响，为满足最小填土高度的要求，两侧均应设置边坡。一般路堤可不设边沟，当横向取土填筑路堤时，可一侧或两侧设置取土坑。为保证边坡的稳定，在取土坑与坡脚设置宽度大于或等于 1 m 的护坡道。

沿河路堤要求浸水部分边坡放缓，水下边坡坡度一般为 1∶2，设计水位距边坡点要留有 0.5 m 的安全值。取土坑应设置在背水一侧，以保证路基的稳定，护坡道宽度要求大于或等于 4 m。地面横坡较陡时，路堤填方有可能沿山坡向下滑动，或者填方数量太大，占地太宽。为防止滑动或收缩坡脚，减少占地宽度，可以设置石砌护脚。

对于高路堤不能采用一般路堤形式，应根据力学稳定性验算结果予以专项设计。

二、路堑

低于原地面、由挖方构成的路基断面形式称为路堑。其基本形式有全挖断面、台口式路基及半山洞路基。典型路堑为全挖断面，路基两侧均需设置边沟。为防止山坡水流进路堑，在路堑边坡上方设置截水沟，要求距坡顶大于 5 m。开挖路堑如果需要横向弃土时，可在一侧或两侧设置弃土堆。陡峻山坡上的半路堑，因填方有困难时，为避免局部填方，可挖成台口式路基。在整体坚硬的岩层上，为节省石方工程，有时可采用半山洞路基，但要确保安全可靠。

路堑边坡坡度应根据边坡高度、土石种类及其性质（密实程度、风化程度等）、地面水及地下水情况、施工方法等因素综合分析论证确定。路堑边坡可采用一坡到底的形式或者折线形的形式。地质条件良好、土石质均匀时，可采用一坡到底的边坡形式；地质条件与土质发生变化时，可采用折线边坡，如下部密实、上部较松散，则边坡应为上缓下陡，反之则应上陡下缓，在保证边坡稳定的前提下，力求经济合理。当地质条件良好且土质均匀时，路堑边坡可参照表 4.2 所列数值范围，结合既有公路的实践经验取值。路堑要特别注意做好排水工作。

表 4.2 土质挖方边坡坡度

密实程度	边坡高度/m	
	< 20	20 ~ 30
胶结	1∶0.3 ~ 1∶0.5	1∶0.5 ~ 1∶0.75
密实	1∶0.5 ~ 1∶0.75	1∶0.75 ~ 1∶1.0
中密	1∶0.75 ~ 1∶1.0	1∶1.0 ~ 1∶1.5
较松	1∶1.0 ~ 1∶1.5	1∶1.5 ~ 1∶1.75

三、半填半挖

半填半挖路基是路堤和路堑的综合型式，主要设置在较陡的边坡上。以挖作填，给施工带来方便，如果处理得当，路基稳定可靠，则是比较经济的断面形式。原地面的横坡坡度关系到路基横断面的型式及稳定性。填方部分在自重作用下有可能沿原地面下滑，为使填方部分与原地面能很好地结合，增强接触面的抗滑能力，要求在填筑之前清除松土和杂草，拉毛原地面。当原地面坡度陡于 1∶5 时，填方部分的原地面应挖成台阶，每个台阶宽度不小于 1 m；当原地面坡度陡于 1∶2 时，会导致占地太宽，无法填筑或填方数量过大，此时可根据实际情况，利用废石方修筑护肩、护墙砌石及挡土墙等支挡物，形成各种形式的半填半挖路基。当地质条件良好且土质均匀时，路基边坡可参照表 4-1 和表 4-2，结合既有公路边坡或天然边坡拟定。

四、不填不挖

不填不挖路基是指原地面与路基标高相同，构成不填不挖的路基断面形式，这种形式的路基，虽然节约土石方，但常对排水不利，容易发生水淹等病害。在山区公路提质升级工程中，若不改变既有公路的路基标高，则属于这种路基形式。

五、排水设施

1. *边沟*

边沟是公路排水工程关键的组成部分。一般来说，在填方地段的坡脚外侧或挖方路段的路肩外侧进行边沟的布置，用来排除公路路基的地面水。山区路段有土质边坡时，为了避免土体坍塌滑入边沟，应该在边沟和边坡中间布设碎落台，碎落台和土路肩之间会产生一个纵向的流水槽，通常可用草皮及少许灌木铺盖在流水槽中，用以减少雨水冲刷的影响。边沟可选取梯形或矩形断面，梯形边沟内侧选取的坡度范围是 1∶1～1∶1.15，挖方路段首选矩形断面，在满足造价需求的前提下，可以使用带孔的盖板加盖到边沟上部，以确保行车安全性。常用的边沟的设计图如图 4.1 所示。

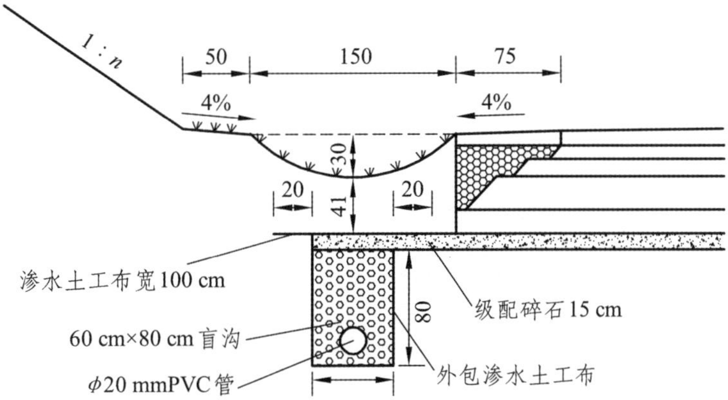

图 4.1 边沟设计图

2．截水沟

水流量较大的区域应设置截水沟，特别是在路堑边坡坡顶外侧 2 m 处，用于汇集山坡汇水。截水沟的截面常为梯形，就其大小而言，根据该地区往年实际水流量而定。在废土存放的情况下，应保持截水沟边缘与土桩之间的距离，以确保两者之间的距离合理，从而更好地进行公路路基的排水施工。具体而言，路基斜坡顶部与土桩脚趾之间的距离应大于 10 m，并在土堆上方设置大约 2% 的倾斜角，以便水可以流到横坡处。截水沟的最佳长度约为 300～500 m。超过 500 m 时，应增加出水口。另外，为避免道路被雨水冲刷，有必要借助高渗透率的材料，保证沟渠的坚固性，以使道路路基能够得到加强，防止腐蚀和雨淋。现场施工过程中要注意实地勘察，对于“顺坡”处必须设置截水沟并与边沟有效连接。

3．排水沟

排水沟指的是将边沟、截水沟和路基附近、农田、住宅附近低洼处汇集的水引向路基、住宅地以外的水沟。排水沟设计按照排水系统工程布局和工程标准，确定田间排水沟深度和间距，并分析计算各级排水沟道和建筑物的流量、水位、断面尺寸和工程量。

在地下水位较高的情况下，通常采用排水沟，以确保排水顺畅。排水沟也具有排除地表水的能力。

（1）排水沟一般布设在坡面截水沟的两端或较低一端，用以排除截水沟不能容纳的地表径流。排水沟的终端可连接蓄水池或天然排水道。

（2）排水沟在坡面上的比降，根据其排水去处（蓄水池或天然排水道）的位置而定，当排水出口的位置在坡脚时，排水沟大致与坡面等高线正交布设；当排水去处的位置在坡面时，排水沟可基本沿等高线或与等高线斜交布设。各种布设都必须做好防冲措施（铺草皮或石方衬砌）。

（3）梯田区两端的排水沟，一般与坡面等高线正交布设，大致与梯田两端的道路同向。一般土质排水沟应分段设置跌水。排水沟纵断面可采取与梯田区大断面一致，以每台田面宽为一水平段，以每台田坎高为一跌水，在跌水处做好防冲措施（铺草皮或石方衬砌）。

如果气温过低，则不宜进行地下水排水工作。用混凝土浇筑排水沟时，必须在含水量最高的地方设置渗水孔，并与沟壁接触。此外，排水沟必须具有平滑的线性形状，应尽可能根据线性形状进行设计，曲线位置多采用弧形。排水沟应与路基保持一定距离，距路基坡脚趾的距离应不少于 4 m。如果排水沟的长度太长，则应将其分开，并进行砌筑工作。另外，台阶的高度应根据实际地质情况确定，以适应当地情况。

4．急流槽

急流槽是指坡度大于临界坡度的人工沟槽，其作用是在距离短、水面落差大的情况下引导水流。急流槽设计应注意进水口处的连接，务使水流平顺流入。急流槽通常接公路路面的边沟或直接作为路面汇水的排出口，也可快速导出路堑边坡上的残留积水，可预防因积水浸泡边坡导致的边坡垮塌、滑坡和泥石流等病害。在公路工程中，急流槽常被建在公路两边，用来排水以及达到减缓水流速度的目的，对公路路基起到保护作用。通常下接跌水槽防止水流过早冲坏下部水流通道。

急流槽可分进口、槽身和出口 3 个部分，其纵坡一般不超过 1∶1.5，可用片（块）石浆砌或水泥混凝土浇筑。槽壁的厚度，石砌时一般为 0.4 m，水泥混凝土为 0.3m。槽壁应高出计算水深至少 0.2 m。急流槽的基础要稳固，基底可每隔 1.5～2.5 m 设一平台，以防滑动。进水槽和出水槽底部须用片石铺砌，长度一般不短于 10 m，个别情况下，应在下游设厚 0.2～0.5 m、长 2.5 m 的防冲铺砌。当急流槽很长时，应分段砌筑，每段长度一般为 5～10 m。

5．地下排水设施

目前，常用的地下排水设施主要有 3 种，分别为暗沟、渗沟、渗井。如果路基基底有地下水出露、挖方路基之内存在着含水层或者是某区域的地下水水位较高，但路堤的填土高度又受到了限制，在以上情况下则仅仅设置地表排水已经不能满足要求，就需要设置地下排水设施，以排出浅层的地下水，保证公路路基的整体安全性，有效地降低公路路基的含水量，保证其使用寿命及稳定性，其中挖方路段渗沟的布设形式如图 4.2 所示。

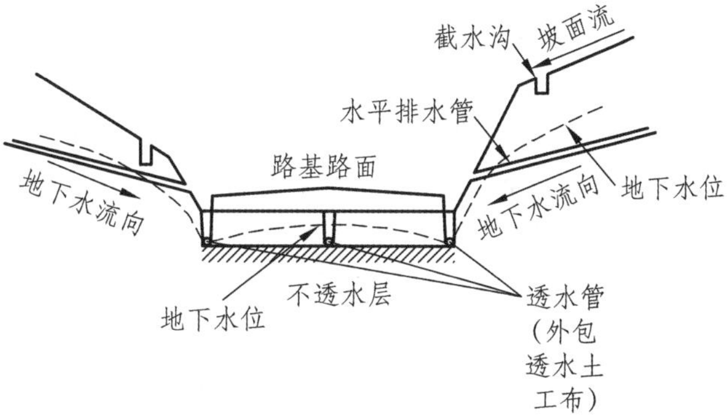

图 4.2　挖方路段渗沟布设形式

六、支挡结构物

在公路路基工程中，支挡结构被广泛应用于稳定路基、路堑、隧道洞口以及桥梁两端的路基边坡等，主要用于承受土体侧向土压力。当遇到滑坡、崩塌、岩堆体、落石、泥石流等不良地质灾害时，支挡结构主要用于加固或拦挡不良地质体。

在公路施工中，如果山坡坡度较大、公路段岩石容易被风化或者地质的土质比较疏松导致边坡的安全性降低时，设置挡土墙则能够确保路基稳定性，减少占用农田面积，保护周边的生态环境，实现理想的效果。在设置挡土墙的时候，需要对现场的实际情况进行针对性勘查，包括地形、地质、岩土体平衡条件等，制订出合适的施工方案。按照挡土墙的不同作用，可将挡土墙分为以下几种：路堑挡土墙、衡重式路肩挡土墙、路堤挡土墙、山坡挡土墙。

1．路堑挡土墙

对于挖方路基，为减少边坡开挖，需要设置路堑挡土墙。路堑挡土墙一般采用斜仰式挡土墙，挡土墙背坡坡率为 1∶0.1～1∶0.25，面坡坡率为 1∶0.25，墙高≤8 m。挡墙设置泄水孔，间距 2～3 m，上下左右交错布置。泄水孔周围用透水性良好的沙砾或碎石包裹，以保证泄水孔通畅。

2．衡重式路肩挡土墙

对于填方路基，为了少占农田或由于地面横坡较陡，为收缩坡脚，并减少土石方回填数量，需要设置路肩墙。如果地面横坡陡峻，一般采用衡重式路肩墙，以有效降低建在斜坡上挡土墙的高度，从而达到降低土石方回填和减少圬工量的目的。衡重式挡土墙上下墙高之比常为 4∶6，上墙墙背俯斜，坡度采用 1∶0.25～1∶0.5，根据挡墙高度而定；下墙墙背仰斜，坡度采用 1∶0.25；面坡坡度为 1∶0.1。根据挡土墙的受力性能，墙高小于等于 12 m 时可采用 M7.5 浆砌块石砌筑；墙高大于 12 m 且小于等于 20 m 时可采用 C15 片石混凝土；墙高大于 20 m 时可采用 C20 片石混凝土砌筑。对于墙高 $H\geqslant$ 16 m 的挡墙，可在衡重台设置加强钢筋，以防止墙体沿衡重台位置开裂。

3．路堤挡土墙

对于边坡坡度上陡下缓的填方路基，为了收缩坡脚并降低路肩挡土墙的墙高而需要设置路堤挡土墙，如图 4.3 所示。

4．山坡挡土墙

用以支挡山坡上可能滑坍的覆盖层土体或破碎岩层（需要时可分设数道），如图 4.4 所示。

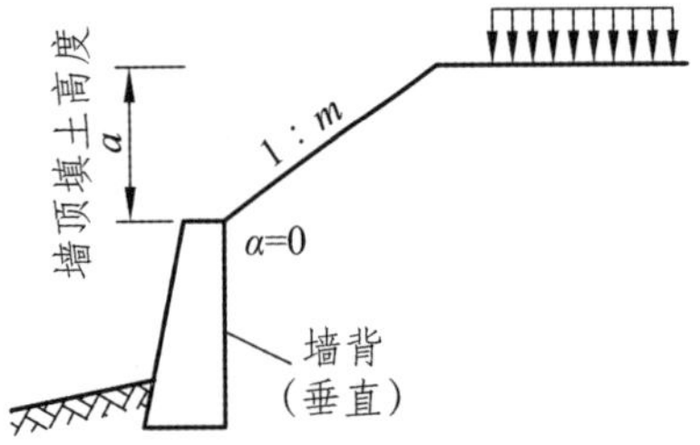

图 4.3　路堤挡土墙

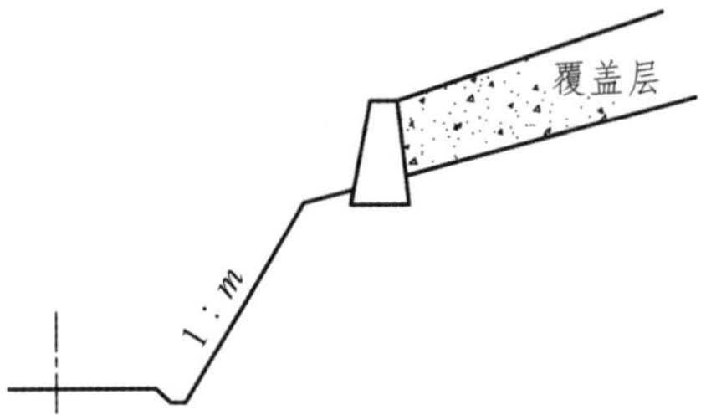

图 4.4　山坡挡土墙

七、坡面防护结构

坡面防护是指为了避免暴露于大气中受到水、温度、风等自然因素反复作用的路堤和路堑边坡坡面出现剥落、碎落、冲刷或表层土溜坍等破坏而对坡面加以防护的措施。

坡面防护，主要是用于保护路基边坡表面免受雨水冲刷，减缓温差及湿度变化的影响，防止和延缓软弱岩土表面的风化、碎裂、剥蚀演变进程，从而保护路基边坡的整体稳定性，在一定程度上还可兼顾路基美化和协调自然环境。坡面防护设施，不承受外力作用，必须要求坡面岩土整体稳定牢固。

常用的坡面防护方式有植物防护（种草、铺草皮、植树等）和工程防护（抹面、喷浆、勾缝、砌石、护面墙等）。前者可视为有“生命”防护，后者为无机物防护。有“生命”防护以土质边坡为主，无机物防护以石质路堑边坡为主。在一定程度上，有“生命”防护在边坡稳定和改善路容方面，优于无机物防护。

简易防护的边坡高度与坡度不宜过大，土质边坡坡度一般不陡于 1∶1～1∶1.5。地面水的径流速度以不超过 2.0 m/s 为宜，水亦不宜集中汇流。雨水集中或汇水面积较大时，应有排水设施相配合，如在挖方边坡顶部设截水沟、高填方的路肩边缘设拦水埂等。

八、冲刷防护

冲刷防护主要是对沿河路堤、河滩路堤及水泽区路堤，也包括桥头引道，以及路基旁堤岸等的防护。沿河公路路基的防护构造物形式，从水流作用角度可分为直接和间接两种。

直接防护是指在路基边坡采用砌石护坡，加铺护面墙、混凝土板以及土工织物护面等，也包括对沿河路基进行抛石、石笼、梢料、浸水挡土墙等防护；间接防护则指沿河道堤修筑丁坝、潜坝、透水排桩等导流构造物等，将危害路基的较大水流引向指定位置，以减小水流对路基的直接冲刷。

1．护坡、挡土墙防护

在公路路基冲刷防护中，砌石护坡、挡土墙单独作为路基防护建筑物，是使用较多的一种防护形式。它们的作用机理简单，就是利用其自身抗冲性来提高路基边坡抵抗水流冲刷的能力，能较好地解决坡面冲刷的问题。对于防护坡脚冲刷，途经有二：一是使护坡、挡土墙的基础埋入最大冲刷线以下，或者放置在出露的基岩上以及河床中的巨石上；二是采用各种方式改变坡脚水流结构，减轻水流对坡脚的冲刷程度。

2．护坦、石笼防护

用护坡、挡墙单独防护路基时，往往基脚冲刷深度过大，基础埋深难以达到要求，可采用护坦、石笼等形式来改善坡脚水流结构，达到防护基脚的目的。护坦、石笼属于直接防护构造物，直接依附于路基本身，顺水流而布设，对天然水流的干扰较小，对上、下游和对岸水流几乎没有影响。由于其对水流的作用特点，这类防护构造物对山区峡谷河段的沿河公路路基防护较为适宜。

3．丁坝防护

丁坝是沿河公路、河滩公路和桥头引道常用的防护构造物，也是桥位河段常用的防护和调治构造物。丁坝伸入河道，侵占一部分河流断面，对天然河道水流干扰较大，明显地改变了水流形态，对上、下游及对岸均会有一定的影响。它通过改变水流结构，使水流偏离被防护的河岸线或使可能被冲刷的河岸段变成淤积段，从而使沿河路基得到防护。

第二节　既有公路的常见路基病害类型

一、影响路基稳定性的主要因素

影响公路路基稳定性的主要因素一般有以下几个方面：

（1）地形。在地势平坦地区，一般来说地面水容易积聚，地下水位较高，因此路基需保持一定的最小填土高度；山岭重丘地区地势陡峻，路基的强度与稳定性，特别是稳定性不易保证，需要采取防护与加固措施。

（2）地质。沿线岩土的种类、成因，岩层的走向、倾向和倾角、风化程度等，都影响路基的强度与稳定性。

（3）气候。公路沿线地区气温、降雨量、降雪量、日照等，都将影响路基的稳定状况。

（4）水文与水文地质。水文是指地面径流、河道的洪水位、河岸的冲刷与淤积情况等，水文地质则是指地下水位、地下水移动的规律、有无泉水及层间水等。所有这些都会影响路基的稳定性，如处理不当，往往会导致路基产生各种病害。

（5）人为因素。影响路基稳定性的人为因素一般有行车荷载的作用以及路基设计、施工方法及养护方法等。路基设计时，应根据各路段的具体情况，采用合理的路基结构形式，做好地面和地下排水。对不良地质路段，还应采取必要的措施，防止路基病害的发生。

二、路基病害类型

路基病害可分为路肩病害、路堤与路床病害、边坡病害、防护及支挡结构物病害、排水设施病害五类。

1. 路肩病害

路肩病害可分为路肩或路缘石缺损、阻挡路面排水、路肩不洁三类。

（1）路肩或路缘石缺损。指路肩一侧宽度小于设计宽度 10 cm 及以上，路肩出现 10 cm 以上的缺口，路缘石丢失、损坏、倾倒或路缘石与路面脱离透水等。

（2）阻挡路面排水。指路肩高于路面，从而阻挡路面排水。

（3）路肩不洁。指路肩有堆积杂物、未经修剪且高于 15 cm 的杂草。

2. 路堤与路床病害

路堤与路床病害可分为边坡堆积物、开裂滑移、不均匀沉降和路基沉陷四类。

（1）边坡堆积物。指位于路堤边坡上人为倾倒的垃圾、堆积的秸秆等杂物。

（2）开裂滑移。指沿路基出现弧形开裂，路基产生侧向滑动趋势的现象。

（3）不均匀沉降。指路基出现大于 4 cm 的差异沉降，或大于 5 cm/m 的局部沉陷。

所谓路基不均匀沉降，是指路基由于各种病害原因所导致的路面不规则下降。与造成路面不平整的原因有所不同，造成路基不均匀沉降的主要是客观原因。公路的建设地点会受到地质条件的局限，部分公路的建设地潮湿多雨，地下水丰富，由于存在地下水和潜流，下沉后导致路基潮湿，路基在地下水的侵蚀下不断弱化，导致路基产生不均匀沉降。另外，填充路基时所采用的材料不同也会造成路基沉降，由于不同材料的抗压性不同，会使路基受力不同，从而在不同时期产生路基沉降。路基不均匀沉降对于公路的危害性较大，且后期的处理成本相对较高。针对路基不均匀沉降问题，应强调“事前预防”原则，加强管控。

路基的强度降低以及不均匀沉降会导致路面结构的受力发生改变，在车辆的荷载或者其他外力作用下会导致路面结构发生破坏，使路面产生裂缝，危害行车安全，甚至造成交通事故，如图 4.5 所示。

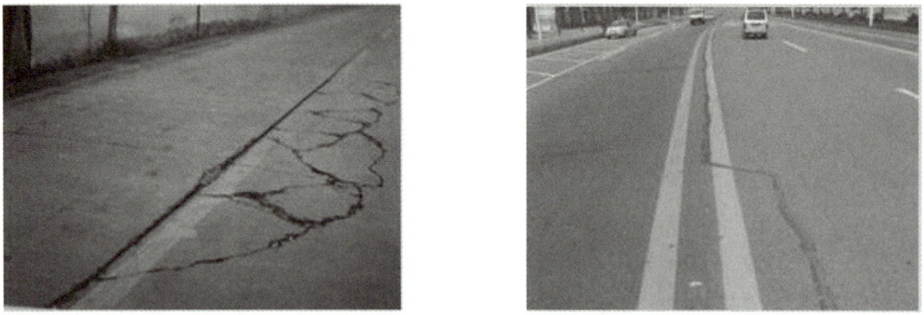

（a）　　　　　　（b）

图 4.5　路基病害引发的路面病害

（4）路基沉陷。

路基的沉陷是指路基表面在垂直方向产生较大的沉落。路基的沉陷有两种情况：一是指路基本身的沉缩；二是由于路基下部天然地面承载能力不足，在路基自重的作用下引起沉陷或向两侧挤出。受地形地貌等复杂条件的影响，山区公路相较平原公路更容易出现路基沉陷问题。

若路基填料选择不当、填筑方法不合理、压实不足，在路基堤身内部将形成过湿的夹层，在荷载和水综合作用下，将引起路基的沉陷。若原天然地面为新近填土、软土、泥沼等，因承载能力不足，路基修筑前未经处理，易在路基自重作用下，地基下沉或向两侧挤出，引起路基沉陷，如图 4.6 所示。

（a）　　　　　　（b）

图 4.6　路基沉陷损坏

3．边坡病害

路基边坡的滑坡是最常见的路基病害之一。在公路建设过程中，路基的稳定性很大程度上受地基影响。

边坡病害可分为坡面冲刷、碎落崩塌、局部坍塌、滑坡四类。

（1）坡面冲刷。指由雨水冲刷在路堤坡面上形成的宽度和深度均在 10 cm 以上的沟槽（含坡脚缺口），在路堑坡面上形成的宽度和深度均在 20 cm 以上的沟槽。

（2）碎落崩塌。指路堑边坡因表层风化等产生岩层剥落、碎石滚落、局部崩塌等危险隐患的现象。

（3）局部坍塌。指因边坡表面松散破碎或雨水冲刷而引起坡面的滑塌或有明显安全隐患的情况。

（4）滑坡。指边坡发生整体剪切破坏引起的坡体下滑，或有明显水平位移的情况。

根据边坡的岩土质类别、破坏原因和规模的不同，其可分为以下 2 种。

① 滑坡。

滑坡是指一部分土体在重力作用下沿路堤的某一滑动面滑动。其产生的主要原因是地表水或地下水浸入土体，土体单位质量增大，内部岩土体抗剪强度降低，稳定性不足。其可分为路堤滑坡和路堑滑坡。

边坡坡度过陡、边坡坡脚被冲刷挖空或填土层次安排不当，是路堤边坡发生滑坡的主要原因。路堑边坡滑坡的主要原因是边坡高度和边坡坡度与天然岩土层次的性质不相适应。黏性土层和蓄水的砂石层交替分层蕴藏，特别是有斜向路堑方向的斜坡层理时，就更容易造成滑坡。

② 风化剥落。

风化剥落是指风化的石质路堑边坡，在外界环境因素（如降水、强风、振动等）影响下，成片或块体下落从而危及线路和行车安全。其一般多指地形、地质等原因所造成的体积较小而数量较多的风化岩石剥落，常用设防护网或喷射水泥浆等方法对其进行处理。

4．防护及支挡结构物病害

防护及支挡结构物病害可分为表观破损、排（泄）水孔淤塞、局部损坏、结构失稳四类。

（1）表观破损。指出现的勾缝或沉降缝损坏、表面破损、钢筋外露和锈蚀等。

（2）排（泄）水孔淤塞。指排（泄）水孔发生淤塞，造成排水不畅。

（3）局部损坏。指局部出现的基础淘空、墙体脱空、脱落、鼓肚、轻度裂缝、下沉等。

（4）结构失稳。指结构物整体出现的开裂、倾斜、滑移、倒塌等。

5. 排水设施病害

排水设施病害可分为排水设施堵塞、排水设施损坏、排水设施不完善三类。

（1）排水设施堵塞。指现有排水设施内存有杂物、垃圾、淤积等，造成排水设施堵塞、排水不畅或路基自身排水系统与外部排水系统不连通的情况。

（2）排水设施损坏。指排水设施出现勾缝严重脱落破损、破坏缺失等。

当沟渠内的水流不能及时排出，或者排水设施之间的配合不当，高强度的降水会对排水沟渠造成冲刷，从而造成冲淤破坏。路基沉陷、边坡滑坡等基础失稳都会导致沟渠结构性破坏。

（3）排水设施不完善。指在路基工程建设期间，排水设施与实际建设条件不搭配或缺失、各种排水设施不协调等，导致排水设施不完善，排水不畅。

第三节　路基病害调查方法

山区普通二级公路提质升级改造中，对既有公路设施的技术状况进行调查，是重要的工作之一，能为针对性的设计提供基础资料。路基现场调查是根据路基的病害情况，按不同的破坏类型并结合改造方案进行全线逐段调查。调查获取的路基相关的病害数据能够直接反映路基的稳定性能，是编制道路养护和改造计划的依据。利用这些数据可以判别路基状况是否适应目前的交通和使用要求，确定路网内需要养护和改造的路段，有针对性地选择相应的养护和改造对策，从某种意义上来说减少了养护改造费用的支出，是目前山区公路科学养护管理中必不可少的一个重要环节。

《公路技术状况评定标准》（JTG 5210—2018）中规定了路基状况的详细评定要求。

一、公路路基技术状况评定等级

公路技术状况应分为优、良、中、次、差五个等级。公路技术状况等级划分标准应符合表 4.3 的规定。

表 4.3　公路技术状况等级划分标准

评定指标	优	良	中	次	差
MQI	≥90	≥80、<90	≥70、<80	≥60、<70	<60

公路路基技术状况各分项指标应分为优、良、中、次、差五个等级。各分项指标的等级划分标准应符合表 4.4 的规定。

表 4.4 路基技术状况指标等级划分标准

评定指标	优	良	中	次	差
SCI	≥90	≥80、<90	≥70、<80	≥60、<70	<60

注：SCI——路基技术状况指数（Subgrade Condition Index）。

二、公路路基损坏计量标准

（1）边坡坍塌应为路堤、路堑边坡表面松散及破碎引起的边坡坡面局部坍塌，损坏按处计算。损坏程度应按坍塌的长度来评判：轻度损坏应为边坡坍塌长度小于或等于 5 m；中度损坏应为边坡坍塌长度在 5 ~ 10 m 之间；重度损坏应为边坡坍塌长度大于 10 m。

（2）水毁冲沟应为雨水冲刷形成的冲沟，冲沟数量按处计算。损坏程度标准应按冲沟的深度判断：轻度应为冲沟深度小于或等于 20 cm；中度应为冲沟深度在 20 ~ 50 cm 之间；重度应为冲沟深度大于 50 cm。

（3）路基构造物的损坏为挡墙、圬工体等出现的表面、局部和结构等损坏，这些损伤按“处”计算。损坏程度应按以下标准判断：轻度损伤应为勾缝损坏、沉降缝损坏、表面破损、钢筋外露和锈蚀等，每 10 m 计 1 处，不足 10 m 的按 1 处计算；中度损伤应为局部基础淘空、墙体脱空、轻度裂缝、鼓肚、下沉等，每 10 m 计 1 处，不足 10 m 的按 1 处计算；重度损伤应为整体开裂、倾斜、滑移、倒塌等。

（4）路缘石缺损应为路缘石缺失或损坏，按长度（m）计算。

（5）路基沉降应为深度大于 30 mm 的沉降，按处计算。损坏程度应按发生沉降的路基长度标准判断：轻度应为路基沉降长度小于 5 m；中度应为路基沉降长度在 5 ~ 10 m 之间；重度应为路基沉降长度大于 10 m。

（6）排水不畅应为路基边沟、排水沟、截水沟等排水系统淤塞，按处计算。损坏程度应按以下标准判断：轻度应为边沟、排水沟、截水沟等排水系统存在杂物、垃圾，每 10 m 计 1 处，不足 10 m 的按 1 处计算；中度应为边沟、排水沟和截水沟等排水系统全截面堵塞，出现衬砌剥落、破损、圬工体破裂、管道损坏等，每 10 m 计 1 处，不足 10 m 的按 1 处计算；重度应为路基排水系统与外部排水系统不连通。

三、路基状况 SCI 评定

路基技术状况采用路基技术状况指数 SCI 评定，SCI 的计算公式如下：

$$SCI = \sum_{i=1}^{i_0} \omega_i (100 - GD_{iSCI}) \tag{4-1}$$

式中 GD_{iSCI}——第 i 类路基损害累计扣分，最高扣分为 100 分，按表 4.5 的规定计算；

ω_i——第 i 类路基损坏的权重，按表 4.5 的规定取值；

i——路基损坏类型；

i_0——路基损坏类型总数，取值 7。

表 4.5 路基病害扣分

类型 i	损坏名称	损坏程度	计量单位	单位扣分	权重 ω_i	备注
1	路肩损坏	轻	m^2	1	0.10	
		重		2		
2	边坡坍塌	轻	处	20	0.25	边坡坍塌为重度且影响交通安全时，该评定单元的 MQI 值取 0
		中		50		
		重		100		
3	水毁冲沟	轻	处	20	0.15	
		中		30		
		重		50		
4	路基构造物损坏	轻	处	20	0.10	路基构造物损坏为重度时，该评定单元的 SCI 值取 0
		中		50		
		重		100		
5	路缘石缺损		m	4	0.05	
6	路基沉降	轻	处	20	0.25	
		中		30		
		重		50		
7	排水不畅	轻	处	20	0.10	
		中		50		
		重		100		

注：1. 表中每种病害的单项扣分，扣完为止。

2. 对于路基结构物缺少的分项不扣分。

3. 同一位置同时存在两种及以上病害时，按各自病害分项分别扣分。

4. “排水设施不完善”多为建设时期的遗留问题，因此在进行路基技术状况评定时不扣分，而将其作为一种路基病害是为指导日常养护。

第四节　路基病害处治对策

一、路基病害处理的基本原则

公路提质升级工程的路基处理不同于一般的新建公路，应紧紧围绕公路提质升级工程的特点和路基沉降变形控制标准，满足下列基本原则：

（1）路基总沉降及工后沉降要小。选择沉降变形收敛较快的地基处理方法，满足沉降控制标准，减小新旧路基的差异沉降对路面结构的破坏。

（2）对既有公路路基及周边环境的影响要小。由于提质升级改造过程中既有公路要维持正常的交通，为保证既有公路的通行安全，地基处理方法不能对既有公路产生较大的扰动；同时，局部路段公路两侧建筑物多，居民较多，因此地基处理方法应避免对周边环境造成污染，应减少噪声。

（3）施工便利，对场地要求要小。由于施工场地相对狭小，有时还受到净空的限制，施工机具移动不便，因此要求地基处理方法成熟、简便、安全、可靠，便于狭窄场地的施工。

（4）在满足技术标准的前提下建设投资应较低。

二、路肩病害处理

路肩是位于行车道外缘至路基边缘，具有一定宽度的带状部分，包括硬路肩和土路肩，路肩的主要作用有：

（1）增加路侧空间，为路侧临时停车、设置防护设施及交通标志等提供条件。

（2）开阔视野，提高驾驶舒适性，在局部路段还可以改善视距。

（3）增加路面的排水通畅性，减少行车道的雨水渗透。

根据公路技术等级的不同，土路肩的宽度为 0.5 m 或 0.75 m，硬路肩的宽度为 0.25 ~ 3 m。路肩应横坡适度、边缘顺直，与路面衔接平顺，表面坚实平整、清洁、无杂物、无杂草，并且无沉陷、缺口等。

由于土路肩具有渗水性，路面水分从路侧排出时，能通过土路肩渗透至路基内部，影响公路的使用寿命，并且土路肩若养护不及时，极易对路面造成污染，因此，路肩可进行硬化或绿化，同时硬化或绿化不能阻挡路面排水。

三、路堤病害处治

路堤的病害处治以 G243 湄潭月亮坝至余庆公路提质升级改造工程 K49 + 180 ~ K49 + 240 段为例。K49 + 180 ~ K49 + 240 段以填方路堤的形式通过，采用自然放坡。该段路堤在建成通车运行后，道路中线附近出现了数条拉张裂缝。路堤通车运行产生的动荷载、路堤填方及雨水作用诱发路基所处斜坡发生了滑坡，危害 K49 + 180 ~ K49 + 240 段道路的运行安全。

滑坡位于东高西低的斜坡地带，平面形态呈圈椅状。滑坡纵向长度约 27.5 m，横向宽约 60 m，面积约 1 481 m^2。滑坡滑动方向约 301°。滑坡边界较明显，后缘以变形裂缝为界，高程约 761.89 ~ 762.37 m，位于提质升级道路 K49 + 180 ~ K49 + 240 道路中线附近。滑坡前缘以地形陡缓交界为界，位于道路右侧边线约 20.4 m 处的斜坡地带，高程 750.89 m。前后缘高差约 11.48 m。由于植被发育，滑坡两侧边界不明显，根据后缘拉张裂缝的分布确定：后缘拉张裂缝最大分布范围至前缘的连线处。沿主滑方向，滑坡立面呈不规则的折线形，前部厚度较小，中上部厚度大，厚度一般在 3.2 ~ 5.4 m 之间。

1．影响因素

（1）地貌因素。

滑坡位于斜坡地形中上部，斜坡上的岩土界面较陡，坡度角 15 ~ 25°，当上部荷载较大时，易造成原生土层沿岩土界面发生滑动。

（2）地质物质组成因素。

滑坡所处的斜坡地带积累了厚度较大的第四系松散堆积层，其力学性质较差，挡墙以其作为持力层易发生破坏。

（3）人类工程活动。

道路在原自然斜坡上填筑路堤，填筑高度约 2.6 m，对斜坡起了加载作用，通车运行产生的动荷载及道路内侧边沟排水不畅，致使路基发生变形破坏。滑坡区破坏地质环境的人类工程活动较强烈。

（4）降雨作用。

该区雨量充沛，降水连续。雨水持续下渗，使滑体土体近饱和，重度增大，并降低了土体的抗剪强度，为斜坡变形破坏创造了条件。另外由于滑坡后缘裂缝的形成，地表水易浸入，降低了土层的抗剪强度，加剧了滑坡的发展。地表水的入渗为该滑坡发生的一个重要因素。

2．形成机制

场地原斜坡地形较陡，而斜坡上的大面积加载增加了下滑力。滑坡发生期间无强降雨及持续时间久的连续降雨，但有断断续续的小雨。场地土层利于降雨下渗，填方边坡坡脚有水渗出，表明了滑坡体虽未饱和，但岩土界面附近土层受降雨入渗的影响，含水量较高，接近饱和，其抗剪强度迅速下降。在以上作用共同影响下，斜坡土体抗滑能力小于下滑力，斜坡开始发生蠕动挤压现象，滑面为岩土接触面。若挡墙持力层未进入基岩中等风化带，而处于土层时，抗剪强度不足，挡墙将发生变形破坏。

根据实地调查，滑坡中后部的拉张裂缝明显，两侧边界的剪切裂缝尚未形成，前缘变形不明显，表明了滑坡目前处于挤压阶段。在暴雨或持续降雨的影响下，当滑坡前缘剪出裂缝贯通、两侧剪切裂缝形成并与前后缘贯通的情况下，滑坡将发生滑动。根据滑坡的变形阶段，滑坡处于欠稳定状态。

同时，根据计算，在强降雨及滑坡上部加载的扰动下，可导致滑坡发生滑动，严重危害 G243 国道 K49 + 180 ~ K49 + 240 路段的安全，需对滑坡采取治理措施。

3．处治方法

通过勘察，滑面为岩土接触带，根据滑坡的发展阶段特征及计算，滑坡现阶段为欠稳定。经计算分析，综合采取以下处治方法：

（1）在道路右侧边线处采用抗滑桩挡墙支挡，跳桩开挖。采取有效的截排水措施，使左侧边沟排水畅通。修补路面，防止地表水渗入滑体。施工期间尽量选择在晴天进行，开挖后应及时进行支挡，以免使滑坡变形加大，避免滑面贯通后，抗剪强度降低使下滑力加大，将不得不加大治理费用。

（2）已建路肩挡墙下部较平缓地带的土层及岩土界面附近在雨季形成上层滞水，支挡工程的开挖受其影响，易出现坑壁垮塌及涌水的现象，应在旱季开挖，并加强排水及桩壁的支护。

四、边坡危岩防治

危岩处治以 G243 湄潭月亮坝至余庆公路提质升级改造工程 K19 + 840 ~ K20 + 010 段为例。K19 + 840 ~ K20 + 010 段有 W_1 ~ W_3 危岩，W_1 的破坏模式为岩体破碎导致的局部掉块，W_2 的破坏模式为滑移式破坏，W_3 的破坏模式为倾倒式破坏。危岩体位于公路上方，单个危岩（危岩带）体积为 14.7 ~ 406.6 m^3，总体积 421.3 m^3。2019 年 5 月 K19 + 840 右侧 W_1 危岩体在暴雨后与母岩脱离，发生崩塌，严重影响道路车辆行驶安全。

据调查，$W_1 \sim W_3$危岩主要威胁国道 G243 的 K19 + 840 ~ K20 + 010 段道路通行安全，因公路等级为二级，即致灾地质体成灾后可能造成的损失中等，按照《地质灾害防治工程勘察规范》（DB 50/143—2003），确定该灾害体防治工程等级为二级。地质灾害防治工程分级如表 4.6 所示。

表 4.6 地质灾害防治工程分级

致灾地质体成灾后可能造成的损失大小	危害对象重要性		
	重要	较重要（√）	一般
大	一级	一级	二级
中（√）	一级	二级（√）	三级
小	二级	三级	三级

1．危岩结构特征

危岩体发育在近于水平层状结构砂岩陡崖上，岩层倾向与坡向相近，危岩主塌方向与陡崖倾向近于一致。组成危岩体的岩性以中细粒、巨厚层状长石石英砂岩为主，在陡崖中部和下部砂岩层之间夹有页岩层，局部砂岩相变为粉砂岩，呈透镜体产出。由于页岩、粉砂岩的风化速度比砂岩快，在差异风化作用下，易形成较软夹层及软质基座岩腔，危岩多以该软弱层为顶、底界面。在上部危岩重力作用下，软弱基座有压碎、剥落现象，危岩崩塌多沿页岩层面产生脱落，加剧了岩体的不稳定性。危岩的稳定性直接受控于岩体结构面的发育状况和陡崖脚基座岩腔的发育深度和长度。

2．破坏方式及形成机制

危岩的失稳破坏方式主要为滑移式、倾倒式两种基本类型。在重力力矩旋转破坏或剪切力滑移破坏作用下，危岩体产生崩塌。倾倒式危岩多位于陡崖脚，滑移式危岩多位于坡顶。滑移式崩塌为调查区危岩主要的破坏方式，倾倒式崩塌分布最少，如图 4.7 所示。

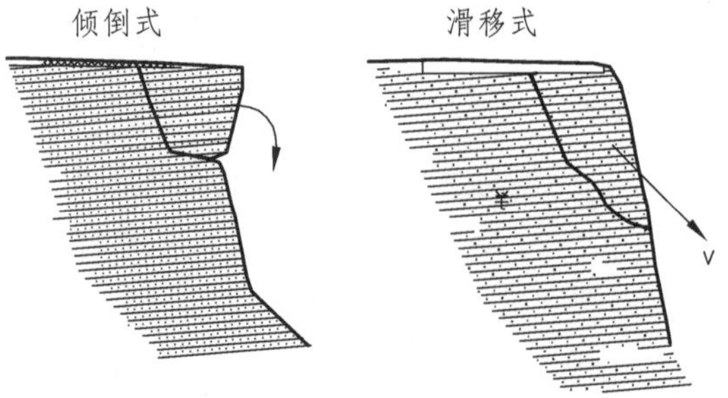

图 4.7 危岩体的失稳方式

新构造运动及构造剥蚀作用结果形成了调查区现在的斜坡陡崖带，改变了岩体原有的力学环境条件，陡崖岩体产生卸荷回弹效应，陡倾裂隙进一步扩张，形成卸荷裂隙带，卸荷裂隙带沿陡崖呈带状分布。根据实际调查分析，卸荷裂隙发育长度 2.5 ~ 7.7 m，平裂隙间距 2.0 ~ 5.5 m，张开度 3 ~ 250 mm，贯通性较好，危岩带外缘临空面附近是坡体应力分布与集中部位，其主应力作用产生重力拉张裂隙。

受差异性风化作用、雨水浸润及人类工程活动等因素影响，陡崖基底页岩或其间泥质岩夹层的风化、软化、崩解，在陡崖底部及陡崖面形成岩腔带，页岩基座上伏砂岩体在自重及外力作用下发生压缩流变及向临空方向的剪切流变。陡崖上部及基底部位产生部分拉张裂隙，局部锁固段破坏，随着陡倾裂隙带进一步扩张，陡崖逐渐演变成危岩，形成危岩体。陡崖带岩体在经历前两个阶段的变形破坏后，受降雨等因素触发，发生岩体错落和崩塌破坏。

3．危岩处治

由于危岩体分布位置、形态、切割裂面产状及基座的不同，危岩崩塌破坏的方式或机理各异，为滑移式、倾倒式两种破坏类型，3 个危岩体，倾倒式破坏危岩有 1 个，滑移式破坏危岩体有 1 个，局部掉块 1 个，共 3 处，针对单个危岩的稳定性、破坏模式、体积大小、危害对象及所处地质环境，分别对每个危岩体提出相应的治理措施建议，治理措施有：锚固、主动防护网、清除等。危岩治理措施统计如表 4.7 所示。

表 4.7　危岩治理措施建议

危岩编号	治理措施建议
W_1	清除局部破碎岩体后采用 SNS 柔性主动防护网支护，清除破碎岩体约 50 m^3
W_2	清除
W_3	局部清除危石约 30 m^3，凹岩腔嵌补约 10 m^3，然后锚固处理

五、防护及支挡结构病害处治

防护及支挡结构病害处治以 G243 湄潭月亮坝至余庆公路提质升级改造工程 K47 + 390 ~ K47 + 450 段为例。K47 + 390 ~ K47 + 450 段公路以填方路堤的形式通过，外侧设置干砌块石路肩墙支挡，路面设计高程与道路现状高程基本一致（764.92 ~ 763.95 m），最大填筑高度约 4.3 m。多年挡墙基础以粉质黏土为持力层，埋置深度 1 ~ 2 m，未嵌入基岩。该段路堤建成通车运行多年，挡墙外倾且有数条竖向拉张裂缝，公路中线附近也出现了数条拉张裂缝，初步分析为发生了小型滑坡。

1．滑坡模式以及病害形成原因

根据滑坡产生机制主要为后缘加载，可知滑坡变形破坏模式为推移式。由于滑坡期间有断断续续的小雨，滑坡产生的地质土层利于降雨下渗，填方边坡坡脚有水渗出，表明了滑坡体虽未全饱和，但岩土界面附近土层受降雨入渗的影响，含水量较高，接近饱和，其抗剪强度迅速下降。在以上作用共同影响下，斜坡土体抗滑能力小于下滑力，斜坡开始发生蠕动挤压现象，滑面为岩土接触面。在土压力的作用下，边坡路肩挡墙持力层未进入基岩中等风化带，而处于土层，抗剪强度不足，发生变形破坏，挡墙外倾且有数条竖向拉张裂缝。

2．挡墙的病害处治

（1）新增仰斜式路肩墙与旧墙连接，分担一部分土压力的同时增强整体的挡墙防护能力。

（2）在已建路肩挡墙的部位，采用机械旋挖抗滑桩挡墙支挡，抗滑桩采用中等风化带基岩作抗力段。修补路面，防止地表水渗入滑体，开挖后应及时进行支挡，以免使滑坡变形加大。

（3）防治结合，增强滑坡处的截排水能力，保证病害处的积水能迅速排干，避免土体的滑坡造成挡墙的破坏。

六、排水设施

排水设施在满足排水的基础上，应该兼顾保障安全和生态保护的功能。

1．保持排水通畅

不同的地形地貌对于公路来说其具体的设施结构是有所不同的，特别是边沟。在山区公路中较为普遍的矩形边沟，一方面存在安全隐患，另外一方面美观性不足。因此在进行边沟断面设计时，断面形式要尽量避免全线一刀切，避免采用单一断面，而应该根据地形地貌、水文地质等因素进行综合考虑，逐段计算，满足排水能力的需求，可采取矩形、浅碟形、盖板沟等不同形式。同时边沟也可以与其他设施相结合，如通道排水、路面排水、桥梁涵洞等，力求形成一个完整的排水网络。

2．保障道路行车安全

公路路侧发生的交通事故与边沟存在一定关联性，因此路侧边沟应该尽量避免使用宽深边沟，如果在特殊路段由于客观条件需要采用宽深边沟时，需要采用一定的安全防护设施，如增设盖板或者使用护栏等。同时由于其他排水设施的病害导致路基发生破坏，将间接导致安全事故发生，因此，排水设施对于道路交通安全是十分重要的。

在 G243 湄潭月亮坝至余庆公路提质升级改造工程中，在道路穿越村庄以及乡镇街道的路段，考虑安全环境等因素，边沟应该采用了暗排式、浅碟形边沟，如图 4.8、图 4.9 所示。

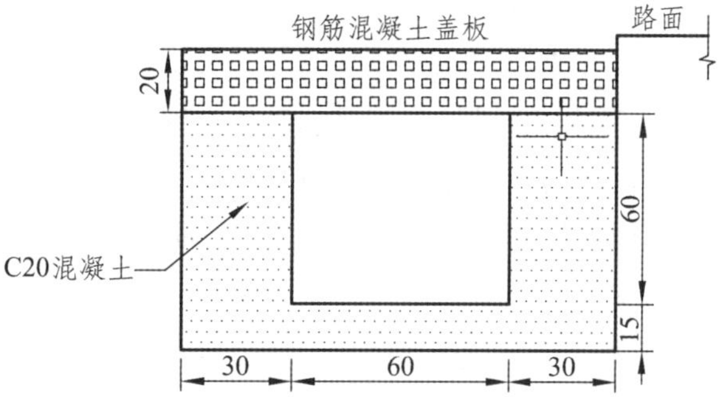

图 4.8 普通盖板边沟

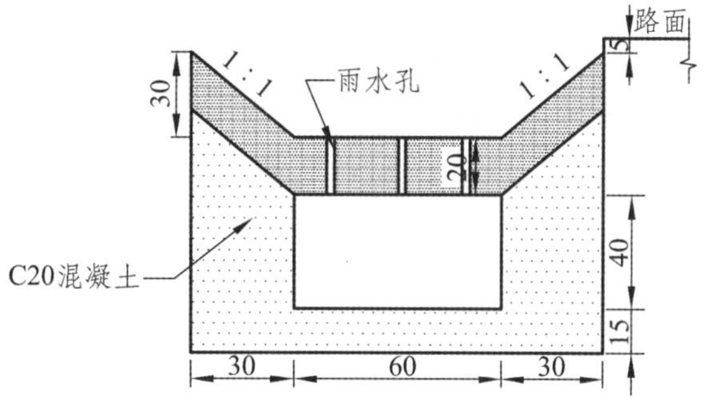

图 4.9 浅碟式盖板边沟

穿越村镇路段的边沟采用浅碟式、盖板式、暗排式或者明暗结合的方式；长大下坡路段右侧以及急转弯路段的内侧边沟也改造为暗排式，以增加路侧空间，改善视距，增加路面净宽；一般路段采用宽深沟时，可在边沟内侧设置安全护栏或者警示块进行防护警示，以提升安全性，避免车辆冲入边沟发生安全事故。

3. 保护原有生态

排水设施不但要满足排水和安全的功能，还要根据实际需求和功能需求，因地制宜，与地形、自然、环境、景观相协调，采取硬化、绿化等措施以达到减少水土流失、满足生态保护的需求。

4. 因地制宜排水设计

排水设计需要对全段分区段进行分类，分析不同区段的水文地质条件、道路线形设计、特殊路基等情况，再根据不同段的每一处排水设施进行精确计算与设计。设计应当考虑加强排水系统的协调配合，并确定设施之间的合理间距。

如果截水沟间距较大，则坡面径流汇水较大，易造成边坡坡面坍塌，截水沟间距较小则易破坏生态，同时增加成本。沟渠之间的线形与高度设置不合理，可能会造成在需要大面积汇水的路段排水设施溢流，在需求汇水较少的路段又造成资源浪费。在进行理论分析计算后有必要进行模拟试验，比如边沟盖板泄水孔的设计尺寸，进行试验后得出最佳孔径，既满足排水要求，又保证质量安全。同时应注意排水设施与自然沟谷之间的协调性，路域之外的进出水口应进行衔接消能设计，确保排水设施将流向路基与路面的水顺利流向自然沟谷。

5. 采用预制装配式沟渠与排水路面技术

浆砌片石沟渠排水能力较强，因此是我国山区公路较为传统的排水设施，但是浆砌片石沟渠又常见破损、堵塞、砌石脱落等病害。为解决传统排水设施的常见水毁病害，在部分条件合适的区域采用新型装配式边沟和急流槽，在做到快速排水的同时又不容易产生病害，其设计形式为上部为生态碟形沟，每 30 m 设置两个集水井，经过多重过滤后的水通过倒虹吸装置排向路侧排水管，可有效解决沟渠冲刷的风险，碟形沟不设置边沟盖板，又解决了边沟盖板堵塞的问题。

6. 加强排水设施养护管理

后期养护管理是影响排水设施的质量和寿命的关键因素，在养护过程中，应当严格按照排水设施养护规定进行定期养护，排水设施的堵塞和淤积与后期养护有着密不可分的关系，比如沟渠进出水口的堵塞与小桥涵两侧杂物的堆放有关。在后期的养护工作中，养护人员应当定期对排水设施进行检测，及时清理沟底杂物，对已经出现病害的排水设施应进行修复，只有养护工作到位，排水系统才能长期正常运行。

第五章　路面改造技术

第一节　路面的主要结构形式

行车荷载和自然因素对路面的影响，随深度的增加而逐渐减弱。因此对路面材料的强度、抗变形能力和稳定性的要求也随深度的增加而逐渐降低。通常按照各个层位功能的不同，路面结构由面层、基层、底基层和必要的功能层组合而成。面层采用不同材料分层铺筑时，可分为表面层、中面层和下面层。

贵州省等级道路普遍采用沥青面层。沥青路面设计采用双轮组单轴载 100 kN 作为标准轴载，一般路段采用单层或双层式沥青路面，对重载交通比例较高及兼具城镇道路功能的路段，可采用三层式沥青路面或组合式路面。

山区公路多采用半刚性基层沥青路面，沥青面层采用沥青混凝土，基层为 5% 的水泥稳定碎石基层，底基层为级配稳定碎石。就结构参数而言，二级公路的路面结构参数变化较大，面层沥青混凝土厚度在 5 ~ 14 cm 内波动。表 5.1 所示为贵州省不同等级普通干线公路典型结构。

表 5.1　贵州省不同等级普通干线公路典型结构

公路等级	路面典型结构
二级	沥青混凝土（5 ~ 14 cm）+ 水泥稳定碎石（23 ~ 26 cm）+ 级配碎石（15 cm）/填隙碎石（15 ~ 20 cm）
三级	沥青表处（3.5 cm）/沥青混凝土（4 cm）+ 水泥稳定碎石（18 ~ 25 cm）+ 级配碎石（20 cm）/ 级配碎石（20 ~ 30 cm）
四级	沥青表处（3 ~ 3.5 cm）+ 级配碎石（15 cm）+ 填隙碎石（20 ~ 30 cm）

贵州省普通干线公路由于各因素的差异导致其结构随交通等级有较大的变化，公路使用性能的提升和使用寿命的延长需通过进一步协调路面结构与交通量的一致性来改善。

第二节　既有公路的常见病害类型

公路开放交通后，路面直接承受交通荷载和自然环境因素的综合作用。随着服务年限的延长，材料逐渐老化，在荷载与环境作用下产生诸如车辙、开裂及水损坏等。这些破坏发展到一定程度后会降低路面的使用性能，影响车辆行驶的舒适性、安全性和运输费用。为了改善路面状况以及采取合理的养护维修方案，需要研究各种损坏产生的原因及其表现形式，并对这些损坏合理分类，分析研究其对路面结构、使用性能与路面寿命的影响。

沥青路面的破损按成因分为功能性破损和结构性破损。功能性破损主要是道路使用者在道路上行驶时，路面所提供的服务能力下降，导致道路预期的功能发生破坏，通常反映为路面的平整度降低以及车辙的不断加深等；结构性破损是路面结构的整体或某些组成部分的破坏，主要是由于路面各层承载能力降低所致，通常表现为裂缝（纵向裂缝、横向裂缝、网状裂缝）以及沉陷等形式。

公路路面病害形态和特征多样，造成路面病害的原因复杂，由于环境、行车荷载、地点、气候条件等的不同，主要体现在四个方面：① 沥青路面车辙病害；② 沥青路面水损害；③ 裂缝；④ 其他病害。病害是路面损坏的直接表现。通过病害调查及病害原因，确定采取何种养护措施对路面存在的缺陷进行修复，延长路面使用寿命。病害调查包括三个方面：病害类型、破损面积、严重程度。

一、沥青路面车辙病害

若沥青面层压缩沉陷的同时出现侧向隆起，两者组合起来就构成车辙。当车辙达到一定深度时，由于辙槽内积水，极易发生汽车滑移，导致交通事故的发生。车辙一般发生在温度较高的季节，沥青面层在车轮的反复碾压作用下产生永久变形和塑性流动而逐渐形成带状沟槽。车轮的渠化交通作用形成的车辙是公路沥青路面的主要病害之一。

沥青路面的车辙主要有以下四种类型：

（1）结构性车辙：路面在车辆荷载的作用下，引起沥青面层、柔性基层（垫层）以及土基在内的永久性变形而形成的。该类型车辙主要表现为车辙的宽度较大、两侧没有隆起、横断面呈 U 字形，如图 5.1 所示。

（2）流动性车辙：路面在高温条件下，沥青混合料的高温稳定性不足时，沥青混合料的抗剪强度低于由行车荷载产生的剪应力，以至混合料内部出现剪切破坏，因流动而产生横向位移，在重复荷载的作用下，流动变形累积形成。该类型车辙通常发生在轮迹处，主要体现在轮迹部位下凹，轮迹两侧由于混合料的积压流动产生向上隆起现象（见图 5.2）。

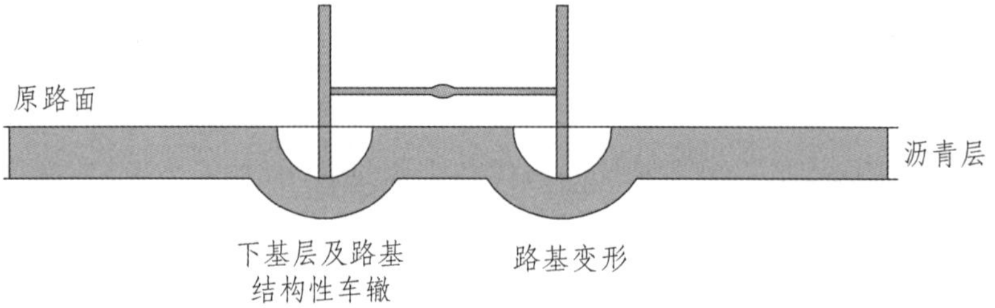

图 5.1 结构性车辙

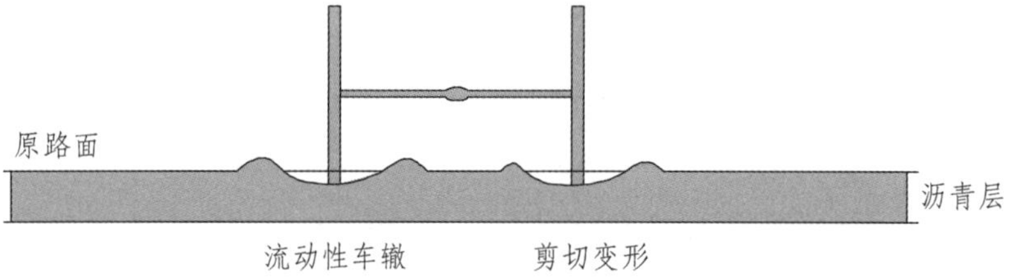

图 5.2 流动性车辙

（3）磨耗性车辙：沥青路面结构的面层材料在车轮荷载的反复作用和自然环境影响下，加上车辆荷载的不断重型化、超载车辆的不断加剧，路表由于轮载的反复磨耗作用，表面颗粒不断脱落散失形成了磨耗性车辙。

（4）压实性车辙：沥青路面结构在施工阶段由于沥青混合料面层压实不足，在道路通车后的首次高温季节里，在行车荷载的反复碾压作用下，混合料继续被压实并渐趋稳定而形成压实性车辙，该类型车辙为路面的永久性变形。

通过对沥青路面车辙病害形成机理的理论研究以及对实际道路的病害调查，不难发现沥青路面在车辆轮载的反复作用下，车辙病害的形成经历了三个阶段，如图 5.3 所示。

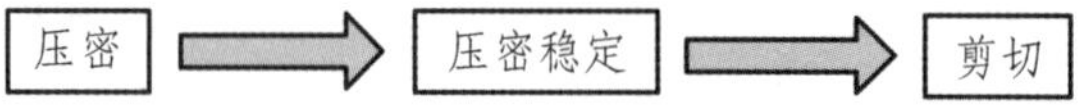

图 5.3 沥青路面车辙发展过程

沥青混凝土路面结构在工程施工阶段，由沥青、集料、矿粉组成的沥青混合料，高温下经过压路机的碾压，逐渐压密形成由矿料、沥青及空隙组成的三相结构。车辙的产生是内因和外因综合作用的结果，内因包括沥青混合料和路面结构设计，外因包括施工、交通、气候条件。

（1）沥青混合料。

提高沥青混合料的抗车辙能力是防治车辙最有效的途径，应从沥青、集料、矿粉、级配四个方面入手，提高沥青混合料的抗车辙能力。

沥青：车辙与沥青的黏度直接相关，提高沥青的高温黏度是防治车辙的有效措施，所以施工时应选用低针入度、高软化点、低含蜡量的高黏度沥青。

集料：在集料中掺加破碎砾石对抵抗车辙是不利的，因其缺乏棱角而易变形，酸性集料容易降低混合料的水稳定性和高温稳定性。所以，施工时应选用表面粗糙、嵌挤作用好、与沥青黏结性能强的集料。

矿粉：为提高混合料的高温稳定性，必须使矿粉有足够的数量，以减少游离沥青。

级配：孔隙率对车辙的影响非常大，增大集料粒径对提高抗车辙能力有一定效果，孔隙率也不能太小，一般认为 4% 的孔隙率为最小孔隙率。

（2）路面结构设计。

沥青混合料的厚度是影响车辙的重要因素。一般来说，路面厚度的确定，既要保证有足够的承载能力，又要有较高的抗车辙能力。在低于临界厚度时，沥青面层越厚，车辙越严重；而当超过临界厚度时，车辙随厚度变化较小。

（3）气候条件。

气候条件对车辙产生的影响主要归结为温度和湿度对沥青混合料的影响。沥青混合料呈黑褐色，具有较强的吸热能力，由于夏季持续高温，热量不断快速蓄积，沥青路面长期处于高温状态，在行车荷载的作用下，由于混合料的流动而产生失稳流动性车辙。路面在潮湿状态下，尽管路表温度得到了降低，但是沥青混合料中水的存在使沥青混合料的高温稳定性降低，比干燥状态下更容易产生车辙。

（4）交通条件。

随着社会经济的稳定发展，交通量逐年攀升，车辆荷载不断重型化，超速超载现象时有发生，加上山区公路地形条件的限制形成了道路的坡度大、变化快的特点，行车车辆在停车场、上坡路段以及其他交通拥挤的地方形成的路面车辙比较严重。

（5）施工因素。

在施工过程中要加强碾压，切忌片面追求平整度而放松压实度。保证压实度，把孔隙率控制在规范要求的范围内，是避免压实度不足引起车辙的有效途径。

二、沥青路面水损害

沥青路面水损害是沥青路面的普遍损害形式，多雨潮湿地区的沥青路面受到水损害的情况特别严重。连续降雨后，路面积水会使沥青路面长时间浸泡在水环境下，路面水分通过沥青混合料的空隙渗入沥青路面表面层，引起沥青路面发生水损害。

沥青路面发生水损害有两种方式，一种是自上而下的表面层水损害，在降雨时，路面积水首先渗入沥青路面的表面层沥青混凝土的空隙中，当下面层的沥青混合料密水性好，导致水分滞留在表面层和中面层之间，沥青路面面层长时间被水浸泡，水分渗入到沥青和集料的黏结面上，使沥青从黏附的集料表面剥离，导致沥青与集料之间逐渐失去黏结力。同时在交通荷载的反复作用下，进入路面空隙中的自由水不断产生动水压力或真空负压抽吸的反复作用，加速了水分渗入到沥青和集料界面上，导致集料间逐渐丧失黏结力而发生水损害。

另一种水损害的方式是自下而上的水损害，沥青路面的沥青面层较薄时，在降雨过程中形成的路面积水通过路面裂缝进入路面结构内部，并很快进入到路面基层表面。由于半刚性基层密水性较好，水分不会迅速排出，并滞留在面层与基层的界面上，只能沿着沥青路面的面层和基层的界面扩散和积聚。在行车荷载的作用下，下面层沥青混合料首先发生水损害并对基层造成损伤，进入路面面层内部的自由水在动水压力或真空负压抽吸的反复作用下，加速沥青膜被水乳化而丧失黏结作用，这种情况通过沥青混合料的空隙和路面裂缝，逐渐向上发展，路面结构强度逐渐降低，最终导致路面发生破坏。沥青路面水损害的表现形式主要有：松散、坑槽、辙槽、唧浆等，如图 5.4 ~ 图 5.7 所示。

图 5.4　松散

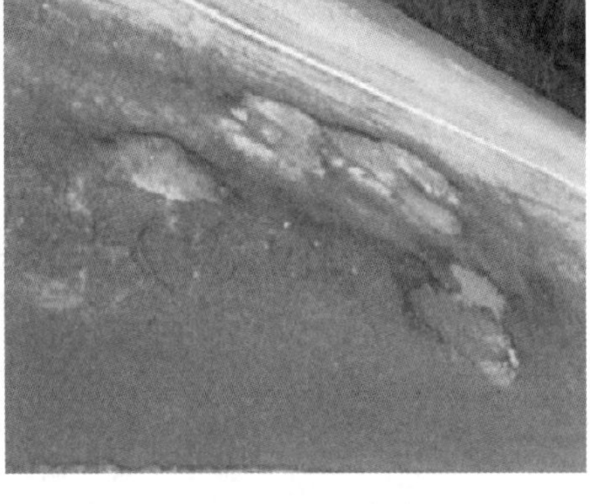

图 5.5　坑槽

图 5.6　辙槽

图 5.7　唧浆

松散是指滞留在面层的水分渗入到沥青与集料的接触面，颗粒之间失去黏结力，被水分剥离，沥青混合料的黏结强度急剧下降甚至完全丧失，沥青混合料中松散的碎石被车轮甩出，路面形成松散现象。

坑槽是指路面局部发生松散后，在行车荷载的不断作用下，面层或基层的集料发生脱落，碎石被车轮甩出或被雨水带走，导致路面出现坑洞，小坑洞逐渐形成大的坑槽。

辙槽是自由水浸入沥青路面面层后，使沥青和集料的黏结力逐渐降低后，在行车荷载的作用下，粗集料表面附着的沥青膜被逐渐剥落，导致沥青混凝土的强度渐渐消失而形成松散。在行驶车轮的作用下产生压缩形变和剪切形变，轮下松散的沥青混凝土向车轮两侧拥起，形成辙槽。

唧浆是自由水渗入沥青路面面层并滞留在面层与基层的顶面之间，在动水压力的作用下，基层表面的粉质材料成为泥浆，在行车荷载的作用下泥浆通过路面缝隙被挤出路面，即产生唧浆破坏。

沥青路面发生水损害，主要受到沥青混合料本身的性能、外界环境因素及施工条件等三方面的影响。

（1）沥青混合料本身的性能。研究表明，沥青的酸性越大，与矿料的黏结性越好，沥青表面张力越大，与矿集料黏结时，黏附力就越大。反之，黏附力就越小。矿集料表面的电荷性质对矿料与沥青之间的黏附性影响也很大。根据电性引力原理，带负电的沥青与带有正电荷的矿集料发生黏附时，黏附力强。反之，带有负电荷的沥青与带有负电荷的矿集料黏附时，则黏附力弱，有水存在的情况下黏附力更弱。

沥青混合料本身的空隙率越大，水破坏现象越严重。沥青路面的空隙率在不超过

8%（设计空隙率4%左右，实际压实度96%）时，沥青面层中的自由水在行车载荷的作用下一般不会产生动水压力，不容易造成水损害。排水性沥青混合料的路面空隙率超过15%时，水能够在空隙中自由流动，也不容易造成水损害。当路面实际空隙率达到8%~15%之间的范围内时，水容易进入沥青混合料内部，且在荷载作用下产生较大的毛细压力而成为动水压力，导致沥青混合料发生水损害。

沥青混合料本身良好的水稳定性，可以降低水损害的作用，有效地避免自由水渗入面层后使沥青与集料发成剥离，减少破坏路面的机会。

（2）外界环境因素。包括气候条件和行车荷载。路面积水的主要来源是大气降水，降水次数越多且降水量越大，渗入沥青路面结构的水量也自然会增多。降水量大的多雨潮湿地区，受水损害现象比降雨量小的半干旱和干旱地区严重。高温条件下的水分子比低温条件下的水分子活跃，因此在高温地区，沥青路面水损害影响尤为明显。

交通量大和载重车辆多的公路发生水损害的破坏严重。在降雨过程中，车辆在路面上行驶，车辆将水强制压入空隙率较大的沥青混凝土面层，车轮驶离此位置时，刚压进去的水又会被吸出。每一辆车驶过这个位置都会造成一次泵吸作用。在交通量大和车载重的路段，高压水的反复压入和吸出，很容易破坏沥青与集料的黏结性，造成沥青剥落，形成水损害现象。

（3）施工因素。在施工阶段，沥青混合料如果拌和不均匀，容易造成沥青混合料产生离析现象和沥青与集料的黏结力不足，在路面的某一位置，发生离析现象的路段或沥青混合料黏结力不足的路段，沥青混合料的空隙率较大，在这一位置比较容易发生水损害现象。在路面摊铺时，面层压实度不足，集料没有得到充分的挤压，同样会造成沥青路面空隙率大，为沥青路面发生水损害带来隐患。路面结构具有良好的排水系统，对降低沥青路面水损害也是很重要的。良好的路面排水系统，可以及时排除渗入沥青路面的自由水，降低路面积水停留时间，有效降低路面自由水渗入量，从而有效降低路面水损害的破坏机率。

三、沥青路面裂缝病害

裂缝是沥青混凝土路面最常见的病害之一，沥青路面修建完成投入运营后，受到各种因素的影响，都会产生不同程度的裂缝，按照裂缝的表现形式，裂缝可分为纵向裂缝、横向裂缝、龟裂与块状裂缝。

（1）纵向裂缝就是沿着道路纵向延伸扩展的裂缝，如图 5.8 所示。纵向裂缝按产生原因分为路表面纵向裂缝、荷载型纵向疲劳裂缝、自下而上的疲劳裂缝三类。

路表面纵向裂缝形成的原因，一是在施工阶段路基压实度不均匀，导致道路投入运营后路基发生不均匀沉降，引起路面的破坏开裂。二是由于两路幅连接处没有进行有效的处理，在行车荷载与气候因素作用下逐渐破坏开裂。

荷载型纵向疲劳裂缝是由于在车辆荷载的长时间作用下，在路面磨耗层上的轮迹两侧由于拉应力或拉应变的反复作用而产生自上而下的纵向疲劳裂缝。这种裂缝大多出现在交通量大的沥青路面上。

自下而上的疲劳裂缝是典型的路面结构性破坏，在车辆荷载的作用下，当沥青路面基层顶部的拉应变大于基层极限拉应变时，路面发生开裂破坏。当基层发生破坏时，沥青路面会显得承载力明显不足，在动荷载的反复作用下产生自下而上的疲劳破坏。

（2）横向裂缝是指沿路面横断面方向出现的裂缝，如图 5.9 所示。横向裂缝主要是由温缩裂缝、反射裂缝和路基沉降引起的。

图 5.8　纵向裂缝

图 5.9　横向裂缝

温缩裂缝表现在冬季，沥青面层表面温度高于基层底部温度。沥青路面表面的温度收缩应力高于路面沥青混合料抗拉强度时，沥青面层首先开裂破坏，产生横向裂缝。

路面基层是道路主要承重层，在发生开裂破坏后，路面基层不能够有效地传递车辆的行车荷载，导致沥青路面面层直接承受全部的荷载，在荷载的反复作用下，底部裂纹会逐渐发散到路面表面层，导致沥青面层的开裂破坏，由此产生反射裂缝。

路基由于压实度不足，在投入运营后会出现横向不均匀沉降，路面面层发生破坏，承载力降低。在车辆荷载的反复作用下，车轮下方的材料受到剪应力和拉应力的联合作用，导致路基沉陷处路面面层出现裂缝。

（3）龟裂又称为网状裂缝，表现为不规则网状类似于龟甲纹状式的裂缝。路面形成龟裂主要是由于路面的整体强度不足、基层承载力不足、基层排水不良或者是沥青路面老化严重，在行车荷载等外界因素的循环反复作用下，沥青路面发生疲劳破坏而形成的，如图 5.10 所示。

（4）块状裂缝是一种近似矩形的交错裂缝，是纵向、横向裂缝密度增大并连通的结果。主要是沥青因老化失去了原有的弹性和黏结性，在低温和温度的反复作用下，沥青路面产生不规则的块状裂缝，如图 5.11 所示。

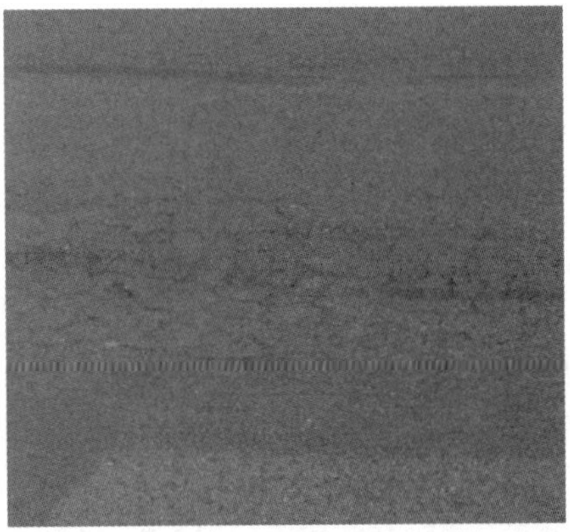

图 5.10　路面龟裂

图 5.11　块状裂缝

通过对沥青路面裂缝类病害的形成原因进行分析，发现沥青路面发生裂缝类病害的影响因素可分为外因和内因。内因主要是沥青混合料的性质和基层材料的性质，外因主要是温度气候、交通量、施工条件等外界因素。

（1）内因。

沥青混合料的性质：沥青混合料的低温劲度是决定沥青路面开裂的根本因素。当沥青混合料中沥青的含蜡量高、延度小时，沥青路面易于开裂。因此使用稠度低、温度敏感性低的沥青可以减少或延缓路面产生裂缝。沥青混合料中的矿料质量的好坏，也直接影响沥青路面产生裂缝的破损，优选合理的压碎值和磨耗值高的矿料，可以有效提高沥青混合料的稳定度，降低沥青路面发生早期开裂破坏的机率。

基层材料的性质：基层材料因失去水分而引起基层材料收缩，材料中的自由水分越少，固体颗粒间的空隙越小，因基层材料失水收缩而引起的沥青面层反射裂缝数量也就越少。在夏季高温和常温施工完成的路面基层，在冬季温度剧降后，沥青混合料发生冷缩，在收缩过程中受到下层材料约束产生收缩拉应力，当收缩拉应力大于基层材料极限拉应力时，基层混合料发生开裂破坏。

（2）外因。

在春冬季节更替或大量降雨过后，地表水增加、地下水位上升，自由水通过路面微小的缝隙渗入到路面结构中，使得路面的强度降低，路基承载力下降，导致沥青路面发生水损害，路面微小的裂缝逐渐出现大面积的路面病害。在气温发生明显变化、极端温度较低、降温持续时间越快、低温持续时间越长、升降温循环次数越多时，沥青路面越容易出现温缩裂缝。

在交通量大、车辆荷载重的路段，基层底部受到的拉应力较大，超过基层材料的极限拉应力时，发生受拉开裂破坏。

施工质量的好坏对沥青路面裂缝的产生也有很大影响。在路基压实过程中，如果路基压实度不足，会导致路面产生裂缝类病害。

在沥青混合料拌和过程中，如果混合料拌和不均匀，沥青混合料局部粗集料偏少、细集料偏多，会导致沥青混合料在摊铺过程中很难被压实，集料与沥青的黏结力不足，最终造成路面结构强度不达标，路面产生裂缝类病害。

四、沥青路面其他病害

（1）沉陷：由于路基局部强度不足或路面基层水稳定性不好，在行车荷载和自然因素的反复作用下，局部路面出现凹陷，低于周围路表面，形成了路面的沉陷现象，包括路基塌陷和台背不均匀沉降导致路面产生的大面积下陷变形。

造成路面沉陷的影响因素很多。软弱地基处理不到位是首要因素。软弱地基的固结沉降时间太短，在路面通车后仍在固结沉降，导致路面出现不均匀沉降和局部产生大的沉陷。其次是半填半挖路基的结合部处理不当，使土基与填料在结合部产生裂缝和沉陷。再次，由于路基压实度不够也会导致路面局部沉陷。路基压实度未达设计要求，在车辆荷载和水温变化的共同作用下，路基不可避免地向下沉陷。此外，排水不完善、降水对土类填料产生侵蚀和软化也是造成路面沉陷的原因。

（2）波浪：是在沥青路面上形成的有规则的低洼和凸起变形。波浪的产生，是由于沥青洒布不均匀，造成局部路面沥青多的部分矿料厚，沥青少的部分矿料薄，使得路面结构不能够承载车辆轮胎的水平作用力而发生破坏。

产生波浪的主要原因是路面组成材料设计不合理或施工质量差，导致路面材料不足以抵挡车轮水平力的作用；在纵坡段，由于高温的原因也会出现这种病害。

（3）拥包：是由于沥青面层材料的抗剪强度不足，在车辆轮胎对路面的水平摩擦力作用下，路面材料沿交通流方向出现较大的位移，造成路面沥青混合料出现推挤、拥包的现象。

产生拥包的原因：① 沥青面层中沥青含量过多，黏度和软化点偏低，矿料级配不良，细料偏多，致使面层材料自身的高温抗剪强度不足，在行车作用下产生拥包。② 基层局部含水量过大，水分滞留于基层，或基层浮土过多，或透层沥青撒布不符合要求等原因，影响面层和基层之间的结合，在行车水平力的作用下，使路面产生推移而形成局部不规则隆起的变形。③ 由于基层局部强度不足或水稳定性不好，使基层松软，在行车作用下，形成局部拥包。

（4）泛油：是指由于黏结料或沥青溢出路面形成局部黑而光亮的斑面。路表水侵入面层内部并长期滞留在沥青层底部，在行车荷载的反复作用和动压水冲刷下，集料表面的沥青膜剥落成为自由沥青，并在水的作用下被迫向上部迁移，从而导致面层上部泛油而底部松散的沥青出现迁移现象。

路面产生泛油最主要的原因是混合料离析。混合料发生离析时，粗集料和细集料分别集中于铺筑层的某些位置，使混合料不均匀，配合比级配与原设计不符，混合料失去原设计达到的黏结力。而混合料的不均匀导致集料和沥青分离，沥青集中到一处便形成泛油。混合料中沥青含量偏多，沥青稠度太低，混合料中孔隙过少，沥青的高温稳定性差，这也是产生泛油的主要原因。

（5）磨光：如果沥青混合料中的集料的硬度和耐磨性不好，暴露在沥青路表面的矿集料颗粒在车辆轮胎的摩擦作用下逐渐变光滑的现象，直接对路面的抗滑性能产生影响。

沥青路面在使用过程中，在车轮反复滚动摩擦的作用下，集料表面被逐渐磨光，有时还伴有沥青的不断上翻，从而导致沥青面层表面光滑，尤其是在雨季常会因此而酿成车祸。表面磨光的内在原因是集料质地软弱、缺少棱角或矿料级配不当、粗集料尺寸偏小、细集料尺寸偏小、细料偏多或沥青用量偏多等。

第三节　路面病害调查与评价

路面现场调查是根据路面的破损情况，按不同的损坏类型并结合维修改造方案进行全线逐段调查。调查获取的路面状况数据是路面性能的直接反映，是编制道路养护和改造计划的依据。利用这些数据可以判别路面状况是否适应目前的交通和使用要求，确定路网内需要养护和改造的路段，有针对性地选择相应的养护和改造对策，从某种意义上来说减少了养护改造费用的支出，这是目前山区公路科学养护管理中必不可少的一个重要环节。

沥青路面病害的调查根据《公路技术状况评定标准》（JTG 5210—2018）和《公路沥青路面设计规范》（JTG D50—2017）的相关要求进行，应收集既有路面及其排水设施的设计、施工及历史养护维修情况等技术资料；调查分析交通量、轴载组成和增长率等交通荷载参数；详细记录各个路面病害的位置（包括路面横向位置和纵向桩号）、病害类型、严重程度以及损坏长度或面积，并记录成表。

在确定维修改造方案前，需要依据调查结果对沥青路面进行评价。我国的公路技术状况评价用公路技术状况指数 MQI（Maintenance Quality Indicator）和相应分项指标来表示，包括路面（PQI）、路基（SCI）、桥隧构造物（BCI）和沿线设施（TCL）四部分内容。其中公路路面现有使用质量评价内容包括路面破损状况、行驶质量、车辙、路面跳车以及结构强度。路面结构强度为抽样评定指标，需单独计算与评定。根据需要还可增加对桥头、通道两侧以及涵洞的不均匀沉降观测。各项评价内容所用的指标及其关系如图 5.12 所示。

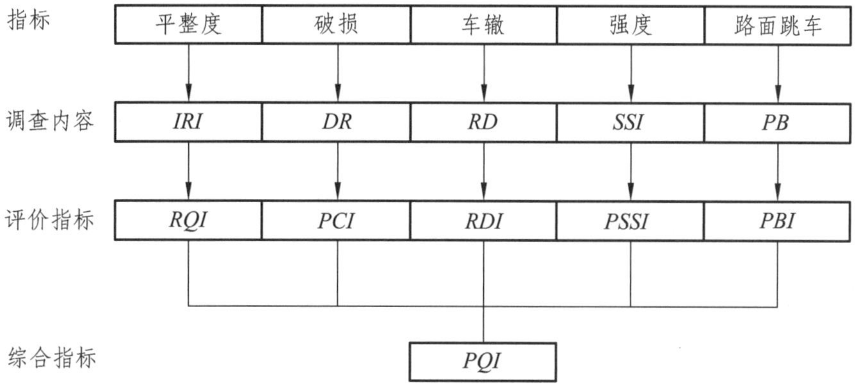

图 5.12　评价指标关系

一、沥青路面破损状况调查与评价

沥青结构的破损状况，反映了路面结构在行车荷载和自然因素的作用下保持自身完整性或完好状态的能力。路面结构破损的发生和发展同路面养护和维修工作密切相关。为对路面破损状况做出全面估计，需从损坏类型、损坏严重程度和出现损坏的范围或密度三方面对路面破损状况进行调查及描述。

1. 沥青路面破损状况调查

（1）调查方法。

路面损坏状况检测，宜采用自动化的快速检测方法，当不具备条件时，可以人工检测。

采用快速检测设备检测路面损坏时，应进行纵向连续检测，横向检测宽度不得小于车道宽度的 70%。检测设备应能分辨 1 mm 以上的路面裂缝，检测结果宜采用计算机自动识别，识别准确率应达到 90% 以上。

采用人工方法调查时，调查范围应包含所有行车道，按表 5.2 规定的损坏类型实地调查。有条件的地区，可借助便携式路况数据采集仪进行现场调查、汇总、计算与评定。紧急停车带按路肩处理。

仔细查看路面上存在的损坏状况，正确区分病害类型和严重程度，丈量其损坏面积，按病害类型及其严重程度，记入沥青路面损坏情况调查表，准确到平方米，不规则形状的损坏面积计算时先按当量面积计算，然后根据破损程度乘上系数确定；评价段次按 100 m 设定，每张表为一个路段的实测记录。

对于各种单条裂缝，其损坏面积按裂缝长度乘以 0.2 m 计算。车辙的损坏面积按车辙的长度乘以 0.4 m 计算。对于车辙、拥包、波浪、坑槽、沉陷等类损坏，可用三米直尺测量其最大垂直变形，以确定其严重程度。

调查结果应按路段汇总，填入沥青路面损坏情况总表，每一行为一个路段的合计记录。路段长度宜采用 1 000 m，以整公路桩号为起讫点，并考虑以公路交叉及行政区分界为分段点。

（2）数据校核。

应组织复核小组进行抽查，抽查数量占实际调查路段的 5% ~ 10%，偏差范围在 ± 10% 以内为合格，不合格时应重新进行调查。

2．沥青路面破损状况评价

路面损坏用路面损坏状况指数 *PCI* 评价，按式（5-1）计算；路面状况指数由沥青路面破损率 *DR* 计算得出，按式（5-2）计算。

$$PCI = 100 - a_0 DR^{a_1} \quad (5\text{-}1)$$

$$DR = 100 \times \frac{\sum_{i=1}^{i_0} w_i A_i}{A} \quad (5\text{-}2)$$

式中 DR——路面破损率（Pavement Distress Ratio），为各种损坏的折合损坏面积之和与路面调查面积的百分比（%）；

a_0——沥青路面采用 15.00，水泥混凝土路面采用 10.66；

a_1——沥青路面采用 0.412，水泥混凝土路面采用 0.461；

A_i——第 i 类路面损坏的累计面积（m^2）；

A——路面检测或调查面积（m^2）；

w_i——第 i 类路面损坏的权重或换算系数，沥青路面按表 5.2 取值；

i——路面损坏类型，包括损坏程度（轻、中、重）；

i_0——损坏类型总数，沥青路面取 21，水泥混凝土路面取 20。

表 5.2 沥青路面损坏类型及权重

类型（i）	损坏名称	损坏程度	权重（w_i）（人工调查）	换算系数（w_i）（自动检测）	计量单位
1	龟裂	轻	0.6	1.0	面积 m^2
2		中	0.8		
3		重	1.0		
4	块状裂缝	轻	0.6	0.8	面积 m^2
5		重	0.8		
6	纵向裂缝	轻	0.6	2.0	长度 m（影响宽度：0.2 m）
7		重	1.0		
8	横向裂缝	轻	0.6	2.0	长度 m（影响宽度：0.2 m）
9		重	1.0		

续表

类型（i）	损坏名称	损坏程度	权重（w_i）（人工调查）	换算系数（w_i）（自动检测）	计量单位
10	坑槽	轻	0.8	1.0	面积 m^2
11		重	1.0		
12	松散	轻	0.6	1.0	面积 m^2
13		重	1.0		
14	沉陷	轻	0.6	1.0	面积 m^2
15		重	1.0		
16	车辙	轻	0.6	—	长度 m（影响宽度：0.5 m）
17		重	1.0		
18	波浪拥包	轻	0.6	1.0	面积 m^2
19		重	1.0		
20	泛油		0.2	0.2	面积 m^2
21	修补		0.1	0.1（0.2）	面积 m^2

注：1. 人工调查时，应将条状修补的调查长度（m）乘以影响宽度（0.2 m）换算成面积。
2. 自动化检测时，块状修补的换算系数 w_i 为 0.1，条状修补的换算系数 w_i 为 0.2。

《公路技术状况评定标准》（JTG 5210—2018）中规定，沥青路面使用性能评价指标分为优、良、中、次、差 5 个等级，如表 5.3 所示。

表 5.3　公路技术状况评价标准

评价等级	优	良	中	次	差
MQI 及各级分项指标	≥90	≥80，＜90	≥70，＜80	≥60，＜70	＜60

按照《公路技术状况评定标准》（JTG 5210—2018）对沥青路面破损状况 PCI 进行调查评定，确定评价标准后，应该按照《公路沥青路面养护技术规范》（JTG 5142—2019）中的相关规定进行维修保养。

在满足强度要求的前提下，公路的路面损坏状况指数 PCI 评价为优、良、中时，以日常养护为主，并对局部破损进行小修；评价为次及差时，应采取中修罩面措施，或大修措施。当强度不能满足要求，应采取大修补强措施以提升其承载能力。

二、沥青路面行驶质量调查与评价

从路面状况的角度看，影响路面行驶质量的主要因素是路面平整度。道路平整度描述的是道路路面纵向的高程变化情况，从行车舒适性、安全性和车辆运营经济性等方面影响路面行驶质量和服务水平。当平整度下降到某一限值时，路面的行驶质量不能满足行车对路面的基本功能要求，便需采取改建或重建措施改善平整度，以恢复路面的功能。在《公路技术状况评定标准》（JTG 5210—2018）中，道路平整度的检测指标是采用世界银行规定的国际平整度指数 IRI（International Roughness Index），通过 IRI 计算路面行驶质量指数 RQI。

1．沥青路面行驶质量调查

路面平整度宜采用快速检测设备，可结合路面破损和车辙一并检测。单独检测路面平整度时，宜采用高精度的断面类检测设备。路面平整度检测设备必须定期标定，每年至少标定一次，标定的相关系数应大于 0.95。各种方法的测定结果应建立与国际平整度指数之间的对应关系。

2．沥青路面行驶质量评价

《公路技术状况评定标准》（JTG 5210—2018）中规定，路面平整度用行驶质量指数（RQI）评价，按式（5-3）计算。

$$RQI = \frac{100}{1 + a_0 \mathrm{e}^{a_1 IRI}} \tag{5-3}$$

式中　IRI——国际平整度指数（International Roughness Index，m/km）；

a_0——高速公路和一级公路采用 0.026，其他等级公路采用 0.018 5；

a_1——高速公路和一级公路采用 0.65，其他等级公路采用 0.58。

《公路技术状况评定标准》（JTG 5210—2018）对路面行驶质量指数 RQI 做了进一步调整完善，通过国际平整度指数 IRI 进行计算，使各个指标的值域统一起来。在 RQI 的权重指数上有了大幅度的提高，加强了对于道路行驶舒适性的要求，更加符合道路使用者的实际需求。

按照《公路技术状况评定标准》（JTG 5210—2018）对沥青路面行驶质量指数 RQI 进行调查评定，确定评价标准后，应该按照《公路沥青路面养护技术规范》（JTG 5142—2019）中的相关规定进行维修保养。

公路的路面行驶质量指数 RQI 评价为优、良、中时，以日常养护为主；路面损坏状况指数评价为次及差时，应采取罩面等措施改善路面的平整度。

三、沥青路面车辙调查与评价

1．沥青路面车辙调查

《公路技术状况评定标准》（JTG 5210—2018）提出了路面车辙深度指数（RDI）的模型结构。二级及以下等级公路，由于路面车辙问题并不突出，在调查路面损坏状况时量取车辙长度，然后根据影响宽度（0.4 m）换算成路面车辙的损坏面积。

路面车辙宜采用快速检测设备，可结合路面损坏和路面平整度一并检测。车辙快速检测装置是一种基于离散点高程测量的路面车辙检测设备，其测试宽度往往小于一个车道的宽度，通常是以若干测点的连线来代表横断面。路面车辙检测设备必须定期标定，每年至少标定一次。根据断面数据计算路面车辙深度 RD，计算结果应以 10 m 为单位长期保持。

2．沥青路面车辙评价

《公路技术状况评定标准》（JTG 5210—2018）规定，路面车辙用路面车辙深度指数 RDI 评价，按式（5-4）计算。

$$RDI=\begin{cases}100-a_0 RD & (RD\leqslant RD_a)\\ 90-a_1(RD-RD_a) & (RD_a<RD\leqslant RD_b)\\ 0 & (RD>RD_b)\end{cases} \tag{5-4}$$

式中 RD——车辙深度（Rutting Depth，mm）；

RD_a——车辙深度参数，采用 10.0；

RD_b——车辙深度参数，采用 40.0；

a_0——模型参数，采用 1.0；

a_1——模型参数，采用 3.0。

在《公路技术状况评定标准》（JTG 5210—2018）中，对路面车辙指标的要求严格，突出了车辙养护的要求。随着公路里程的不断增加、渠化交通的加剧、重车数量的不断增加，车辙已成为一个日益突出的问题。

四、沥青路面结构强度调查与评价

1．沥青路面结构强度调查

路面弯沉是表示路面强度的一项重要指标。虽然国内外路面弯沉检测设备和方法有所不同，但对弯沉基本概念的理解是相同的，弯沉一般定义为路面在车辆荷载作用下发生垂直下沉变形的位移量。

路面结构强度宜采用自动检测设备检测。自动检测时，宜采用具有可靠数据标定关系的自动化检测设备，检测结果应能换算成我国相关技术规范规定的回弹弯沉值。根据检测时施加荷载方式的不同，路面弯沉又可分为静态弯沉和动态弯沉两种，利用贝克曼梁和自动弯沉仪等静态加载试验方法得到的是静态弯沉，利用落锤式弯沉仪、稳态动力弯沉仪和激光弯沉仪等动态加载试验方法得到的是动态弯沉。

二级及以下等级公路可采用贝克曼梁弯沉仪进行调查。自动检测设备必须定期标定，每年至少标定一次。标定的相关系数不得小于 0.95。弯沉检测数据应以 20 m 为单位长期保存。

采用贝克曼梁检测时，检测数量应不小于 20 点/（km · 车道）。

抽样检测时，检测范围可控制在养护里程的 20% 以内。

2．沥青路面结构强度评价

《公路技术状况评定标准》（JTG 5210—2018）规定，路面结构强度用路面结构强度指数 PSSI 评价，按式（5-5）和式（5-6）计算。

$$PSSI=\frac{100}{1+a_0\mathrm{e}^{a_1 SSR}} \tag{5-5}$$

$$SSR=\frac{l_R}{l_0} \tag{5-6}$$

式中 SSR——路面结构强度系数（Pavement Structure Strength Ratio），为路面容许弯沉与路面实测代表弯沉之比；

l_R——路面容许弯沉（mm）；

l_0——路面实测代表弯沉（mm）；

a_0——模型参数，采用 15.71；

a_1——模型参数，采用 − 5.19。

五、沥青路面跳车情况调查与评价

1. 沥青路面跳车情况调查

沥青路面跳车是指由路面异常突起或沉陷等损坏引起的车辆突然颠簸，路面跳车影响因素包括沥青路面的坑槽、拥包、沉陷、波浪、井盖突起或沉陷、路面与桥隧构造物异常连接等。路面跳车指数 PBI（Pavement Bumping Index）是路面跳车数和路面跳车程度（轻度、中度、重度）的函数，路面跳车程度与路面纵断面高差相关。

路面跳车检测宜采用断面类检测设备，检测指标应为路面跳车 PB，每 10 m 应计算一个统计值。

2. 沥青路面跳车情况评价

《公路技术状况评定标准》（JTG 5210—2018）中规定，路面跳车按式（5-7）计算。

$$PBI = 100 - \sum_{i=1}^{i_0} a_i PB_i \tag{5-7}$$

式中　PB_i——第 i 类程度的路面跳车数；

a_i——第 i 类程度的路面跳车单位扣分，按表 5.4 的规定取值；

i——路面跳车程度；

i_0——路面跳车程度总数，取 3。

表 5.4　路面跳车扣分标准

类别（i）	跳车程度	计量单位	单位扣分
1	轻度	处	0
2	中度		25
3	重度		50

《公路技术状况评定标准》（JTG 5210—2018）采用 10 m 路面纵断面高程作为路面跳车计算依据。10 m 路面纵断面高程需要通过数据预处理剔除桥梁伸缩缝等处可能存在的异常高程值，消除路面纵坡对路面纵断面高差计算的影响。

路面纵断面高差（Δh）小于 2 cm 时，该 10 m 路面纵断面应计为无路面跳车。

目前，路面跳车检测仍处于日臻完善的阶段，在检测中需要对路面本身存在的纵坡、桥面伸缩缝等引起一定的重视，否则得到的检测数据会对结果判定有较大影响。

六、沥青路面使用性能综合评价

路面的综合评价用 PQI 作为评价指标，PQI 用分项指标加权计算得出，数值范围为 0 ~ 100，其值越大，路况越好。

《公路技术状况评定标准》（JTG 5210—2018）中规定，二级沥青路面使用性能指数 PQI 按式（5-8）计算。

$$PQI = W_{PCI}PCI + W_{RQI}RQI \tag{5-8}$$

式中 W_{PCI}——PCI 在 PQI 中的权重，取 0.6；

W_{RQI}——RQI 在 PQI 中的权重，取 0.4。

《公路技术状况评定标准》（JTG 5210—2018）中，综合评价指标 PQI 是由分项指标共同组成，只需对各指标加权处理就可以得到评价结果，使计算更加准确，权重值也有所提高，加强了对路面的养护要求。

《公路技术状况评定标准》（JTG 5210—2018）明确路面结构强度 PSSI 不计入 PQI 计算，仅作为抽样评定指标单独计算和评定，评定范围根据大中修养护需求确定，弱化了日常养护中对弯沉指标的要求。

第四节 路面病害处治对策

一、沥青路面车辙病害处治对策

沥青路面车辙病害的产生严重影响了路面的平整度，也大大降低了行车的舒适性，由于车辙病害的存在很容易引起其他病害的产生，导致道路产生更严重的病害，给行车安全与道路安全带来风险。对超过一定深度、影响到了使用功能的车辙必须进行有效的处治。一般车辙的处治维修有以下几种方法：

（1）铣刨拉毛技术。

对车辙辙槽两边隆起部分进行铣刨，再恢复路表面的平整度。该方案具有施工速度快、养护成本低、交通干扰小等特点。

（2）直接填补方法。直接用沥青路面面层材料填补辙槽凹陷部分以恢复路面平整度。虽然成本较高，但使用后效果较好。

（3）铣刨加铺技术。先铣刨车辙辙槽两边隆起部分，再用沥青路面面层材料填补辙槽凹陷部分以恢复路面平整度，多用于车辙深度大于 20 mm 以上的严重失稳型车辙。

（4）微表处填补技术。这是一种预防性的养护方法，可以有效预防车辙产生和填补轻微车辙。微表处是在常规的沥青混合料中加入高分子聚合物和必要的添加剂，制成聚合物改性乳化沥青混合料。微表处维修速度快、成本低，维修后可以显著提高沥青路面的使用性能和耐久性。多用于压实型、磨耗性等类型的车辙。

二、沥青路面水损害处治对策

沥青路面遭受水损害后，主要产生松散、坑槽、唧浆等路面破坏现象。沥青路面受到水损害后，不仅路面使用性能受到影响，行车安全也受到了很大的影响。松散、坑槽、唧浆等路面破坏现象，都降低了原路面的结构层厚度，并且降低了原路面的强度、承载能力和水稳定性。及时修补水损害产生的破坏可以恢复沥青路面行车的平顺性和舒适性。因此，当沥青路面产生松散、坑槽、唧浆等路面破坏，应该及时有效地进行维修，防止沥青路面遭受更严重的破坏。

对于沥青路面遭受水损害产生的松散现象，处治措施主要是采用“修补”工艺，即将松散部分全部挖除，若基层软弱，先处理好基层，然后再重做面层。重做面层的材料，应在沥青混合料中掺入抗剥离剂、增黏剂或使用干燥的生石灰、消石灰、水泥等表面活性物质，用来提高沥青和矿料的黏附力，以提高沥青路面的水稳定性。

对于沥青路面遭受水损害产生的唧浆现象，对于轻度的唧浆病害，可以采用开槽机沿着裂缝方向进行扩槽，然后用铲刀、空气压缩机来清缝。清缝完成后，进行灌缝、封缝处理，最后在槽口边缘涂刷防水层，用来防止自由水通过槽口缝隙进入路面结构内部而再次对路面造成水损害。对于重度的唧浆病害，采用开槽挖补回填方式处理。首先，用切割机对需要处理的路面区域进行切割，开挖至适当深度，然后清除松散的面层和基层。之后，用压缩空气机对槽壁、槽底进行清理。清理完成后，基层用素混凝土回填，面层用改性沥青混凝土回填。回填完成后，进行碾压，使表面平整、密实。如果路面内部排水不畅，应该在硬路肩设置横向排水盲沟，用来将路面结构内部的自由水排出。

对于沥青路面遭受水损害产生的坑槽类病害，根据修补所用材料及目标，坑槽维修方法主要分为临时性、半永久性和永久性三种类型。坑槽维修方法特点及适用范围如表 5.5 所示。

表 5.5　坑槽维修方法

处治方法	特点	适用范围
临时性修补	对坑槽进行简单处理、修补时间快，但是修补后的坑槽耐久性较差	用于不需封道的快速修补，也可用于路况差的路面或将要罩面或重建的路面
半永久性修补	不需切割路面，修补后的区域不是矩形，但是修补后的坑槽耐久性较好，是一种预防性的维修措施	用于路况较好的路面，维修后的路面可以达到相对较长的使用寿命
永久性修补	对坑槽进行仔细处理，维修成本较高、时间长，但修补效果很好	用于路况良好的路面，维修后的路面可以达到相对较长的使用寿命

对于沥青路面的水损害，采取有效的防治措施，降低或避免沥青路面发生水损害，也是不容忽视的。

（1）有效的排水系统。

沥青路面的水损害是由路表自由水造成的，如果积水被及时排出路表或进入路面结构的自由水能够及时排除，不滞留在路面结构内部，自由水就不会对沥青路面造成水损害。所以，有效的排水系统是很重要的。

沥青路面排水系统主要分为路面结构中水排除和降低挖方路段地下水位。为了有效降低挖方路段地下水位，可通过加深边沟并在边沟底部设置渗沟来降低该路段的地下水位。

（2）良好的沥青路面材料性能。

有效提高沥青混合料的水稳定性、合理的沥青路面空隙率和不断提高沥青集料的黏结力，能够大大提高沥青路面结构抵抗水损害的性能。

使用空隙率小于 5% 的粗糙、洁净集料，可以形成粗糙的表面构造，以增加沥青与集料的黏结程度。采用合理的沥青用量，使沥青与集料拌和均匀，降低粗细集料离析现象产生机率，从而有效增加沥青混合料的水稳定性，降低沥青混合料抵抗自由水侵蚀的影响。

在沥青混合料中添加适量的抗剥落剂，可以有效地提高沥青与集料的黏结力。采用合理的沥青路面材料空隙率，可以防止或减少自由水渗入路面结构内部。

（3）符合标准的施工质量。

在施工准备阶段，严格按照设计标准选用材料，并保护施工材料不受污染。在施工过程中，保证沥青混合料的拌和质量、沥青混合料摊铺和压实质量。

（4）完善的交通管理系统。

建立完善的交通管理系统，对超载、超速车辆进行有效管理，确保沥青路面在标准承载范围内和规定行车速度作业下运营，以防止沥青路面发生早期破坏，保证道路的正常使用年限。

三、沥青路面裂缝病害处治对策

裂缝类病害是路面常见的病害。如果不能及时发现或发现裂缝不及时采取有效措施进行处理，沥青路面裂缝会加速开裂，有可能导致路面发生更严重的破坏。发现沥青路面出现裂缝后，应该采取及时有效的处治措施，可以延缓沥青路面裂缝的进一步恶化，提高路表面的使用功能，延长道路的使用寿命。处治裂缝时，最好是在气温大于 0 °C、路面水分较少的时候。秋天气温适宜、雨水较少、裂缝宽度适中，是最适合裂缝维修的季节。针对不同种类及不同程度的裂缝，合理、正确的维修措施会使维修后裂缝的使用寿命得到有效提高。

目前裂缝处治方法，主要分为表面养护、路面翻新（路面重铺）两类。

表面养护主要包括填缝、灌缝、深裂缝修补等方法。填缝和灌缝属于预防性养护。及时合理地运用填缝和灌缝，可以降低养护成本，增加沥青路面的使用寿命。采用填缝还是灌缝，主要取决于裂缝宽度和间距的大小，裂缝宽度较小，裂缝边缘损坏轻微的，可采用填缝或灌缝的方法。裂缝宽度较大且分布较密时，采用全深或部分深裂缝维修方法。

沥青路面裂缝填缝主要针对纵向裂缝、横向裂缝、块状裂缝及反射裂缝等裂缝进行处理。对于网裂、龟裂等裂缝则必须采取深层修补的方法进行处理。

（1）填缝：填缝是一种局部处理方式，根据填缝的实现途径，填缝分为先清理再填缝、先锯缝再填缝、先开槽再填缝三种方式，如表 5.6 所示。

首先应该清理裂缝内灰尘、碎屑等杂物并吹干裂缝内水分，再使用填缝材料填缝。

（2）灌缝：多用于路面破损严重、裂缝较宽的路面。灌浆可以有效覆盖裂缝边缘，防止面层材料氧化，但是不能防止自由水渗入路面。适用于路面裂缝宽度较大时。当裂缝发展到中等程度时就应该进行预防性的灌缝维修。

灌缝的准备工作简单，首先用压缩空气机或热风枪吹走缝内杂物，并干燥裂缝，然后根据情况选用橡胶粉、乳化沥青等材料进行灌缝。

表 5.6 填缝处治方法

处治方法	处治目的	处治适用范围	局限性
先清理再填缝	防止、减少自由水和固体杂物侵入路面内部而破坏路面结构，并防止路面结构的膨胀和收缩	当基层具有良好的横断面和侧向支撑，路表面损坏且伴随有少量微裂缝的纵、横向裂缝	密封剂用量过多会降低路面的抗滑性能
先锯缝再填缝	控制温度收缩裂缝；防止、减少自由水和固体杂物侵入路面内部而破坏路面结构并控制路面结构的膨胀和收缩	新铺的沥青路面应该没有裂缝，且在铺后 48 h 使用	密封剂用量过多会降低路面的抗滑性能
先开槽再填缝	防止、减少自由水和固体杂物侵入路面内部而破坏路面结构，缓解路面结构的自由膨胀和收缩	当基层具有良好的横断面和侧向支撑，路表面损坏且伴随有少量微裂缝的纵、横向裂缝。对于较宽的裂缝需要开槽后修补	只适用于气温凉爽的季节

（3）全深或部分深裂缝修补：当路面因过度磨损而导致不能使用填缝和灌缝的方法进行维修时，一般采用这种方法。采用这种方法可以修复有新生裂缝的路面裂缝。进行全深或部分深裂缝处治时，首先要沿着裂缝槽内铣刨，然后用热拌沥青混合料填缝并压实至目标压实度。

当沥青表面裂缝严重而面层以下部分状况较好时，可以采用部分深裂缝的维修方法。而当沥青路面裂缝破坏极为严重，裂缝处的沥青混合料出现明显的脱落并且沥青基层底部也出现明显裂缝时，可以考虑采用全深式的修复方式。

四、沥青路面其他病害的处治对策

沥青路面不仅仅只有裂缝、水损害、车辙等病害，还受到波浪、拥包、泛油、滑溜、磨光等病害的影响。沥青路面出现病害后，针对沥青路面产生的不同的病害，采取及时的修补可以有效恢复路面平整度，改善行车的舒适性和安全性。沥青路面其他病害处治措施如表 5.7 所示。

表 5.7　沥青路面其他病害处治措施

病害名称	病害出现位置	损害程度划分	处治措施
沉陷	多发生于路基湿软地段或外侧路肩与路面采用不同材料修筑的路段	轻度：深度 $H>10$ mm 且 $H\leqslant15$ mm； 重度：深度 $H>15$ mm	（1）路面轻微下沉可在沉陷区喷涂黏层沥青，再用热拌沥青混合料填补沉陷，并压实平整。 （2）路面严重下沉但土基和基层较稳定，可只修补面层。小面积沉陷采用铣刨后再找平摊铺。较大和基层破坏的沉陷，可挖除整个面层和基层，再对路基进行稳固处理
波浪	道路行车道上居多	轻度：深度 $H>10$ mm 且 $H\leqslant25$ mm； 重度：深度 $H>25$ mm	（1）路面有轻微波浪，可在波谷部分喷洒沥青，并均匀喷洒适当粒径的矿料后找平压实。 （2）波浪起伏较大时，沿纵向将凸起部分铣刨处理，喷洒热拌沥青后均匀撒一层矿料、找平后压实
拥包	道路行车道上居多（一般出现在右侧轮迹外缘）	轻度：深度 $H>10$ mm 且 $H\leqslant25$ mm； 重度：深度 $H>25$ mm	（1）路面基层发生破坏，应先将破坏的基层铣刨挖除，然后重新铺筑基层、面层。 （2）路面基层完好，用铣刨机削除拥包，清扫修补表面后喷洒黏层沥青，重铺路面
泛油	道路行车道位置居多并且是间断式的片状分布	轻：路面颜色较深； 中：路面构造深度降低，表面失去纹理； 重：表面发亮，有明显的轮胎痕迹	（1）对轻度泛油路段，表面石料仍外露的路段可不做处理。 （2）对中度泛油路段，路表面摩擦系数降低，可采用先撒铺3～5 mm 粒径的石屑或粗砂，然后用碾压的方式处理。 （3）对泛油严重的路段，可用碎石压入法维修
磨光	道路行车道上居多	无严重程度划分，磨光程度可以在路表摩擦力的减少量上体现出来	（1）采用路面铣刨机直接恢复路表面粗糙度。 （2）用机械式喷砂法打毛处理，改善外观，提高摩擦系数。 （3）路面石料棱角被磨掉，应加铺抗滑层或用乳化沥青稀浆封层处理

第五节　沥青路面材料再生技术

路面在使用一段时间后，其整体性能将不能满足路面使用要求，以前沥青混凝土路面在达到使用寿命或发生结构性破坏后，一般将旧沥青混合料铣刨废弃掉后再重新铺筑新路面。这种做法虽然能保证道路的使用性能，但是废弃的旧料没能用作其他用途。旧料只是在功能上有所降低，除了其中的沥青在环境和荷载作用下部分老化外，砂石等粗细材料作为路用材料仍有很高的再利用价值。通过再生技术，可以使这些材料重新铺筑在道路上，既能满足甚至提高路用性能要求，又可以节省大量材料资源和资金，还可以避免环境污染，实现循环经济发展模式和低碳可持续发展。

沥青路面再生利用技术是将需要翻修或废弃的旧沥青混合料路面经铣刨、破碎，再和新沥青材料或新集料适当配合，重新拌和，形成具有一定路用性能的再生沥青混合料，用于铺筑路面面层或基层的整套工艺技术。

再生路面与同类型的全新沥青路面相比较，无论从外观上，还是从实际使用效果上都没有明显差别，用旧沥青路面材料铺筑的再生路面，也能如新沥青路面一样有较好的热稳性，夏季无泛油、推挤、波浪等现象，路面平整坚实。再生路面在防水、防滑性能上也能满足要求。从再生路面实际使用效果来预估其使用寿命，再生路面具有维持正常使用的持久能力。

一、沥青路面材料再生的类型及特点

沥青混凝土路面再生技术的分类很多，按路面的结构性质分为沥青路面再生和水泥路面再生；按再生形成路面结构的不同层位分为再生面层、再生基层和再生底基层；按再生工艺分为热再生和冷再生；按拌和地点分为现场再生和厂拌再生。在这四种再生技术中，由于厂拌热再生技术与厂拌冷再生技术的生产、施工较易控制，因此使用效果较好。沥青混合料再生方式比较如表 5.8 所示。

从两种再生方式得到的混合料性能来分析，冷再生根据其再生结合料的不同，性能差异较大，可以获得类似半刚性材料或沥青稳定类材料的特性；热再生沥青混合料可以获得与新的热拌沥青混合料相似的性能。从国内外应用经验来说，厂拌热再生技术成熟，技术难度小，适用范围广，质量控制简单，是目前全球范围内应用最为广泛的再生技术。就再生技术在我国国内的应用而言，冷再生技术近几年在公路改造工程中应用较为广泛，也积累了大量的经验和技术。

表 5.8 沥青混合料再生方式比较汇总

再生方式	就地热再生	厂拌热再生	就地冷再生	厂拌冷再生
优点	实现就地再生利用，节省了材料转运费用，旧路面材料利用率高，施工过程能耗低、污染小	工艺比较容易控制，再生后的混合料性能较好，质量有保证，适用范围较广	实现就地再生利用，节省材料转运费，施工过程的能耗低、污染小，适用范围广	工艺较易控制，再生后的混合料性能较好，适用范围广，能耗低、污染小，减排效果明显
缺点	再生深度仅为 20～50 mm，施工质量控制难度较大，易产生不均匀性，使用性能比不上厂拌热再生混合料	沥青路面旧料需来回运输，对拌和设备的要求较高	施工质量控制的难度较大，一般需要加铺沥青路面结构层	混合料强度的形成需要较长的时间，需要加铺一定厚度的罩面层
适用范围	路面有足够承载能力，仅存在浅层轻微病害，一般用于高速公路，一、二级公路沥青路面表面层的维修	再生后的沥青混合料适用于各等级公路沥青路面的建设和维修养护工程，可用于沥青面层及柔性基层	各等级公路沥青路面旧料的再生利用，再生后的面层混合料适用于沥青路面的中、下面层及柔性基层	各等级公路沥青路面旧料的再生利用，再生后的沥青路面旧料适用于沥青路面的中、下面层及柔性基层

二、沥青路面就地热再生关键技术

1. 就地热再生类型及适用条件

就地热再生是采用专用的就地热再生设备，对需维修的沥青路面进行就地加热软化、铣刨掉路面的废料，就地掺入一定数量的新沥青、新沥青混合料、再生剂等，经热拌和、摊铺、碾压等工序连续作业，一次性实现对表面一定深度范围内的旧沥青混凝土路面再生的技术。就地热再生可分为表层再生、加铺再生、复拌再生三种。三者的主要差别是：表层再生只掺加再生剂而不掺加新集料或者新混合料，再生时可以铣刨翻松，也可以耙松；加铺再生是在对原路面进行再生的同时，在再生层上加铺薄层沥青罩面；复拌再生需要掺加新集料或者新混合料，并将新集料或者新混合料与铣刨的原路面材料进行重新拌和、摊铺。

就地热再生适用于仅存在浅层轻微病害的高速公路及一级、二级公路沥青路面表面层的就地热再生利用，再生层可用作上面层或者中面层，再生深度一般为 20 ~ 50 mm。就地热再生是以沥青路面面层为施工对象，当路面损坏波及基层以下时，原则上不再适用，并且由于该工艺需要在现场加热旧沥青路面，施工易受气候影响，寒冷季节一般也不宜施工。此外，就地热再生对路面结构强度的贡献不大，其路用效果和寿命受到原路面结构强度的显著影响，因此对原路面要求有充足的结构强度。

《公路沥青路面再生技术规范》（JTG/T 5521—2019）对就地热再生的路面技术状况要求如表 5.9 所示。

表 5.9　就地热再生路面技术状况要求

指标		技术要求
路面结构强度指数 PSSI		≥80
原路面沥青层厚度/mm		≥（再生深度 + 30）
再生深度范围内沥青混合料	沥青 25 °C 针入度（0.1 mm）	≥20
	沥青含量/%	≥3.8
路面病害波及范围		主要集中在再生深度范围内

沥青路面的就地热再生需要使用大型的专用机械，进行连续机械化施工，施工时候机组长达 50 ~ 100 m，所以施工现场应满足以下条件：

① 要具有发挥就地热再生特长的足够的工程规模；不适用于小型维修工程以及难以确保连续机械化施工的工程。

② 要确保现场的施工条件，一组施工机械通过时间约需 60 ~ 90 min，还要加上养生时间，需要中断施工地点一个车道的交通。

③ 要对实行就地热再生路段进行旧路检测，确定该路段是否符合沥青路面就地热再生的技术条件。检测的主要内容包括：沥青路面变形类（车辙、拥包、沉陷）病害调查、路面抗滑性能调查、强度调查。

2．材料技术标准

就地热再生加铺和掺加沥青混合料中材料要求应符合《公路沥青路面再生技术规范》（JTG/T 5521—2019）要求，一般情况下，对除再生剂之外的材料，其材料要求与一般设计要求相同。这里主要针对再生剂进行说明。

沥青路面在服役过程中，在自然因素作用下，会产生“不可逆”的化学变化，导致路用性能劣化，通常称之为“老化”。沥青再生剂是掺加到再生沥青混合料中，用于恢复已老化沥青性能的添加剂。目前常见的再生剂包括软化剂、还原剂、改性剂、稀释油、芳香油、增量油、润滑油等，有些植物油也可以作为再生剂。为了保证再生剂发挥应有的作用，再生剂应该具有如下性质：

① 调节废旧沥青的黏度，改变旧沥青的流变特性。

② 渗入废旧混合料中与旧沥青充分交融，使在老化过程中凝聚起来的沥青质重新溶解分散，调节沥青胶体结构。

③ 提高再生沥青混合料的寿命周期。

④ 性质均匀稳定。

⑤ 具有相当的安全性，使用过程不冒烟、闪点高。

《公路沥青路面再生技术规范》（JTG/T 5521—2019）中规定，再生剂需满足表5.10所示的质量要求，同时应根据回收沥青路面材料（RAP）中沥青老化程度、沥青含量、回收沥青路面材料（RAP）掺配比例、再生剂与沥青的配伍性，综合选择再生剂品种。

表 5.10 热拌沥青混合料再生剂技术要求

检测项目	RA-1	RA-5	RA-25	RA-75	RA-250	RA-500	试验方法
60 °C 黏度/（mm^2/s）	50～175	176～900	901～4 500	4 501～12 500	12 501～37 500	37 501～60 000	T0619
闪点/°C	≥220	≥220	≥220	≥220	≥220	≥220	T0611
饱和酚含量/%	≤30	≤30	≤30	≤30	≤30	≤30	T0618
芳香酚含量/%	实测记录	实测记录	实测记录	实测记录	实测记录	实测记录	T0618
薄膜烘箱试验前后黏度比	≤3	≤3	≤3	≤3	≤3	≤3	T0619
薄膜烘箱试验前后质量变化/%	≤4，≥－4	≤4，≥－4	≤3，≥－3	≤3，≥－3	≤3，≥－3	≤3，≥－3	T0619 或 T0610
15 °C 密度/（g/cm^3）	实测记录	实测记录	实测记录	实测记录	实测记录	实测记录	T0603

3．就地热再生混合料设计

目前普通沥青混合料的设计方法主要有马歇尔设计方法和 Superpave 设计方法，与常规热拌沥青混合料一样，再生混合料也必须经过正确的设计才能保证获得应有的性能。当设计正确时，再生混合料的性能可以与新沥青混合料相当，《公路沥青路面再生技术规范》（JTG/T 5521—2019）中规定就地热再生混合料的设计流程如图 5.13 所示，本节按马歇尔设计方法对就地热再生混合料设计进行介绍。

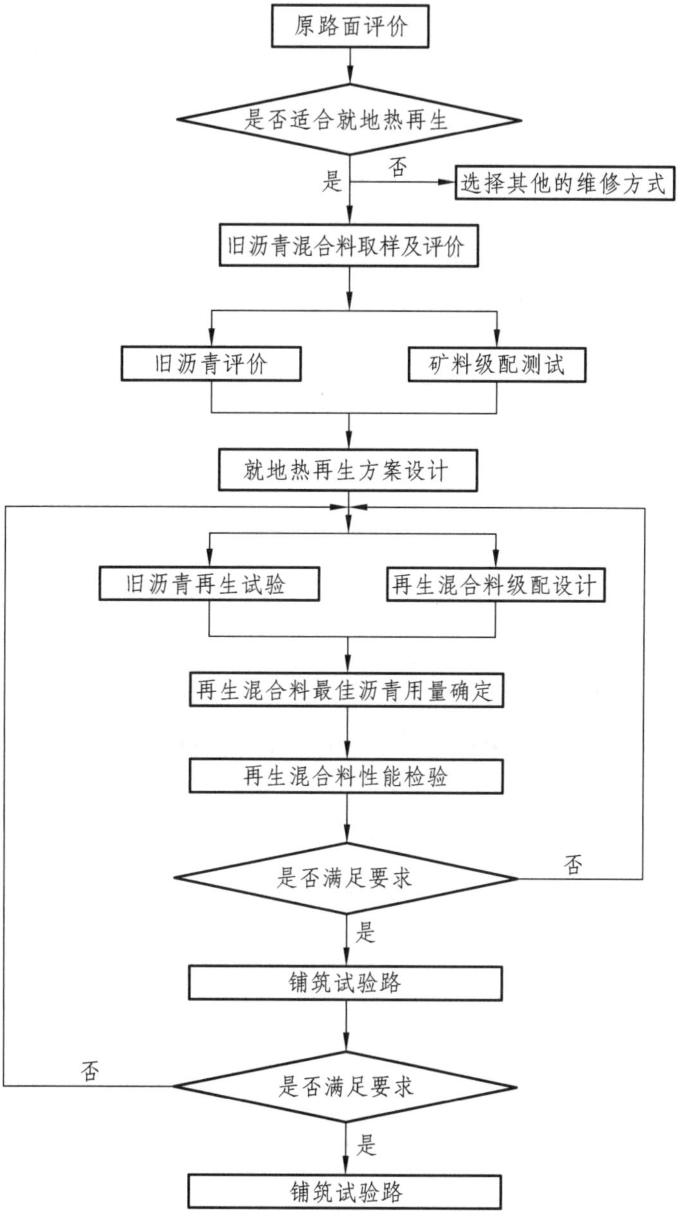

图 5.13　就地热再生混合料设计流程

（1）矿料级配设计。

采用加铺再生工艺时，再生混合料中一般无法添加新集料，矿料级配只能沿用原路面混合料级配。当原路面混合料级配不佳，不能满足要求时，应综合考虑再生厚度、新沥青混合料的掺配比例和级配、再生沥青性能、再生沥青混合料性能等，掺加一定比例的新沥青混合料，以改善原路面矿料级配。就地热再生混合料矿料级配范围仍沿用普通沥青混合料的相关规定。

（2）确定再生剂用量。

在充分考虑再生路面的气候、交通特点、层位、纵横坡、超高等因素的基础上，确定旧沥青再生的目标号。根据目标再生标号，用试配法进行旧沥青再生试验，即将再生剂按一定间隔的等差数列比例掺入旧沥青，测定再生沥青的三大指标，绘制变化曲线，用内插法初步确定再生剂用量。

在满足再生沥青技术指标的前提下，宜少用再生剂。一般情况下，掺加的新沥青的标号可选择现行《公路沥青路面施工技术规范》（JTG F40）中规定的该地区的新沥青标号；当选择掺加高标号的新沥青时，可适当减少再生剂的用量。掺加的新沥青技术指标必须满足现行规范要求。

（3）确定最佳新沥青用量。

预估再生混合料的油石比，以一定的间隔确定 5 个新沥青用量，分别成型马歇尔试件。按现行《公路沥青路面施工技术规范》（JTG F40）的方法测试试件的毛体积相对密度、吸水率、理论最大相对密度，测试再生混合料马歇尔稳定度和流值。

按照《公路沥青路面施工技术规范》（JTG F40）的热拌沥青混合料设计方法确定最佳新沥青用量（新沥青用量与新集料的比值即为掺加的新沥青混合料的油石比）。然后按照最佳油石比制备试样并进行配合比设计检验。

（4）试验路检验再生沥青混合料性能。

就地热再生沥青混合料的性能必须经过试验路检验。试验路检验项目主要有：现场再生沥青的技术指标、马歇尔稳定度、再生混合料的级配、动稳定度、浸水马歇尔残留稳定度、冻融劈裂强度比等。

三、沥青路面厂拌热再生关键技术

1．厂拌热再生类型及适用条件

厂拌热再生技术是将旧的沥青路面混合料切削回收，集中到再生拌和厂，再根据旧混合料技术性能的变化，掺入不同的添加材料，然后拌和成符合路面技术性能要求的再生混合料，运入施工现场，摊铺并碾压成为新的沥青路面。厂拌热再生技术在国外应用非常普遍，其施工机械为多台功能单一的再生设备如路面铣削机（或冲击镐）、破碎筛分机、再生拌和机、运输厂拌设备、路面摊铺机及压路机等共同配合，完成全部再生作业。厂拌热再生按拌和设备的不同分为连续式厂拌热再生和间歇式厂拌热再生两种。

厂拌热再生适用于处理表面缺陷、变形、荷载与非荷载引起的开裂以及养护补丁，适用于对各等级回收沥青路面材料（RAP）进行热拌再生利用；根据再生后的沥青混合料的性能和工程情况，其可用于各等级公路的沥青面层及柔性基层。厂拌热再生具有以下优点：

① 一定掺量下厂拌热再生混合料（不高于 30%）的性能与传统的 HMA 混合料性能相同或比其更优，可用于沥青路面的表层及中下面层。

② 厂拌热再生沥青路面可以重复使用旧沥青路面材料，减少新材料的用量，节约自然资源，减少废料处理问题并降低相关费用，具有较高的经济性。通过添加新集料、沥青或再生剂改善原混合料的级配和沥青，同时厂拌热再生厚度与原路面厚度没有关系，可以在厚度不变或变化较小的情况下改善路面结构。

③ 厂拌热再生热拌沥青混合料的运输、摊铺和碾压设备及施工工艺与传统的热拌沥青混合料基本相同，只需要对现有的拌和设备做一定的改动，即可以满足现有的环保要求。

但是，厂拌热再生也具有一定的局限性：

① 一般地，厂拌热再生混合料中回收沥青路面材料（RAP）用量较少，一般为混合料总量的 10%～30%，连续式拌和楼回收沥青路面材料（RAP）最高用量可达 50%。同时，生产过程中的产量和生产效率受回收沥青路面材料（RAP）用量的影响。

② 厂拌热再生混合料增加了回收沥青路面材料（RAP）运至拌和楼的过程，运输的费用较高，施工对交通的干扰较大。

2．材料技术标准

厂拌热再生的回收沥青路面材料（RAP）必须经过预处理后方可使用，所谓的预处理，即使用推土机、装载机等机具将一个料堆的回收沥青路面材料（RAP）充分混合，然后用破碎机或其他方式进行破碎，应使回收沥青路面材料（RAP）的最大粒径小于再生沥青混合料公称最大粒径，不应有超粒径材料。厂拌热再生经过预处理的回收沥青路面材料（RAP）各项技术指标需满足《公路沥青路面再生技术规范》（JTG/T 5521—2019）中对热再生技术回收沥青路面材料的要求，如表 5.11 所示。

表 5.11 沥青混合料回收料（RAP）技术指标

材料	检测项目	试验方法
沥青混合料回收料（RAP）	含水量	实测
	RAP 矿料级配	实测
	沥青含量	实测
	砂当量/%	> 55
RAP 中的沥青	25 °C 针入度（0.1 mm）	> 20
	60 °C 动力黏度	实测
	软化点	实测
	15 °C 延度	实测
RAP 中的粗集料	针片状颗粒含量	实测
	压碎值	实测
RAP 中的细集料	棱角性	实测

当回收沥青路面材料（RAP）掺配比例小于 20% 时，测定回收沥青路面材料（RAP）粗集料的针片状颗粒含量、细集料的棱角性，以此作为调整新集料的相应技术指标的依据；当回收沥青路面材料（RAP）掺配比例超过 20% 时，宜增加测定回收沥青路面材料（RAP）中粗集料的压碎值、洛杉矶磨耗值、针片状颗粒含量、软石含量、含泥量。

厂拌热沥青再生剂需满足《公路沥青路面再生技术规范》（JTG/T 5521—2019）中规定的质量要求。

3．厂拌热再生混合料设计

在对旧沥青混凝土进行加工处理之前，无论是把旧沥青混凝土作为基本组分，还是作为新混合料的添料使用，都必须做配合比设计。旧沥青混凝土试件（平均试样）应做抽提试验，以便确定沥青用量及旧沥青混凝土的级配组成。

再生沥青混合料设计包括再生形成的沥青混合料的类型以及回收的旧沥青料（RAP）的掺加比例等方面。热再生沥青混合料类型与 RAP 级配、再生工艺有关，而旧沥青料掺配比例受再生沥青混合料类型、再生工艺以及 RAP 性状等影响。厂拌热再生混合料一般采用马歇尔设计方法进行配合比设计，设计过程应按《公路沥青路面再生技术规范》（JTG/T 5521—2019）执行，如图 5.14 所示。

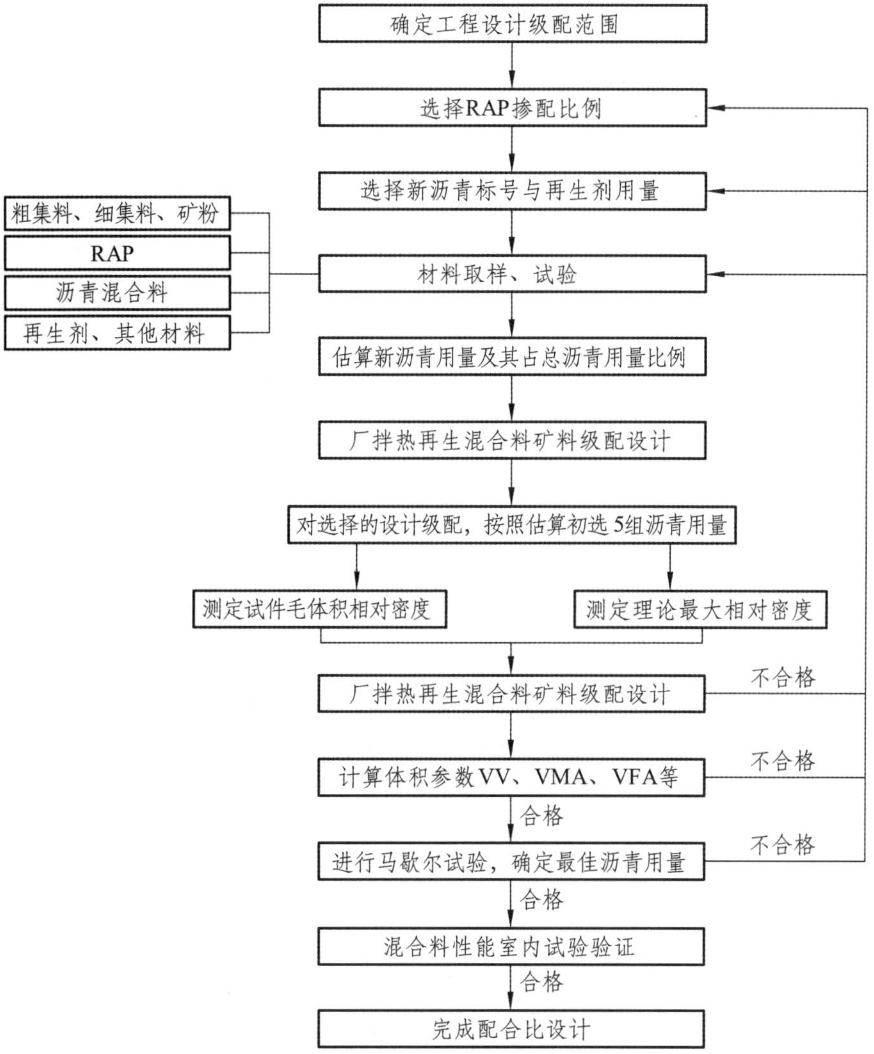

图 5.14 厂拌热再生混合料设计流程

四、沥青路面就地冷再生关键技术

1．就地冷再生类型及适用条件

就地冷再生技术是采用专用的就地冷再生设备，对沥青路面进行现场冷铣刨、破碎和筛分（必要时），掺入一定数量的新集料、再生胶结料、活性填料（水泥、石灰等）、水，经过常温拌和、摊铺、碾压等工序，一次性实现旧沥青路面再生。沥青路面就地冷再生主要有三种类型：

① 深层就地冷再生——针对旧路基层和面层，冷再生层厚度在 150 mm 以上，形成基层或底基层。

② 浅层就地冷再生——针对旧路面层，冷再生厚度在 80 ~ 150 mm 之间，形成沥青面层（下面层）。

③ 无铺面公路的升级——针对旧路基层，以泡沫沥青或乳化沥青为添加剂时，冷再生层在 100 ~ 150 mm 之间；以水泥、石灰或粉煤灰为添加剂时，冷再生层多为 200 mm。

沥青路面就地冷再生，适用于一、二、三级公路沥青路面的就地再利用，用于高速公路时应进行论证。对于一、二级公路，再生层可作为下面层、基层；对于三级公路，再生层可作为面层、基层，用作上面层时应采用稀浆封层、碎石封层、微表处等作上封层。就地冷再生技术具有以下优点：

① 就地冷再生可以使已破坏的路面恢复到原有的路面路拱及坡度，这对于路面排水、跨线桥净空控制等非常重要。就地冷再生已被证明可以减少沥青路面的反射裂缝，进而可以延长路面的使用寿命，并提高行车的舒适性。通过就地冷再生和加铺新的罩面，可以比较彻底地解决各种路面病害，如纵横缝、坑洞、车辙、不规则裂缝。

② 就地冷再生不需要加热，节约能源，减少了烟尘、废气对环境的污染，就地冷再生比就地热再生更有利于环保。在相同的条件下，与其他的路面改造方案相比，就地冷再生由于利用旧路面材料，工程造价降低。

但是，就地冷再生在使用过程中也具有一定的局限性：

① 就地冷再生的质量控制和质量保证不如集中厂拌再生可靠，旧路面的材料状况影响再生路面的性质。如果旧路面材料均匀性较好，再生后的路面会比较均匀；如果旧路面材料变化较大，设计施工中应根据不同路段的情况调整配比和施工工艺，以获得均匀一致的路面。

② 就地冷再生的工艺需要相对温暖、干燥的施工条件，气候条件要求高。

2．材料技术标准

沥青层就地冷再生技术可应用乳化沥青、泡沫沥青等作为再生胶结料，以下将对就地冷再生混合料的原材料尤其是乳化沥青和泡沫沥青进行介绍。

（1）乳化沥青。

乳化沥青可以提高混合料的黏结力和承载力，有助于使既有公路路面中老化的沥青复原、软化。使用乳化沥青的好处是其黏度低，易于用再生设备中的液体喷洒装置添加，再生材料与乳化沥青拌和后，乳化沥青破乳后沥青有较高的黏度，因此可以提高旧材料的黏结性。

《公路沥青路面再生技术规范》（JTG/T 5521—2019）中对就地冷再生使用的乳化沥青材料性能规定如表 5.12 所示，一般情况下，就地冷再生宜采用中裂型或慢裂型乳化沥青，乳化沥青应在常温下使用，使用温度不应高于 60 °C。

表 5.12 冷再生用乳化沥青质量要求

试验项目		单位	质量要求	试验方法
破乳速度		—	慢裂或中裂	T0658
粒子电荷		—	阳离子（+）	T0653
筛上残留物（1.18 mm 筛）		%	≤0.1	T0652
黏度	恩格拉粘度计法 E_{25}	—	2～30	T0622
	25 °C 赛波特黏度 V_s	s	7～100	T0623
蒸发残留物	残留物含量	%	≥60	T0651
	溶解度	%	≥97.5	T0607
	针入度（25 °C）	0.1 mm	50～130	T0604
	延度（15 °C）	cm	≥40	T0605
与粗集料的黏附性、裹覆面积		—	≥2/3	T0654
与粗、细粒式集料拌和试验		—	均匀	T0659
常温储存稳定性	1 d	%	≤1	T0655
	5 d		≤5	

（2）泡沫沥青。

泡沫沥青是通过在热沥青中加入少量的水（约为沥青用量的 2%～3%）产生的。使用的沥青为普通针入度级的沥青，如 AH-70 号普通沥青。当水注入热沥青时，水会迅速蒸发，从而引起沥青在饱和蒸汽内产生爆炸泡沫，体积膨胀至原来的 15～20 倍。泡沫沥青大大增加了沥青的体积和表面活性，在发泡过程中，沥青的黏度显著降低，从而使沥青能充分扩散进集料中。

在采用泡沫沥青作为稳定剂时，加入少量水泥（一般为 1%～2%）可以使再生混合料结构层获得所需强度的同时，提高表面质量，防止裂纹的产生。泡沫沥青的优点在于其适合多种集料和既有公路上再生的筑路材料，与普通沥青相比，提高了沥青的裹覆能力，能理想地裹覆冷的和潮湿的集料。

《公路沥青路面再生技术规范》（JTG/T 5521—2019）对就地冷再生使用的泡沫沥青材料性能规定如表 5.13 所示，膨胀率和半衰期的检测方法也按该规范的相关条文执行。

表 5.13 冷再生用泡沫沥青质量要求

试验项目	单位	技术要求
膨胀率	%	≥10
半衰期	s	≥8

3．就地冷再生混合料设计

就地冷再生的混合料设计适用于使用马歇尔方法进行乳化沥青或者泡沫沥青冷再生混合料的配合比设计，就地冷再生混合料配合比设计应通过试验路段进行检验。

（1）确定工程设计级配范围。

根据公路等级、工程性质、交通特点、材料品种等因素，通过对条件大体相当的工程使用情况进行调查研究后，确定级配范围，特殊情况下允许超本级配范围。经确定的工程设计级配范围是配合比设计的依据，不得随意变更。

（2）材料选择与准备。

配合比设计试验的各种矿料、回收沥青路面材料（RAP）、水泥等必须按照相关规定，从工程实际使用的材料中选取有代表性的样品。配合比设计所用材料，其质量应满足相应的技术要求，当集料某项指标不合格，但不同粒径规格的材料级配组成集料混合料指标能符合规范要求时，允许使用。

（3）矿料级配设计。

通过测得回收沥青路面材料（RAP）、新集料等各组成材料的级配，以回收沥青路面材料（RAP）为基础，掺加不同比例的新集料，使合成级配满足工程设计级配要求，合成级配曲线应平顺。

（4）确定最佳含水率。

最佳含水率的确定参照现行《公路土工试验规程》（JTG 3430—2020）中 T0131 的方法。对合成矿料进行击实试验，进而确定最佳含水率。

① 使用乳化沥青时，乳化沥青试验用量可定位 4%，变化含水率进行击实试验，获得最大干密度时，其混合料的含水率即为最佳含水率 OWC。

② 使用泡沫沥青时，乳化沥青试验用量可定位 3%，变化含水率进行击实试验，获得最大干密度时，其混合料的含水率即为最佳含水率 OWC。

（5）确定最佳乳化沥青用量 OEC 和最佳泡沫沥青用量 OAC。

以预估的沥青用量为中值，按照一定间隔变化形成 5 个乳化沥青（泡沫沥青）用量，保持最佳含水率 OWC 不变制备马歇尔试件。

（6）按照现行《公路工程沥青及沥青混合料试验规程》（JTG E20—2011）中 T0707 封蜡法所述方法测定试件的毛体积相对密度，若用其他方法测定试件的毛体积相对密度前，应对该试验方法进行验证。

（7）对于乳化沥青混合料，在成型马歇尔试件的同时，按照现行《公路工程沥青及沥青混合料试验规程》（JTG E20—2011）中 T0711 真空法实测各组再生混合料的理论最大相对密度，试验前应对此方法进行验证。

（8）将按不同油石比成型的试件进行 15 °C 劈裂试验、浸水 24 h 的劈裂试验（或者是马歇尔稳定度和浸水马歇尔稳定度试验）。浸水 24 h 劈裂试验的试验方法为：将试件完全浸泡在 25 °C 恒温水浴中 23 h，再在 15 °C 恒温水浴中完全浸泡 1 h，然后取出试件立即进行 15 °C 的劈裂试验。

（9）根据劈裂强度试验和浸水劈裂强度试验结果（或者是马歇尔稳定度和浸水马歇尔稳定度试验），结合工程经验，综合确定最佳乳化沥青用量 OEC 或者是最佳泡沫沥青用量 OAC。

五、沥青路面厂拌冷再生关键技术

1．厂拌冷再生类型及适用条件

厂拌冷再生是将回收沥青路面材料（RAP）运至拌和厂（场、站），经破碎筛分，以一定比例与新集料、沥青类再生胶结料、活性填料（水泥、石灰等）、水进行常温拌和，常温铺筑形成路面结构层。厂拌冷再生可以使用多种冷再生剂或乳化沥青将旧沥青胶结料的性能恢复或接近原有状态，将回收材料破碎成适宜的级配，然后通过试验确定适量的再生剂，再摊铺、碾压到要求的压实度，表面再铺以热沥青薄层罩面、表面处治层等罩面。冷再生需要较高的生产率。

厂拌冷再生适用于对各等级公路的回收沥青路面材料（RAP）进行冷拌再生利用，再生后的沥青混合料根据其性能和工程情况，可用于二级公路沥青路面的下面层及基层、底基层以及三、四级公路沥青路面的面层。当用于三、四级公路的上面层时，应采用稀浆封层、碎石封层、微表处等做上封层。

厂拌冷再生一般用水泥、乳化沥青、泡沫沥青等作为再生剂，但是石料和乳化沥青存在配伍性的问题，因此需要加强对石料和乳化沥青混合后的稳定性的研究。由于厂拌冷再生施工是在有水存在的环境下进行的，质量控制、质量保证等与传统的沥青混合料施工相比有很大的差异。厂拌冷再生的原材料技术指标与就地冷再生相似，以下不再做详细介绍。

2．厂拌冷再生混合料设计

乳化沥青厂拌冷再生材料具有较好的黏弹性质，抗疲劳性好，同时能提高路面抗裂能力。泡沫沥青厂拌冷再生使用普通沥青发泡获得。本节以贵州省某二级公路改造工程为例，对乳化沥青厂拌冷再生混合料设计方案进行介绍。

（1）铣刨料规格与检测。

采用特种联合破碎、筛分设备对 RAP 材料进行预处理，按照 8 mm、12 mm、22 mm 用标准筛筛分出 0 ~ 5 mm RAP、5 ~ 10 mm RAP 及 10 ~ 30 mm RAP 三档铣刨料。RAP 材料经过特种破碎设备处理后，能降低针片状含量和假骨料，大幅减少材料的变异性，RAP 材料的抽提试验结果显示 10 ~ 30 mm、5 ~ 10 mm、0 ~ 5 mm 三档 RAP 材料的油石比分别为 4.5%、4.0%和 5.4%，符合规范要求。

（2）初选合成级配。

根据不同挡位的 RAP 材料筛分结果及工程设计级配范围，同时参考《公路沥青路面再生技术规范》（JTG/T 5521—2019）中的粗粒式级配范围，将再生混合料设计掺配比分为三种方案，综合分析再生混合料的筛分曲线及马歇尔击实试验结果，确定最佳设计级配。

（3）确定最佳含水量。

按确定好的掺配比例，乳化沥青用量取 3.5%，水泥用量取 1.5%，总水量按 3.5%、4.0%、4.5%、5.0% 变化，进行重型击实试验、脱模检测湿密度后测其含水量，最大干密度 2.207 g/cm^3 对应的总用水量即为最佳含水量，最终确定最佳含水量为 4.5%。

（4）确定乳化沥青用量。

采用劈裂强度和浸水劈裂强度确定乳化沥青用量，外掺水泥剂量 1.5%，总用水量

4.5%（包括乳化沥青中水分和外加水部分），变化乳化沥青用量依次为 2.9%、3.2%、3.5%、3.8%、4.1% 制作并成型标准马歇尔试件，马歇尔击实试验结果如表 5.14 所示。按照行业标准要求，以劈裂强度大于等于 0.6 MPa、干湿劈裂强度比大于等于 80%、孔隙率在 8%～13%，确定最佳乳化沥青用量为 3.5%。

表 5.14 马歇尔击实试验结果

级配	乳化沥青用量/%	理论最大相对密度	毛体积相对密度	孔隙率/%	劈裂强度/MPa	浸水劈裂强度/MPa	干湿劈裂强度比/%
1 号级配	3.5	2.490	2.216	11.0	0.77	0.63	81.8
2 号级配	3.5	2.483	2.237	9.9	0.81	0.74	91.4
3 号级配	3.5	2.479	2.226	10.2	0.68	0.57	83.8
技术要求	—	—	—	8～13	≥0.60	—	≥80

（5）配合比设计检验。

按设计好的配合比，结合二次成型机理，分别检验两次成型过程中混合料性能，同时验证材料的工作性能。用动稳定度试验评价冷再生混合料的高温性能，结合冷再生层路面结构厚度，采用试件尺寸 300 mm × 300 mm × 80 mm 车辙板成型检测动稳定度平均值为 8 550.3 次/mm，变异系数 3.1%，满足规范要求；用劈裂冻融试验检验沥青混合料抗水害能力，测得冻融劈裂抗拉强度比为 80.4，符合规范要求。

根据以上试验结果，结合路面结构受力特点及施工条件，确定再生混合料的设计配合比为：集料（10～20 mm）碎石：RAP（10～30 mm）：RAP（5～10 mm）：RAP（0～5 mm）：矿粉 = 10%：35%：20%：33%：2%；水泥外掺用量为 1.5%，乳化沥青外掺用量为 3.5%（不含 RAP 料中沥青），最佳含水率为 4.5%（包括乳化沥青中水分和外加水两部分）。

3．乳化沥青厂拌冷再生施工关键技术

（1）RAP 材料预处理。

利用特种联合破碎设备对 RAP 料进行预处理，降低 RAP 料中针片状含量和假骨料，大幅减少材料的变异性。配置 8 mm、12 mm、22 mm 三级筛网进行筛分，并按规格分别堆放在不同区域防止窜料，RAP 料表面覆盖一层防水篷布，铣刨料堆放高度控制在 5 m 以内防止结团，如图 5.15 所示。

图 5.15　RAP 料特种破碎、筛分设备图

（2）冷再生混合料的拌和。

采用连续式拌和楼，设置四个冷料仓，通过输送带按确定的比例将冷料送入拌和楼。拌和质量以混合料的均匀一致、无花白料及结团为度，实现粗、细 RAP 料全面裹覆。为保证拌和料质量，每日分两次取一组混合料试样做马歇尔试验和筛分试验，检验含水量。

（3）冷再生混合料的摊铺。

摊铺机就位后，按试验路段提供的松铺系数 1.335 调整熨平板高度，在下面至少垫 3 ~ 4 块木板，厚度与松铺厚度相等，使熨平板固定放在上面，摊铺机熨平板必须拼接紧密，防止卡入粒料将铺面拉出条痕。控制摊铺速度在 2 ~ 3 m/min 范围内，做到缓慢、均匀、不间断地摊铺。摊铺过程中检查铺筑厚度及平整度，使振夯频率与振幅相配套，以保证足够的初始强度。

（4）冷再生混合料的碾压。

混合料的碾压按初压、复压、终压三个阶段进行。初压采用 8 ~ 12 t 双钢轮压路机静压 1 ~ 2 遍、中或低挡位振压 1 ~ 2 遍紧随进行，并保持较短的初压区长度（30 ~ 50 m），压路机碾压时由边缘向中分带碾压。复压采用 30 t 以上轮胎式压路机揉压 6 ~ 8 遍，以基本消除轮迹为宜，碾压速度为 4 km/h。终压采用 8 ~ 12 t 双钢轮压路机静压 1 ~ 2 遍，终压紧跟在复压时，如经复压后已无明显轮迹时可免去终压，速度为 5 km/h 左右。

（5）路段交通组织及养生。

冷再生层在加铺上层结构前必须进行养生，养生时间不宜少于 7 d。当再生层可以取出芯样或再生层含水率低于 2% 时，可以提前结束养生。

本路段为当地重要交通通道，沿线暂无直通的高速公路，交通量很大，如按传统养生模式养生，交通组织采用半幅封闭，另外半幅双向通行，将导致严重交通堵塞和造成不良社会影响，因此，经参考类似经验，单幅再生长度约 500 m，再生施工完成后立即开放交通施工另外一幅，但需控制社会车辆禁止在再生料上急刹车和调头，避免对再生料造成破坏，一般情况再生完成后 4 d 左右则开始铺上面层，天气好时，再生施工完成后当天则铺上面层，立即铺上面层对再生层也可以起到保护作用。通过实践证明，此种养生与交通组织模式可行，对再生料造成的负面影响很低，顺利保障了社会车辆的运行，大大缩短了施工工期，如图 5.16 所示。

（a）

（b）

图 5.16　厂拌乳化沥青冷再生施工现场

六、水泥稳定碎石冷再生关键技术

1．技术特点及适用条件

全深式冷再生是采用专用设备对沥青层及部分下承层进行就地翻松，或是将沥青层部分或全部铣刨移除后对部分下承层进行就地翻松，同时掺入一定数量的新矿料、再生结构料、水等，经过常温拌和、摊铺、压实等工序，实现旧沥青路面再生的技术。

全深式冷再生技术适用于对整个道路基层结构或者是部分面层加基层结构的就地再生。与沥青路面的就地冷再生相比，全深式冷再生技术的适用范围则更偏向于基层材料的再生，再生范围能够达到道路深层。沥青路面面层的再生技术处理范围一般在 10 ~ 20 cm，而全深式冷再生处理的范围最大可达到 40 cm 以上。

水泥稳定碎石基层就地冷再生为全深式再生方案中的一种，对于半刚性基层的再生利用水泥类稳定剂更加适合技术要求。相比沥青稳定类再生技术，全深式水泥冷再生的早期强度高、水稳定好、对铣刨旧料的适用性强。另外，水泥稳定施工工艺简单。无论是施工技术还是质量控制标准都相对成熟，施工设备相对普及。

2．水泥稳定基层混合料设计

目前半刚性基层混合料结构按照材料组成结构特点可以分为三种类型，即均匀密实型结构、悬浮密实型结构、骨架密实型结构。其中，骨架密实型水稳碎石相对于其他结构类型，能够更有效地抵抗干缩和温缩引起的裂缝，对于水稳基层一体化摊铺具有独特的优势。通常是 0.075 mm 以下颗粒的含量越多，水泥稳定结合料的干缩越大，强度和弹性模量就越小。因此施工现场需要严格限制粉料（粒径小于 0.075 mm）的含量，0.075 mm 筛孔通过率应控制在 5% 以内，对于二级及以下公路除采用骨架密实型混合料外，也可以采用悬浮密实型混合料，按表 5.15 组配。

表 5.15　水泥稳定碎石集料推荐级配范围

孔径/mm	骨架密实型通过率/%	悬浮密实型通过率/%
31.5	100	100
19	68 ~ 86	90 ~ 100
9.5	38 ~ 58	60 ~ 80
4.75	25 ~ 35	29 ~ 49
2.36	16 ~ 28	15 ~ 32
0.6	8 ~ 15	6 ~ 20
0.075	0 ~ 5	0 ~ 5

水泥稳定基层混合料设计步骤可参考《公路路面基层施工技术细则》（JTG/T F20—2015），具体步骤如下：

① 根据交通量在强度均值范围中取某一值为目标值，由强度及水泥剂量关系可初步估计出所需采用的水泥剂量，在此水泥剂量基础上，对 ± 0.5% 水泥剂量范围内的混合料，根据《公路工程无机结合料稳定材料试验规程》（JTG E51—2009）进行室内击实试验，求得最大干密度和最佳含水率。

② 在最佳含水率下，成型预估水泥剂量的混合料无侧限抗压强度试件各 9 ~ 11 个，标准养生 7 d 后进行无侧限抗压强度试验，测定强度均值并控制变异系数不超过 15%。

③ 根据不同水泥剂量混合料强度变化规律及目标强度值，确定对应的水泥剂量。

④ 以最终确定的水泥剂量进行验证试验，要求室内强度变异系数不大于 15%，计算 7 d 无侧限抗压强度的代表值。

3．水泥稳定基层冷再生施工关键技术

（1）旧路的铣刨。

对原沥青面层进行铣刨处理，并对铣刨料集中堆放，根据原沥青层厚度来控制铣刨厚度，以原基层顶面作为铣刨面来控制。

（2）清渣。

清渣采用机械为主、人工为辅的方式，多余的残渣用路面清扫收集器卸载到装载车上，对漏洒残渣采用人工的方式装入装载车料斗，再由装载车统一装入运输车辆运到指定地方进行处理。

（3）调整原水稳基层级配。

为了保证水稳碎石再生基层密实度，将孔隙率控制在合理范围，在再生之前需通过室内试验摸清楚原水稳基层级配情况，才能有针对性添加规定级配的粗细集料，这样才有利于保证施工后的密实度。

（4）撒布水泥。

采用水泥专用洒布车进行撒布，撒布之前需由测量人员对撒布范围进行确定，水泥撒布量采用施工配合比确定的最佳水泥用量来进行洒布，水泥撒布车应具有准确的计量设备，质检人员应不定期检查水泥撒布量是否满足要求。

（5）冷再生施工。

① 破碎与拌和。

水泥就地冷再生铣刨、拌和、摊铺后的效果应均匀，避免出现离析。再生过程中，质检人员应跟随再生机后，随时检查再生深度、含水量是否符合设计及施工最佳含水量要求，并配合冷再生机操作员进行调整。再生机操作员应随时观察再生机的行驶轨迹，保证再生前后两幅的搭接宽度不小于 10 cm，同时，行驶线形保持顺直。单幅再生至一个作业段终点后，将再生机和水罐车等倒置施工起点，进行下一幅施工，直至完成全幅作业面的再生。

② 碾压作业。

当混合料的含水量为最佳含水量的 + 1% ~ + 2% 时，立即对再生混合料进行碾压。碾压顺序为由路肩向路中碾压，超高端由内侧向外侧碾压。

初压：单钢轮振动压路机静压 1 遍，初压速度控制在 1.6 km/h；复压：单钢轮振动压路机弱振 1 遍（2.4 km/h），强振 3 遍（1.6 km/h）；终压：轮胎压路机碾压 6 遍（2.5 km/h），有水泥浆压出为宜。

碾压时如发现局部混合料出现弹簧、松散、起皮等现象，及时翻开重新拌和或挖除换备新料，整平后继续碾压密实。碾压过程中再生料表面应始终保持湿润，如水分蒸发过快应及时补洒少量的水，严禁大量洒水。碾压时压路机的轮迹重叠 1/2 轮宽，严禁压路机在已经完成的或正在碾压的路段上调头或刹车，以免损坏再生层表面。

③ 接缝处理。

a. 横缝的处理：再生机每次停机都会出现影响再生材料均匀性的横缝，因此，施工过程中应尽量减少停机现象，在不可避免的情况下，需要对所形成的横缝进行认真处理。在临时停机后重新开始施工时，整个再生机组倒退 1.5 ~ 2 m 的距离到达再生过的基层上面，停机后，超过水泥初凝时间需要重新撒布水泥。由于再生机开始作业时要使铣刨转子全部下切到再生层的底部来打碎再生料，此时前进速度为零，使得翻松的再生料混合不均匀，因此，需要人工翻拌后将坑槽找平。

b. 纵缝的处理：相邻作业面间的最小重叠宽度为 10 cm，以保证纵缝处再生料的连续性，同时避免相邻作业面间存在未再生夹带。相邻作业间隔 12 h 以上时，重叠量应增加 5 ~ 10 cm。在纵向接缝上，根据已建再生层的完在时间，改变水的喷水量。

（6）施工组织及养生。

原则上需要封闭交通养生，考虑到当地交通通行压力，可以不封闭养生，但应控制重载车辆通行，需要在水稳表面撒布一层乳化沥青透层或同步碎石封层。如图 5.17 所示为现场施工图。

（a）　　　　（b）

图 5.17　现场施工图

第六章　桥涵改造技术

第一节 山区公路桥涵常用的结构形式

公路桥涵工程属于公路建设的重要部分，其重要性不言而喻。桥梁工程在学科上属于土木工程中结构工程的一个分支。它是用石、砖、混凝土、钢筋混凝土、预应力混凝土和钢等材料建造的结构工程，在功能上是交通工程的咽喉。

一、山区公路桥梁的基本组成

桥梁指的是为道路跨越天然或人工障碍物而修建的建筑物。桥梁一般来讲由五大部件和五小部件组成。五大部件是指桥梁承受汽车或其他车辆运输荷载的桥跨上部结构与下部结构，是桥梁结构安全的保证，包括：桥跨结构（或称桥孔结构、上部结构）、支座系统、桥墩、桥台、墩台基础。五小部件是指直接与桥梁服务功能有关的部件，过去称为桥面构造，包括：桥面铺装、防排水系统、栏杆、伸缩缝、灯光照明。

桥梁作为以跨越为主要目的的建筑形式，有独特的组成内容。一般来说，桥梁主要由四部分组成，即：上部结构、下部结构、基础及桥梁附属构造，如图 6.1 所示。

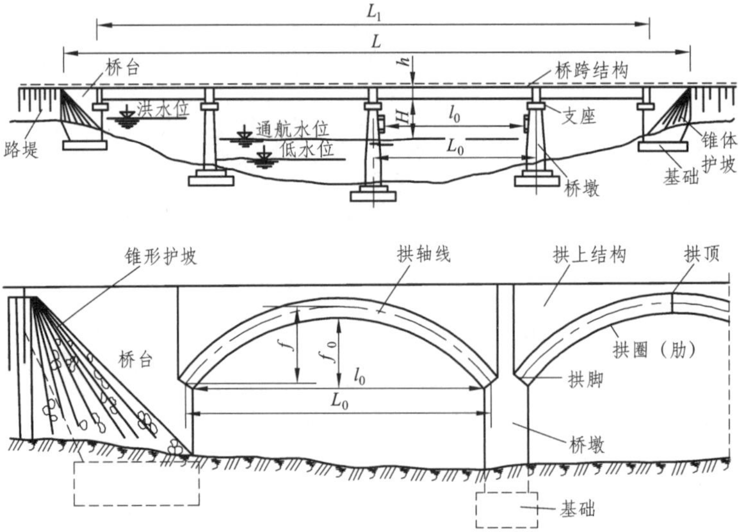

图 6.1 桥梁的基本组成

1. 上部结构

上部结构也称桥跨结构，包括上部承重结构和桥面系，是跨越河流、沟谷等障碍物的空中建筑物。它具备跨越能力，是桥梁不可或缺的组成部分。上部结构直接承受作用其上的各种作用，包括车辆作用、人群作用等，这些作用通过支座传递给墩台等下部结构。

2. 下部结构

下部结构是支撑上部结构的建筑物，即桥墩、桥台、墩台帽等相关的建筑物。桥墩的作用是支持上部结构，桥台除支撑上部结构外还要与路堤衔接，起到桥梁与道路连接纽带的作用。

3. 基础

桥梁基础是保证墩台安全、将桥上全部荷载传至地基的隐蔽建筑物，其工程质量对整桥质量至关重要，工程造价通常也占全部造价的相当比例。基础类型与尺寸往往取决于地基条件。

4. 桥梁的附属构造

桥梁的附属构造主要包括桥头搭板、护栏、桥头防护及调治构造物等。

二、山区公路桥梁的常用结构形式

桥梁主要承受压（拉）力、弯矩、剪力、扭矩等内力。山区公路桥梁按照主要承重构件的受力特点来分，桥梁的常用结构形式可分为梁式桥、拱桥、钢架桥、悬索（吊）桥等基本体系，同时也包括由以上两种或者几种基本体系组合而成的组成体系。

1. 梁式桥

梁式桥是一种在竖向荷载作用下无水平反力的结构，在恒载及活载的外力作用下，其作用方向与承重结构的轴线接近垂直，故与同样跨径的其他结构的桥梁相比，其梁内产生的弯矩最大。梁式桥在竖向荷载作用下不会产生水平力，其显著结构特点是梁体主要以自身的抗弯能力来承受荷载。作为承重结构，一般以其抗弯能力来承受荷载，是最常见的桥梁类型。如图 6.2 所示为山区梁式桥。

图 6.2　山区梁式桥

2．拱式桥

拱式桥是用拱作为桥身主要承重结构的桥。拱桥主要承受压力，故可用砖、石、混凝土等抗压性能良好的材料建造。大跨度拱桥则可用钢筋混凝土或钢材建造，可承受发生的力矩。

拱是一种有推力的结构，它的主要内力是轴向压力。拱在同样荷载作用下，拱脚支座产生水平反力（也叫推力），它起着抵消荷载引起的弯曲作用，从而减少了拱杆的弯矩峰值。

拱桥按其截面形式不同分板拱、肋拱及箱拱。板拱，即拱圈截面为整体矩形，如我们常见的石桥、砖拱桥等；肋拱，顾名思义，指拱圈由主拱为一片片独立的肋条组成，各肋之间靠横向连接构件形成整体共同受力，双曲拱及刚架拱都是肋拱；箱拱指的是拱圈截面为箱形的拱桥，箱截面整体刚度大，抗扭性能好，截面镂空，可节省材料，从而减轻自重，因此大跨径拱桥一般都采用箱形拱。如图 6.3、图 6.4 所示为山区拱式桥。

图 6.3　山区拱式桥（1）

图 6.4 山区拱式桥（2）

3．刚构桥

刚构桥的主要承重结构是梁或板和立柱或竖墙整体结合在一起的钢架结构，梁和柱的连接处具有很大的刚性。在竖向荷载作用下，梁部主要受弯，而在柱脚处也具有水平反力，其受力状态介于梁桥与拱桥之间。因此，对于同样的跨径，在相同的荷载作用下，刚构桥的跨中正弯矩要比一般的桥梁小。根据这一特点，刚构桥跨中的建筑高度就可以做得很小，减少自重，从而达到更大跨越能力的要求。随着预应力混凝土工艺的发展，T 形刚构桥得到了很大的推广，在贵州公路的建设中许多特大桥都采用了 T 形刚构，出现了大跨径、高墩柱，很好地解决了贵州公路需跨越江河或深谷中搭设支架的困难。如图 6.5、图 6.6 所示为山区刚构桥。

图 6.5 山区刚构桥（1）

图 6.6 山区刚构桥（2）

刚构桥一般均需承受正负弯矩的交替作用，横截面宜采用箱形。箱形截面的整体性强，它不但能提供足够的混凝土受压面积，而且由于截面的闭合特性，抗扭刚度很大，同时截面的挖空率较大，节省材料并降低自重，因而是大跨径桥梁常用的截面形式。连续刚构桥主梁受力与连续梁相近，横截面形式与尺寸也与连续梁基本相同。

4．悬索桥

悬索桥主要用悬挂在两边塔架上的强大缆索作为主要承重结构，主要由主塔、主缆索、锚碇等组成。主塔是支撑主缆索的重要构件，悬索桥的车辆活载和恒载（包括桥面、加劲梁、吊索、主缆索及其附件）都要通过主缆索传递给主塔，此外，主塔还得要经受风力和地震力的作用。主缆索是悬索桥的主要承重构件，除了承受自身恒载外，它本身还要通过索夹和吊索承受荷载和加劲梁（包括桥面构造）的恒载；锚碇是主缆索的锚固体，它将主缆索中的拉力传递给地基基础。如图 6.7、图 6.8 所示为山区悬索桥。

图 6.7 山区悬索桥（1）

图 6.8 山区悬索桥（2）

5．组合体系桥

组合体系桥是指由梁桥、拱桥、刚构桥或悬索桥中的两种组合而成的桥梁结构，能够充分发挥梁桥在抗弯、拱桥在抗压以及缆索抗拉方面的优点，从而充分发挥材料的性能。典型的组合体系有以系杆拱为代表的梁、拱组合体系和以斜拉桥为代表的梁与缆索组合体系。如图 6.9、图 6.10 所示为组合体系桥。

图 6.9　组合体系桥（1）

图 6.10　组合体系桥（2）

三、山区公路涵洞的基本组成及结构形式

涵洞是指横穿路堤的小型人工构造物，其主要作用为：排泄横穿路基的雨水、污水，在高路堤下作为人、畜、车辆的通道，作为各种管道穿越路基的护管等。涵洞主要由洞身和洞口两部分组成，主体结构包括洞身、洞口基础和洞口、洞底铺砌等。

（1）洞身：洞身设置于路堤之中形成洞孔，以使水流通过，并承受洞身上填土压力和道路上车辆荷载的作用。

（2）基础：涵洞的基础有整体式或非整体式，其深度系按涵洞构造、地质条件和基底的处理情况等而定。

（3）洞口与洞底铺砌：一般情况下都要进行铺砌，以防止水流的冲刷。

（4）洞口：涵洞洞口是为了使涵洞进出水口与路基衔接平顺，调节水流，使之顺畅，预防冲刷涵侧路基和上下游河床，以确保涵洞本身安全。

涵洞按照结构形式可以分为拱涵、盖板涵、管涵和箱涵等，具体的分类方法见表 6.1。

表 6.1 涵洞分类

序号	结构形式	适用范围
1	拱涵	我国传统的结构类型，超载潜力较大
2	盖板涵	大多设置在低填土路段上或洞顶无填土的明涵
3	管涵	多设置在地基受力性能较好的路段上，跨径一般不大于 1.5 m
4	箱涵	适用于软土基路段，但施工较困难，造价较高

第二节 既有公路桥涵的常见病害类型

随着交通事业的不断发展，社会和相关技术人员也越来越重视公路桥涵病害成因分析以及处理。公路投入运行之后，道路上会经常有重型车辆行驶，加之桥涵的建设材质、气候的影响和桥面铺装这些问题就更容易导致桥板受力不均匀，然后再受到外力的影响，桥涵结构就会受到损坏，进而会出现裂缝、表面缺陷、渗水等问题。这一系列的病害问题需要及时发现与解决。

一、公路桥梁病害的分类

桥梁病害按照桥梁的不同结构可分为结构性病害和构造性病害。

1．桥梁结构性病害

桥梁结构性病害指桥梁结构受外界荷载的影响，既有结构整体的承载能力有所下降的病害。这里所指的外界荷载可以是桥梁所承受的车辆荷载，也可以是自然灾害给桥梁带来的影响（风荷载、地震和船舶的冲撞等）。这种病害最大的特点就是由于它的存在使整个结构的承载能力受到很大的影响。例如，梁式桥梁的梁体裂缝、拱式桥梁的拱脚及拱顶的破损、钢桥的锈蚀等。

2．桥梁构造性病害

桥梁构造性病害指桥梁在使用过程中部分构件丧失功能，使桥梁结构的通行使用舒适性有所下降的病害。这类病害的最大特点就是它的存在对整个桥梁结构的承载能力没有大的影响。当然部分构造性病害如果不能得到及时的维修，长期发展下去也会造成结构性病害，以至于降低桥梁结构的承载能力。这类病害包括伸缩装置失效、桥面铺装破损及桥头跳车等。

二、桥梁常见的病害类型

桥梁是我国现代化建设的重要基础设施，由于反复承受着车轮的磨损、冲击，遭受暴雨、洪水、风沙、冰雪、日晒、冻融等自然因素的侵蚀破坏，特别是交通量和重型汽车的不断增加，有些建筑材料的性质衰变，以及由于设计和施工留下的一些缺陷，必然造成道路桥梁使用功能和行车服务质量的日趋退化、不适应，甚至中断交通。

桥梁的病害是指由于人为的勘察、设计、施工、使用等或自然的地质、风雨、冰冻等原因，使桥梁结构出现不符合规范和标准要求的一些问题和现象。钢筋混凝土结构是各类桥梁设计、施工、选材非常良好的结构，它是一种由多种材料组成的复合材料，主要由一定级配的骨料或其他惰性材料和钢筋采用水泥的水化产物作为胶结材料结合而成。混凝土材料本身属于强抗压、弱抗拉的材料，在钢筋混凝土结构中，混凝土提供结构的抗压强度同时保护钢筋，钢筋提供结构的抗拉强度，但是其也会随服役时间的延长、各种因素的影响出现各种各样的病害，这些病害轻者影响结构的正常使用，缩短结构服役时间，重者将危及使用安全。混凝土遭受各类化学和物理变化，所以经常会出现各种各样的病害。钢筋混凝土的材料病害包括混凝土的病害和钢筋病害两个方面。

1．混凝土病害

主要把混凝土的病害归为两类：第一类是表层缺陷，第二类是裂缝。常见的表层缺陷病害有麻面、蜂窝、空洞、剥落、磨损、露筋等。麻面是混凝土表面局部缺浆、粗糙、松散，但无钢筋外露的一种现象；蜂窝是混凝土的局部酥松，混凝土中的沙多浆少，石子间出现空隙呈蜂窝状孔洞；空洞是指混凝土有空隙，局部没有混凝土；剥落是指混凝土表面的砂、水泥浆脱落，粗集料外漏（严重时会形成集料及包裹集料的砂浆一起脱落，或混凝土表面砂浆成片状地脱落）等缺损；磨损是混凝土在外界作用下，集料和砂浆磨损、脱落的现象，主要发生在桥面板和墩柱部位。露筋是混凝土内的主筋、箍筋等未被混凝土包裹住而往外露的缺损。

混凝土是一种很好的抗压材料，但是抗拉能力很差。混凝土即将开裂的瞬间，钢筋的应力只有 20～30 MPa，事实上，在使用阶段，普通钢筋混凝土构件在承受了 30%～

40% 的设计荷载时，就可能出现裂缝，肉眼一般不易察觉，而构件的极限破坏荷载往往是在设计荷载的 1.5 倍以上，所以说在使用阶段，钢筋混凝土结构出现裂缝是不可避免的。裂缝问题会严重危害道路桥梁的耐久性与承载力，且不同程度的裂缝，其危害程度也不尽相同，程度轻可妨碍司机驾车的舒适度，程度重可直接危害车辆及人身安全。

一般情况下，对于混凝土构件，根据不同的环境条件，其细裂缝可限制在 0.2 ~ 0.3 mm 以内，这对结构物的正常使用、耐久性以及安全性一般无任何妨碍。实践证明，当混凝土裂缝宽度小于 0.3 mm 时，构件内钢筋不致因混凝土开裂而锈蚀。

裂缝的分类有多种，从安全角度考虑可分为安全的工作裂缝和非正常裂缝；按客观成因可分为先天裂缝、原生裂缝、后天裂缝；从力学机理角度可分为弯曲裂缝、剪切裂缝、局部承压裂缝、次裂缝等；从结构承载力的影响的角度考虑，把裂缝分为结构裂缝和非结构裂缝两大类。以下就从结构承载力影响的角度对裂缝进行说明。

非结构裂缝是指由于混凝土不能满足自身的变形或因外界环境变化造成结构的非荷载变形等产生的适应性裂缝。这类裂缝暂时不会对结构的承载力造成危害，如果超过一定的限值则可能对结构的耐久性（钢筋锈蚀和结构防水等）和美观性造成影响，严重时也会削弱结构的承载力。

结构裂缝是指由外荷载引起的裂缝，预示结构承载力不足或下降的裂缝，称为结构性裂缝。这类裂缝的产生究其力学机理，都是因为结构整体或局部构件的强度、刚度、延性不足引起的。

2．钢筋锈蚀

钢筋的病害主要是钢筋的锈蚀。钢筋锈蚀可以分为电化学锈蚀、杂散电流锈蚀、应力锈蚀及氢脆锈蚀，其中电化学锈蚀是最主要的。钢筋发生锈蚀时，锈蚀部分的体积可膨胀至原体积的 2.5 倍以上，从而对周围混凝土形成挤压，造成混凝土开裂、剥落，使截面有效尺寸减小，导致结构承载力下降。锈蚀的直接后果是钢筋面积减小，对于以钢筋作为抗拉材料的混凝土桥梁来说，截面积的减小会直接影响结构的抗弯能力。钢筋锈蚀还会降低混凝土对钢筋的握裹力。锈蚀物外露，在结构表面形成锈迹，影响结构美观。由此可见，钢筋锈蚀对桥梁结构的危害十分严重，有时甚至是致命的。

三、涵洞常见的病害类型

涵洞作为公路工程的重要组成部分之一，其质量的好坏直接关系着公路工程整体的质量。涵洞长期在荷载、水流等的作用下，会产生许多病害，如裂缝、混凝土表面缺陷、沉陷、错台、渗水、漏水、跳车、排水不畅、洞口端墙或翼墙开裂、倾斜、砌体结构的缺陷、涵洞基础冲刷悬空等。

第三节　病害处治对策

一、公路桥涵病害的主要成因

（1）公路的设计过程不科学，造成施工隐患。

设计是公路建设的重要环节之一，设计的详尽与否直接影响着公路设施的使用。在桥涵设计上就存在着不尽完美之处，有些桥涵由于设计不完善，使新建成的桥涵很快会出现各种病害。

（2）施工质量低劣，影响桥涵的正常使用。

有些施工单位未全面认真地按设计要求和施工技术规范进行施工，偷工减料，采用低质材料，混凝土标号低，石料质量差，使桥涵基础不到位，砂浆不饱满，锥坡、隔水墙等不设基础，直接在河床上砌筑，致使桥涵留下隐患。混凝土表面出现侵蚀剥落、蜂窝麻面；涵管脱节、错裂，洞底漏水；涵顶填土沉降的病害就是由于施工质量差而造成的。另外，有些桥涵伸缩缝处理得不好，桥头填土不分层填筑夯实，在桥间及伸缩缝处产生跳车也与不按规程施工有直接关系。

（3）桥涵的负荷加重。

交通量及超载、超重车的增多加重了桥涵的负荷。近年来，交通量剧增，平均每年以 5%～10% 的速度增加，加快了桥涵老化的步伐，并且随着公路运输的发展，大型车、重型车的不断出现，其载重量大大超过了桥涵设计承载能力。在贵州山区普通二级公路提质升级改造工程中，因荷载的加大，导致的原桥需新建或加固的情况，占有很大比例。

（4）受当地气候条件的影响，公路桥涵工程后期养护不科学。

在公路工程的施工过程中，当地的气候和地质严重影响着施工质量，地区不同，气候也不同，严寒和酷暑都对公路使用寿命有很大的影响。另外，在桥涵工程的施工建设过程中，也会有一些施工技术方面的问题从而导致公路出现各种质量问题。所以，桥梁两端桥面损坏，或者桥面出现裂纹，再或者其他的问题道路维护人员不能及时发现并处理就会影响以后的养护，以致影响桥梁涵洞正常功能的发挥。

（5）忽视养护，导致桥涵病害加重。

一些桥涵由于桥面不洁、泄水管堵塞，使桥面积水、老化，导致桥面破损；河道淤塞不畅，不进行疏通，使水流改道，致使锥坡等部位受到破坏；管涵由于淤塞不及时清理造成涵洞由无压力式涵变为压力式涵，使管涵病害严重。由于忽视养护，桥涵的某些薄弱部位如因日常冲刷出现的破损、混凝土剥落、裂缝、露筋等小问题未及时得到修补，经行车荷载及其他因素的综合作用，小问题发展到大隐患，危桥、险桥就会随之产生。

对于钢筋混凝土桥梁一些常见的病害类型分析原因如下：

麻面主要是模板表面不光滑和湿润不够，致使构件表面混凝土内水分被吸去造成的。

蜂窝产生的原因是设计或施工不当造成的，运输混凝土过程中产生离析、混凝土浇筑过程中振捣不充分、木板缝隙不严、水泥砂浆流失等，设计方面由于粗集料粒径太大、配筋太密、坍落度过小等都会造成蜂窝。在模板施工时，下列因素可能产生蜂窝麻面：模板表面粗糙不平；木材吸水性太强，适当的吸水性有利于消除混凝土外表水泡；脱模剂的不均匀；模板上残渣未清干净；模板接缝漏浆；砂浆垫块过大或漏放；过早拆模或拆模损坏结构混凝土边角等。

产生空洞的原因有许多，如钢筋配置过密，导致施工时混凝土被卡住；未充分振捣即开始浇筑上层混凝土；漏浆严重等。

混凝土剥落有许多方面的原因，施工和环境因素都会引起剥落。施工方面：混凝土保护层太薄，或保护层处混凝土漏振或振捣不充分。环境方面：有侵蚀性水的化学作用，最常见的是含氯离子的水从桥面板铰缝中或伸缩缝处渗漏，因此梁和墩帽经常遭到破坏。另外因结构裂缝导致雨水侵入，钢筋锈蚀膨胀引起剥落。集料膨胀和碱集料反应都会引起剥落。

磨损有两方面的原因：一方面是因为混凝土强度不足，表层细骨料太多；另一方面是因为外界的作用，如车轮的磨损和水流冲刷。

露筋主要是因为混凝土在浇筑时使得钢筋保护层垫块移位，导致钢筋紧贴着模板，还可能是保护层处混凝土漏振或振捣不充分所造成。

影响钢筋锈蚀的因素包括以下几个方面：

（1）混凝土液相值。

钢筋锈蚀速度与混凝土液相值有密切关系，当 pH 值大于 10 时，钢筋锈蚀速度很小；当 pH 值小于 4 时，钢筋锈蚀速度急剧增加。

（2）混凝土中氯离子含量。

混凝土中氯离子含量对钢筋锈蚀的影响极大。一般情况下，钢筋混凝土中氯盐量应少于水泥重量的 0.1%，或氯化物含量达到 0.033% 即会引起氯离子侵蚀。

（3）混凝土的密实度和保护层厚度。

混凝土对钢筋的保护作用包括两个方面：一是保护层阻止外界腐蚀介质、氧气和水分等的渗入；二是混凝土的高碱性使钢筋表面形成钝化膜。前一种作用主要取决于混凝土的密实度及保护层厚度。因此混凝土必须振捣密实，且不宜采用蒸汽养护，增加混凝土结构的密实性，以免过多的水分和侵蚀性介质进入混凝土中。

（4）混凝土保护层的完好性。

混凝土保护层的完好性是指混凝土是否开裂，有无蜂窝、孔洞等。混凝土裂缝对钢筋锈蚀有明显影响，特别是对处于潮湿环境或腐蚀性介质中的混凝土影响更大。在潮湿环境中使用的混凝土结构，横向裂缝宽度达 0.2 mm 时，即可引起钢筋锈蚀。

（5）环境条件。

环境条件如温度、湿度及干湿交替作用是引起钢筋锈蚀的外在因素，对混凝土结构中钢筋的腐蚀有明显影响。特别是混凝土自身保护能力不合要求或混凝土保护层有缺陷时，外界因素的影响更为突出。

（6）钢筋应力状态和钢筋本身的活性。

钢筋的应力状态对其腐蚀的影响很大，应力腐蚀比一般腐蚀更危险。钢筋应力越高，应力腐蚀的敏感性越大。钢筋一般采用铁作为原材料，铁是一种活性比较大的物质，很容易发生电化学反应引起腐蚀。

涵洞产生裂缝主要原因是混凝土的徐变、结构材料的强度未达到合格标准、沉降缝的设置不合理、涵洞通过超越设计荷载条件的重型载重车辆的长期碾压以及地震、爆炸等剧烈震动。裂缝的治理措施：① 对于宽度小于 0.1 mm 的裂缝一般情况下采用表面裂缝封闭法处理。② 对于数量较多、宽度在 0.1 ~ 0.15 mm 间的裂缝采用自动低压渗注法处理。③ 对于深度较深、宽度不小于 0.15 mm 的裂缝采用压力灌注法处理。④ 拱圈、盖板等承重结构的裂缝严重且有持续发展趋势时，应拆除重建。

涵洞沉陷、错台、跳车：涵洞一端或整个沉陷，常常会伴随出现错台、跳车等病害。其产生的原因主要是由于地质条件差或人工处理地基不当等因素，导致涵洞不同节段的沉降量不同，节与节之间沉降缝被拉开，沥青麻絮脱落，相邻涵身之间出现错台，甚至会引起涵洞上方路基沉陷，出现跳车。沉陷、错台、跳车的治理措施有向沉降缝内压浆回填，铁管涵或波纹管涵发生沉降变形时，应先挖开填土，更换管底土壤，在管上加铺土工布或油毡防水层，并对回填土进行分层夯实。

涵洞漏水、渗水主要表现为：涵节间施工接缝处填缝料脱落、施工接缝过宽且未封闭密实，接缝处渗水、渗砂；盖板与涵台交界处渗水；结构裂缝、沉陷、错台处出现渗水、漏水等现象。其产生的原因主要是：涵洞本身施工质量差、施工接缝过大、防水处理有缺陷；涵洞各节段间产生不均匀沉降，引起结构开裂、沉陷、错台；路面的雨水渗入涵上填土，填土含水率过大，而防水设施不完善，使得填土内积水从涵身渗出等。渗水、漏水的治理措施：涵洞施工缝过大、接头或铰缝处发生填料脱落，引起路基渗水；沉降缝错动，缝中的填塞物脱落、失效，出现漏水、漏土或流泥浆等，应及时封堵处理。可用麻絮浸透沥青后填塞入处理好的缝隙中，或用其他黏弹性材料封堵，然后再用水泥砂浆或乳胶水泥砂浆将缝口填满、压实、抹平，以免再次脱落。对涵洞防水设施不完善的，应挖开填土，用高强度等级的水泥砂浆对涵身进行维修处治，并加设油毛毡防水层或防水土工布。

涵洞内外长时间淤积、堵塞就会导致排水不畅。排水不畅的产生原因：长期的水流冲刷，在涵洞进出水口，会滋生、堆积水草等植物以及淤积泥沙、石块等堵塞洞口，涵洞过水能力就会减小，大大影响涵洞的正常使用。另外，洞身裂缝、整体或局部沉降等病害，会造成涵底高程位置降低，出水口高程相对增大，洞内长期积水，泥沙无法自行排出，也会造成排水不畅。治理措施：洞内外淤积的水草、泥沙等杂物要定时清除，尤其在下雨后，以增加过水断面面积；在涵洞进出口通过设置沉淤井来防止泥沙淤积，及时疏通洞口附近的排水通道，保证洞口铺砌与上、下游河道平顺相接，降低出水口的高程，以便于洞内积水的排出。

洞口端墙或翼墙开裂、倾斜：大多数的涵洞都存在端墙或翼墙方面的病害，这些病害主要有涵洞墙体上部出现斜裂缝或水平裂缝，在涵洞的中部出现少量的竖向裂缝以及翼墙与涵台脱离出现倾斜等。产生原因有：① 路基填土不密实，车辆冲击荷载作用下产生侧向压力过大，翼墙、端墙的墙体厚度偏薄，墙体自重轻，抗倾覆力矩小，在墙后路基的过大土压力下，使墙体向外倾斜，或填土中水分过大而造成鼓肚或外倾，直至倒塌。② 上部结构传递来的推力过大，引起翼墙的开裂。③ 基础不均匀沉降导致倾斜、开裂。其治理措施是：① 由于填土夯实不足而发生沉落挤压，或填土中水分过大、土压力增大而造成的外倾，应挖开填土，修理外倾部分，并更换透水性好的填土，认真回填夯实。② 因基础不均匀沉降而发生倾斜时，应先处理基础，一般用扩大基础的方法，将原基础外侧洗刷干净，按原结构加宽 20 ~ 40 cm，新旧部分必须结合坚固。也可以采用更换土质的方法加固基础，但要注意做好夯实填土，然后再修理倾斜或开裂部分，必要时重砌洞口部分。

砌体结构的病害主要有：表面风化、开裂、灰缝剥落，局部块石松动、脱落，或砌体渗漏水等。砌体表层麻面、起皮、剥落、勾缝脱落、松散等表皮损坏，如果不及时处理，将会向深度发展，造成内部材料的变质、酥化，使强度降低。产生原因：主要是由于常年的干燥、潮湿、寒暑、冻融等气候的交替，结构的受力不均或受热不均等因素的共同作用而形成。治理措施：① 对砌缝中的杂草必须清除，并将损坏的灰缝凿除，用水泥砂浆重新勾缝，或局部拆除后重新砌筑。② 砌体表面有风化剥落现象的，可采取表面抹浆或喷浆。抹浆或喷浆前应将表面松动剥落的部分清除，并将表面润湿、洗刷干净。③ 在砌体背后压注水泥砂浆或化学浆液。④ 加设涵内衬砌。

涵洞基础冲刷悬空产生原因：水流长时间冲刷，尤其在洪水季节，水流流速较快，导致涵洞底板铺砌被冲刷损坏、进出口基础被冲刷掏空。治理措施：基础局部冲刷悬空可用水泥砂浆砌片石或片石混凝土填实，一般应比原基础加宽 10 ~ 20 cm，并修复或增设洞口、洞底铺砌层和端部截水墙；当流速特别大时，应设置相应的缓流设施，如消力池、消力坎等。

二、公路桥涵病害处治对策

（1）裂缝病害处理。

不同大小的裂缝处理方法也不同。对于 4 mm 左右的裂缝，可直接采用有着较好流动性的冷灌材料进行填补；对于 4 mm 以上的裂缝，应在将高聚物密封胶灌入裂缝之后，还需在裂缝中填入粗砂等骨料，该种裂缝填补方式能够使得修补效果更佳。对于某些无法通过灌缝解决的裂缝，应将其当作宽缝进行处理。宽缝的处理方式应依据路面厚度及裂缝情况，采用切割机等依据裂缝走向进行 20 cm 以上的开槽，并加热和清理沟槽周围，再采用高分子抗裂贴将下层裂缝贴封。而若路面有着较宽的下层裂缝时，则需先采取灌缝的方式进行处理，之后再按照先前处理坑槽的方式修补。

（2）坑槽病害的处理。

路面坑槽包括面层类坑槽和基层受损的坑槽。对于第一种类型的坑槽，在修补时应先测定破损部位的深度和宽度，按照圆坑方补的方式，依据平行或垂直于路中心线的方式标记出所需修补的轮廓线，再采用切割机按照所标记轮廓进行切割，需注意的是不得有深度方向的切割，最后运用热拌沥青混合料进行修补。需垂直于槽壁进行开槽，裂缝在开槽后需将其内部清理干净，并确保槽内干燥。修补后的坑槽需高于原先坑槽面。最后还需碾压所填补沥青，使其平整于原先的路面，在所填补沥青混合料稳定后即可开放交通。对于第二种类型的裂缝，应在处理完基层病害后再修补坑槽。坑槽的处理方式与第一种类型的处理方式相似，需按照所标记的轮廓线进行开槽，并将其清理干净。之后再在槽内填入水泥稳定碎石拌和物或者混凝土压实并整平。待其具有 70% 的强度之后，再依照第一种处理方式进行修复。

（3）路面沉陷。

对于 10 m 纵向范围内沉降在 3 mm 以内的路面沉陷，若车辆行驶时无显著跳车等，并且路面横向变形不明显，路面也无积水现象出现时，可先不处理。若路面有积水时，可通过设置泄水槽的方式进行处理。

若路面有较为严重的沉降，首先需对其沉陷原因进行分析。若该路面沉陷是由路基沉陷引起的，那么应按照桥头沉陷的方式进行处理，先对路基进行稳定后再进行路面的修复；若路面沉陷的原因是基层结构破坏所致时，需先修复基层后再用沥青进行修复。

（4）公路桥涵桥面铺装养护施工。

在公路养护过程中，养护人员应该及时把路面的积水和杂物清理干净，而且还要仔细检查路面有没有裂缝等可能造成公路病害的现象，如果铺装桥面的沥青混合料质量不合格，就可能在沥青混凝土路面上出现这些问题。清除杂物和剔除道路裂缝中的杂物可以处理这些病害问题。

（5）桥梁主梁梁体上部结构出现严重的裂缝、露筋、剥落病害。

由于每天都有大量的车辆在公路上行驶，钢筋的保护厚度比实际应该用的厚度薄的时候，钢筋混凝土就会收缩，进而就会导致桥梁主梁梁体上部结构出现严重的裂缝、露筋、剥落病害。针对公路路面中缝宽不足 0.15 mm 和大于 0.15 mm 的情况，应该分别采用表面喷浆、抹灰、填缝等方式和用水泥灌浆技术以及化学灌浆施工法进行压浆施工修补裂缝的方式。

除此之外，当公路桥涵的伸缩缝里有杂物的时候，维护人员应该先把杂物清干净，然后再拆除更换老化或者损坏的施工建筑结构和橡胶条等。

第四节 桥梁技术状况检测与评定

桥梁、涵洞提质升级改造的主要内容是通过加强对各类构造物技术状况的检测与监测，及时对相关病害进行处治，确保技术状况良好，同时加强管理，为桥梁、涵洞提供有利的运行环境，保障运行安全。

一、桥梁技术状况检测

桥梁技术状况的检测可分为经常检查、定期检查与特殊检查。

经常检查是指对桥面设施、上部结构、下部结构及其附属构造物的技术状况进行的检查。

定期检查是为评定桥梁使用功能、制订管理养护计划提供基础数据，对桥梁主体结构及其附属构造物的技术状况进行的全面检查。

特殊检查是查清桥梁的病害原因、破损程度、承载能力、抗灾能力，确定桥梁技术状况的工作。

二、桥梁技术状况评定

公路桥梁技术状况评定包括桥梁构件、部件、桥面系、上部结构、下部结构和全桥评定。公路桥梁技术状况评定应采用分层综合评定与 5 类桥梁单项控制指标相结合的方法，先对桥梁各个构件进行评定，然后对桥梁各部件进行评定，再对桥面系、上部结构、下部结构分别进行评定，最后进行桥梁总体技术状况的评定。

当单个桥梁存在不同的结构形式时，可根据结构形式的分布情况划分评定单元，分别对各评定单元进行桥梁技术状况的等级评定。

（1）桥梁总体技术状况评定等级分为 1 类、2 类、3 类、4 类、5 类，具体如表 6.2 所示。

表 6.2 桥梁总体技术状况评定等级

技术状况评定等级	桥梁技术状况描述
1 类	全新状态、功能完好
2 类	有轻微缺损，对桥梁使用功能无影响
3 类	有中等缺损，尚能维持正常使用功能
4 类	主要构件有大的缺损，严重影响桥梁的使用功能；或影响承载能力，不能保证正常使用
5 类	主要构件有严重缺损，主要构件不能正常使用，危及桥梁安全；桥梁处于危险状态

（2）桥梁主要部件技术状况评定标度分为 1 类、2 类、3 类、4 类、5 类，具体如表 6.3 所示。

表 6.3 桥梁主要部件技术状况评定标度

技术状况评定等级	桥梁技术状况描述
1 类	全新状态、功能完好
2 类	功能良好，材料有局部轻微缺损或污染
3 类	材料有中等缺损，或出现轻度功能性病害，但发展缓慢，尚能维持正常使用功能
4 类	材料有严重缺损，或出现中等功能性病害，且发展较快；架构变形小于或等于规范值，功能明显降低
5 类	材料严重缺损，出现严重功能性病害，且有继续扩展现象；关键部位的部分材料强度达到极限，变形大于规范值，结构的强度、刚度、稳定性不能达到安全通行的需求

（3）桥梁次要部件技术状况评定标度分为 1 类、2 类、3 类、4 类，具体如表 6.4 所示。

表 6.4 桥梁次要部件技术状况评定标度

技术状况评定等级	桥梁技术状况描述
1 类	全新状态、功能完好；或功能良好，材料有轻度缺损、污染等
2 类	有中等缺损或污染
3 类	材料有严重缺损，出现功能降低，进一步恶化将不利于主要部件，影响正常交通
4 类	材料有严重缺损，失去应有功能，严重影响正常交通；或原无设置，而调查需要补设

第七章　交安设施改造技术

与普通高速公路相比，山区普通二级公路由于地理环境和地形的特殊性，在出现交通事故之后，将会造成更为严重的后果。设计人员必须严格根据山区公路的地理特点开展安全设施的设计工作，确保车辆在山区公路的行驶过程中具有良好的舒适性和安全性。一些山区公路是由多个单位共同建设，各单位对工程项目的理解都有所不同。例如，在实际施工过程中，对于特殊路段采取安全处理时，会与标准要求存在一定的差异性，易导致山区公路的安全设施出现方案不统一的情况，或出现指路标志不连续等问题。因此，为使安全设施设计具有良好的一致性和合理性，施工人员必须严格按照相关指标和施工顺序开展施工。

第一节　山区公路交安设施常用的类型

公路交通安全设施设置主要依据《道路交通标志和标线》（GB 5768）、《公路交通安全设施设计规范》（JTG D81—2017）等国家及行业标准规范，主要对交通标志标线、护栏、视线诱导标志及其他安全设施等基础设施进行了一般规定和设置原则说明。合理设置交通安全设施能有效预防、降低交通事故所形成的损失程度，但同时驾驶人也会出现因交通安全设施的存在而放松警惕性等现象，以下是贵州山区普通二级公路常见的交安设施类型。

一、交通标志

交通标志是以文字或图形符号向交通参与者传递特定信息（警告、指示、禁令等）以规范道路交通参与者行为的交通安全设施。交通标志是必备的交通安全设施之一，设置完善的交通标志能够给予交通参与者全面的道路信息，使其对前方道路的走向、安全性等有预先的了解，有利于达到安全行驶的目的。然而山区公路路段交通标志一旦缺失，就容易导致严重的交通事故发生，严重影响路段交通安全，因此应当合理完善路段交通标志的设置。

1．警告标志

警告标志是警告交通参与者前方路段存在危险的标志。警告标志分为 49 种，标志牌以黄色为底色，黑色边缘和图案，形状为等边三角形，由于成本、技术等多种因素的制约，山区公路平面线形多受限制，加之山体间海拔的落差大，道路纵断面多存在变化突兀的情况。目前，山区公路的纵平面线形特征主要体现在：平面曲线的弯道半径小、平面曲线的弯道转角过大、纵断面变化过大。所以此类标志在山区公路中设置较多，如图 7.1 所示。

图 7.1 山区公路急弯陡坡标志

2．禁令标志

禁令标志是禁止或者限制机动车、非机动车、行人通行的标志。禁令标志共有 43 种，标志牌大多以白色为底色，红圈、红杠，黑色图案，图形压杠，除了“减速让行”标志为等边三角形、“停车让行”标志为八角形外，其余禁令标志均为圆形，如图 7.2 所示。

图 7.2 限速及停车禁令标志

3．指示标志

指示标志是指示机动车、非机动车、行人行进路径的标志。指示标志共 29 种，指示标志绝大多数为蓝色底色，白色图形，形状为正方形、长方形或者圆形，如图7.3所示。

图 7.3　指示标志

4．指路标志

指路标志是用以告知交通参与者前方道路通往的地点、道路方向及距离，使交通参与者根据自身需求选择不同路径的标志。指路标志共有146种，普通公路的指路标志为蓝色底色、白色边框和蓝色图形、蓝色衬边，如图7.4所示。

图 7.4　指路标志图

二、交通标线

交通标线是山区公路路段交通安全设施的重要组成部分之一，交通标线以不同颜色的线条、箭头、轮廓标、文字、突起路标的形式设置于路面，通过提供视觉信息来引导驾驶人规范行驶的重要安全设施。合理设置山区公路路段交通标线，使其更好地与交通标志配合，提升路段安全性十分有必要。

1．警告标线

警告标线是警示车辆驾驶人及行人道路变化情况，提高交通参与者的警惕性、提高对道路危险情况的应变速率的标线。其主要功能为：将不同类型的交通参与者分离，减少冲突；通过规定不同交通参与者的交通走向，达到分流的目的；与交通标志配合，向交通参与者提供信息；规范机动车、非机动车及行人的通行秩序，以保证安全。

交通标线可分为纵向标线、横向标线、其他标线。纵向标线包括：路面（车行道）宽度渐变标线、接近障碍物标线、铁路平交道口标线等；横向标线可分为减速让行线、减速带等；其他标线为停车位标线、立体标记、实体标记、出入口标线等。

2．禁止标线

禁止标线是告示道路交通的通行、禁止、限制等特殊规定，机动车驾驶人和行人需严格遵守的标线。禁止标线包括横向禁止标线、纵向禁止标线和其他标线。横向禁止标线可分为减速让行线、停车让行线、停止线；纵向禁止标线可分为禁止跨越同向车道分界线（车道分界线）、禁止跨越对向车道分界线（道路中心线）、禁止停车线；其他禁止标线主要包括导流线、非机动车禁驶区标线、专用车道线、网状线、禁止掉头（转弯）线。

3．指示标线

指示标线是指示车行道、行驶方向、路面边缘、人行横道等设施的标线。指示标线包括纵向标线、横向标线、其他标线。纵向标线可分为可跨越同向车道分界线（车道分界线）、可跨越对向车道分界线（道路中心线）、左转待转区线、导向车道线、潮汐车道线等；横向标线可分为车距确认线和人行横道线；其他标线可分为减速丘标线、路面文字或图形标记、道路出入口标线等。

三、视线诱导设施

视线诱导设施按功能可分为轮廓标、线形诱导标、突起路标等，其中轮廓标用于指示道路线形轮廓，分合流诱导标用于指示交通分流、合流，线形诱导标用于指示或警告改变行驶方向，突起路标用于辅助和加强标线、提高道路服务质量。这些不同类型的视线诱导设施从不同侧重点诱导驾驶人视线，使行车更加舒适、安全。

1．轮廓标

为提高行车安全性和舒适性，明确、清晰地指示道路前方线形至关重要。白天驾驶人一般以路面标志、标线和护栏作为行车指导，但在夜间上述设施的视线诱导功能将显著下降，特别是汽车从直线段向曲线段过渡时，驾驶人的视线很难及时适应道路线形的急剧变化。轮廓标是沿道路两侧边缘设置、用于显示道路边界轮廓、指引车辆正常行驶、具有逆反射性能的一种交通安全设施。轮廓标可通过对汽车灯光的反射，使驾驶人提前了解前方路况，道路两侧设置的轮廓标作为道路车行道边界的警示标志，也可起到夜间诱导、警告驾驶人的作用，能有效预防事故的发生，确保行车安全。

2．分合流诱导标

在互通式立交的进、出口匝道和有交通分、合流的地方，应设置诱导驾驶人视线的分流诱导标和合流诱导标。分流诱导标设在分流端部前方适当地点；合流诱导标设在合流端部前方适当地点。分、合流诱导标是以反射器制作符号粘贴在底板上的标志，在分、合流标的诱导下，无论在白天还是黑夜，驾驶人都可以非常清楚地辨认交通流的分、合流情况。除反射器外，其他材料可按标志的技术要求。

3．线形诱导标

线形诱导标用于引导或警告驾驶人前方公路平面线形的变化，使其根据线形适当改变行车方向，促使车辆安全运行。线形诱导标可分为指示性线形诱导标和警告性线形诱导标两类。指示性线形诱导标为绿、白相间，一般设置在小半径曲线路段、匝道、急弯路段或通视较差对行车安全不利的曲线外侧。警告性线形诱导标颜色为红、白相间，一般设置在因道路施工或维修作业而需临时改变行车方向、提醒驾驶人注意前方作业的路段。线形诱导标的设置应和线形一致，并垂直于车辆的行驶方向，至少在150 m 远处就能看见，其设置间距保证驾驶人至少能看到 3 块线形诱导标或能辨明前方进入弯道运行。在曲线半径较小的匝道上，驾驶人应连续看到不少于 3 块线形诱导标，如图 7.5 所示。

图 7.5　线形诱导标志

4. 突起路标

突起路标是固定于道路表面的立体突起标记块，如图 7.6 所示。突起标记具有一定的警示作用，当车轮压过突起标记时，车辆会发生连续震动并产生声响，从触觉和听觉两方面对驾驶人产生警示作用。在山区公路路段可使用突起标记分隔同向交通流、异向交通流、标记弯道等。

图 7.6　道路突起标记

四、其他安全设施

1. 隔离栅

隔离设施是对高等级公路进行隔离封闭的人工构造物的统称，其作用在于阻止无关人员、牲畜以及野生动物进入、穿越高速公路，防止非法侵占公路用地现象的发生。另外，隔离设施可有效排除横向干扰，避免由此产生的交通延误或交通事故。目前通常采用的隔离设施有刺铁丝、金属网、钢板网和焊接网。

2. 防撞垫

防撞垫又叫安全缓冲设施，是通过能量守恒原理吸收或转移车辆碰撞能量，使车辆安全停止或改变方向，驶离障碍物以避免直接撞击障碍物，降低事故严重度，避免乘员受到严重伤害的设施。当某一地点的固定障碍物或装置不能移走、不能重新设置位置，或者是不能做成解体消能式，也不能用护栏防护起来的时候，就需要采用防撞垫。如图7.7所示为防撞桶。

图 7.7 防撞桶

3. 紧急避险车道

紧急避险车道指为使主线车流中失去控制的车辆能够减慢行驶速度并停下来，在主线道路旁设置的一种车道形式。避险车道一般为上坡车道，表面为铺满砂石或松软沙砾的制动层。设置避险车道的原理是把失控车辆的动能转化为重力势能和抵抗路面摩擦的能量，从而使车辆停下来。因此制动层的目的是增加大型车辆的滚动摩擦阻力，最终帮助车辆停下来，而且这种滚动摩擦力还能阻止大型车在停车后向后翻转。如果没有砂石或松软的沙砾层，避险车道必须设计得更长或坡度更大。在特定情况下，避险车道也可以是平坡或下坡道。

4. 解体消能设施设计

根据安保工程安全改进经验，一般在事故易发点要设置一些警告标志或禁令标志，这些地方往往是车辆驶出路外可能性较大的地方。例如：陡坡急弯路段，一般要设置线形警告标志、限速标志，标志最好提前设置于弯道前，避免设置在曲线外侧。在标志位置无法改变时，可以考虑采用解体消能立柱结构，以减缓驶出路外车辆碰撞标志柱事故的严重程度。

第二节 既有公路交通安全设施存在的问题

一、交通标志问题

1. 交通标志结构组成形式

道路交通标志通常由标志板、支撑件、基础和紧固件 4 部分组成。标志板由标志面、底板、滑槽和铆钉等部件构成。标志面大多采用具有逆反射性能的材料——反光膜制成。支撑件一般由立柱、横梁、法兰盘、柱帽等部件构成，主要材料为 H 型钢、槽钢、钢管、木材、合成材料及钢筋混凝土管等。标志基础一般包括钢筋预埋件、法兰盘和预埋连接件等部分，根据不同支撑结构以及交通标志版面尺寸，标志基础的大小也不相同。紧固件包括抱箍、螺栓、螺母等，起到连接版面、杆柱和基础的作用，它是交通标志较为薄弱的部分。

2. 标志损坏形式

交通标志在整个使用寿命周期内暴露于自然环境中，时刻受到各种自然因素和人为条件的影响，随着时间的推移，交通标志的使用性能必然受到影响。有些损坏，如灰尘附着、弯曲和歪斜等可通过现场修复从而恢复使用性能。而有些损坏，如反光膜褪色、支撑结构失稳等，必将对交通标志使用性能产生较大影响，甚至终结交通标志寿命，需要更换新的交通标志才能继续发挥作用。随着时间的推移，交通标志会以多种方式恶化，但其最主要的是逆反射性能的丧失和颜色的退化。当逆反射性消失时，除非光源照射强度较高，否则标志在夜晚不可检测和难以辨认，标志将失去其功能。图 7.8 所示为 G243 湄潭月亮坝至余庆公路提质升级改造之前的典型标志损坏情形。

（a）立柱弯折　　（b）版面破损

图 7.8　标志损坏

二、交通标线问题

1．磨损老化问题

随着车辆对标线的不断作用，以及自然环境的影响，标线往往会出现模糊、褪色等问题，导致标线的导向作用难以发挥。

2．标线夜间反光问题

标线是通过标线涂料表面突出的玻璃珠将汽车灯射来的光反射回驾驶人的眼睛而实现的。如果对玻璃珠和标线涂料的选择及应用不当，将造成标线夜间反光效果差，易引发严重的交通事故。

三、护栏设施问题

山区公路发生交通事故，车辆多冲向路侧，这会对护栏造成一定的破坏，引起护栏的扭曲变形、立柱倾倒、基础松动等问题，甚至造成护栏的断裂破坏，如不进行及时的养护更换，该点段的护栏在下一次发生事故时难以发挥作用。

1．护栏位置不当

在需要安装护栏的路段未安装护栏，导致交通事故发生时没有护栏的防护，造成更大的事故损失。在不需要安装护栏的地方多余地安装了护栏，不符合道路宽容设计的要求，徒增事故伤害和损失。

2．护栏高度不当

护栏的高度，对于驾驶员的视线影响较大，护栏高度过高时，若曲线半径较小，易造成横净距不满足安全驾驶条件，设计阶段虽进行了理论计算，但可根据实际情况，对其高度进行调整，以保证安全驾驶。

3．护栏过渡段衔接不当

过渡段的设置包括路侧不同强度护栏之间的过渡、路侧护栏与桥梁护栏之间的过渡，若过渡衔接不当甚至缺失，护栏本身极可能成为威胁物体。

四、其他安全设施问题

1．视线诱导标

由于轮廓标、分合流诱导标、线形诱导标的设置在间距、安装角度、设置高度上有具体的要求，如果设置不规范，在安装时容易出现问题，导致其无法发挥该有的效果，存在安全隐患；公路在运营期，设施破损缺失，随着时间的推移、交通量的增大、自然条件和交通事故的影响，甚至是人为破坏，导致视线诱导标设施破损、缺失或者不连续。

2．防护网

在一些地质条件差的路段，防护网可用来保护公路主体工程，防止岩崩、飞石、雪崩、泥石流等自然灾害的影响，但由于设计或施工阶段的疏忽，导致该设置的地方没有设置，为公路运行带来了安全隐患。防护网质量不达标、结构和安装不尽合理等问题，这些都会造成防护网无法发挥其应有的效果。

3．防撞垫

防撞垫主要应用于公路的出口三角区、收费岛前段以及隧道洞口等障碍物前端，避免车辆直接碰撞障碍物，减少交通事故的伤害，防撞垫的缺失，将可能导致更严重的交通事故。

第三节　交安及沿线设施调查方法

1．沿线设施状况检测与调查

（1）沿线设施技术状况可采用人工调查和自动化检测方式。

（2）沿线设施技术状况损坏类型应满足以下规定：

① 防护设施缺损应为防护设施（防撞护栏、防落网、声屏障、中央分隔带活动护栏和防眩板等）缺失、损坏或损坏修复后达不到技术要求。损坏应按“处”计算，轻度应为缺损长度小于或等于 4 m，重度应为缺损长度大于 4 m。

② 标志缺损应为各种交通标志（指示标志、警告标志、禁令标志、里程牌、轮廓标、百米标等）残缺、位置不当或尺寸不规范、颜色不鲜明、污染以及可变信息板故障等。损坏应按“处”计算，其中轮廓标和百米标应每 3 个损坏算 1 处，累计损坏不足 3 个按 1 处计算。

③ 标线缺损应为标线（含凸起路标）缺失或损坏，损坏应按长度（m）计算。累计长度不足 10 m 应按 10 m 计算，评定时不应考虑车道数量的影响。

④ 绿化管护不善应为树木和花草等枯萎或缺失、绿化带未及时修剪或有杂物、路段应绿化却未绿化。损坏应按长度（m）计算，累计长度不足 10 m 按 10 m 计算。

（3）沿线设施的各类损坏应以 100 m 为单位，按损坏程度，每 100 m 计 1 个扣分，每一个调查单元计算 1 个合并累计扣分。

（4）利用沿线设施损坏调查表进行调查记录，格式如表 7.1 所示。

表 7.1　沿线设施损坏调查表

<table>
<tr><td colspan="5">路线编码名称：　　　　调查方向：</td><td colspan="11">起点桩号：　　单元长度：　　路面宽度：</td></tr>
<tr><td rowspan="2">损坏类型</td><td rowspan="2">程度</td><td rowspan="2">单位扣分</td><td rowspan="2">权重（w_i）</td><td rowspan="2">计量单位</td><td colspan="10">百米损坏扣分</td><td rowspan="2">累计扣分</td></tr>
<tr><td>1</td><td>2</td><td>3</td><td>4</td><td>5</td><td>6</td><td>7</td><td>8</td><td>9</td><td>10</td></tr>
<tr><td rowspan="2">防护设施缺损</td><td>轻</td><td>10</td><td rowspan="2">0.25</td><td rowspan="2">处</td><td></td><td></td><td></td><td></td><td></td><td></td><td></td><td></td><td></td><td></td><td></td></tr>
<tr><td>重</td><td>30</td><td></td><td></td><td></td><td></td><td></td><td></td><td></td><td></td><td></td><td></td><td></td></tr>
<tr><td>隔离栅损坏</td><td></td><td>20</td><td>0.10</td><td>处</td><td></td><td></td><td></td><td></td><td></td><td></td><td></td><td></td><td></td><td></td><td></td></tr>
<tr><td>标志缺损</td><td></td><td>20</td><td>0.25</td><td>处</td><td></td><td></td><td></td><td></td><td></td><td></td><td></td><td></td><td></td><td></td><td></td></tr>
<tr><td>标线缺损</td><td></td><td>0.1</td><td>0.20</td><td>m</td><td></td><td></td><td></td><td></td><td></td><td></td><td></td><td></td><td></td><td></td><td></td></tr>
<tr><td>绿化管护不善</td><td></td><td>0.1</td><td>0.20</td><td>m</td><td></td><td></td><td></td><td></td><td></td><td></td><td></td><td></td><td></td><td></td><td></td></tr>
</table>

2. 沿线设施技术状况评定

沿线设施技术状况应采用沿线设施技术状况指数 TCI 评定。TCI 评定应按下式计算：

$$TCI=\sum_{i=1}^{i_0} w_i(100-GD_{i\mathrm{TCI}})$$

式中　$GD_{i\mathrm{TCI}}$——第 i 类设施损坏累计扣分，最高扣 100 分，按表 7.2 的规定取值；

w_i——第 i 类设施损坏权重，按表 7.2 的规定取值；

i——损坏类型；

i_0——沿线设施损坏类型总数，取 5。

表 7.2　沿线设施扣分标准

类型（i）	损坏名称	损坏程度	计量单位	扣分标准	权重（w_i）	备注
1	防护设施缺损	轻	处	10	0.25	
		重		30		
2	隔离栅损坏		处	20	0.10	
3	标志缺损		处	20	0.25	
4	标线缺损		m	0.1	0.20	
5	绿化管护不善		m	0.1	0.20	每 10 m 扣 1 分，不足 10 m 计 10 m

第四节　病害处治对策

一、交通安全设施设置方法

1. 交通标志

交通标志的设计，以不熟悉所在区域的路网体系但对出行有初步规划的司机作为设计对象，使其能通过识别主动、被动的交安设施，来避免交通安全事故的发生或减缓事故的严重程度。交通标志应能为设计对象提供明确、准确、及时、足够的信息，并满足夜间行车的视觉效果。结合公路的交通特点，标志的设置原则主要是使设计对象在满足限速条件进行行驶时，能正确、完整地捕获有效信息，如方向、地点、距离等，并强化对车辆的引导作用，充分发挥公路的快捷、安全、舒适的作用。

沿线会设置相应的指示、禁令等标志，在贵州山区普通二级公路提质升级改造工程中，一般优先保留设置位置合理且功能完善的已有标志，在此基础上，根据设计对象安全行驶的需求，对标志进行合理的增、减、移位、合并等处治。

（1）设计原则。

① 以有一定出行规划的司机为设计对象；

② 重要信息需重复提示、多级预告；

③ 设置必要的禁令、警告、指示标志，保证行车安全；

④ 为避免信息过载，影响标志功能发挥，设计时尽量减少不必要的标志；

⑤ 标志布设应均衡，不宜过于集中，标志的结构形式及标志的布设，应与道路线形及周围环境协调一致，满足美观及视觉的要求，提高标志的视认性；

⑥ 标志的结构设计应掌握“充分满足功能要求、尽量降低造价、尽量考虑美观”的原则。

（2）设置要求。

① 版面设计：版面设计应以司机在行驶时能及时辨认标志内容为基本原则，同时版面布置应美观、醒目，标志还应具有夜间反光的性能。交通标志应根据《道路交通标志和标线》及《公路交通标志和标线设置规范》等国家、行业的现行标准、规范的要求进行设计。版面内容应与现行的国省道标志编号的要求相一致。

② 结构设计：标志支撑方式的确定应掌握“充分满足功能要求，尽量降低造价并考虑美观”的原则，标志按支撑方式分为单柱式、单悬臂式等；结构设计验算主要考虑风荷载，采用当地空旷平坦地面上离地 10 m 高，重现期为 50 年的 10 分钟平均值最大风速值，进行标志结构、基础计算。在 G243 湄潭月亮坝至余庆公路提质升级改造工程中，设计风速采用 25 m/s。

交通标线用于引导司机视线，是警告和管制司机驾车行为的重要手段，它可以确保车流分道行驶，指引车辆在汇合或分流前进入合适的车道，能够更好地组织交通，保证昼夜的视线诱导，因此合理地设置交通标线能够有效地改善行驶条件，增加道路通行能力，减少交通事故的发生。

在 G243 湄潭月亮坝至余庆公路提质升级改造工程中，路面全部进行改造重建，路面标线将全部予以清除，在标线设计时，按照现行标准、规范的要求，对全线的路面标线进行重新施划。

2．标线

（1）普通标线（见图 7.9）。

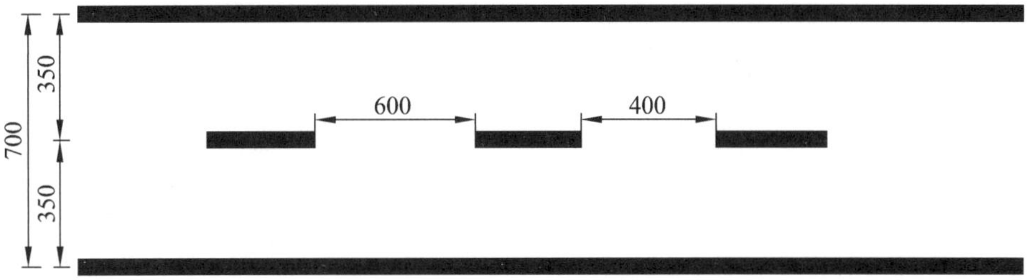

图 7.9　道路交通标线平面布置

① 根据路幅情况，设置 2 条车道边缘线、1 条车道分界线，车道边缘线采用线宽为 15 cm 的白色实线；车道分界线采用线宽为 15 cm 的黄色虚线，实线长 4 m、间距 6 m，在线形受限路段，车道分界线采用线宽为 15 cm 的黄色实线。

② 车行道边缘线，每隔 10 m 留出 5 cm 宽的缺口，以利排水。

③ 在路段紧急停车带处设置紧急停车带标线，线宽 45 cm。停车带出入口标线每段长 1 m，间隔 1 m，线宽 45 cm，颜色均为白色。

（2）减速振动标线（见图 7.10）。

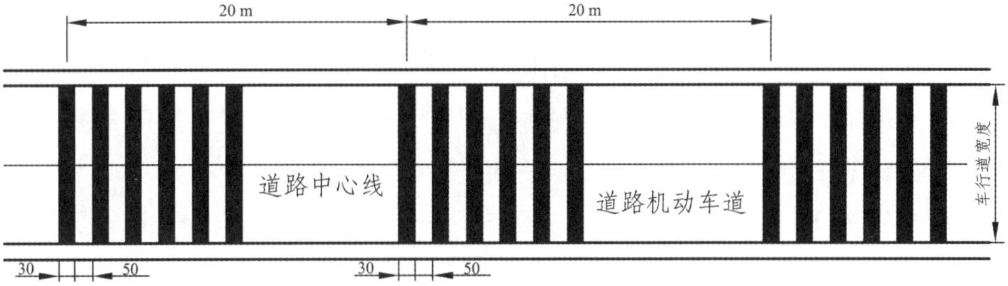

图 7.10　减速振动标线平面布置

在以下路段，设置减速振动标线：

① 坡度大于 4% 的陡下坡路段前，设置横向减速振动标线。

② 小半径曲线路段前，设置横向减速振动标线。

③ 原道路事故多发路段，设置有减速横向振动标线的，按原道路恢复。

（3）标线材料。

为了使标线在夜间有较好的清晰度，就需要使用寿命长、反光效果好的材料。本项目使用的标线涂料，应具备与路面黏结力强、干燥迅速等特点，并具有良好的耐磨性、持久性、抗滑性，具有良好的视认性。除横向减速振动标线外，其余标线涂料均采用热熔型 2 号标线涂料。

3．护栏

（1）护栏改造设计原则。

① 公路护栏提升改造宜按照资料收集、现有结构核查、方案设计、工程施工、质量验收五个步骤依次进行。

② 应对主体工程改造方案和交通组织设计方案进行全面调查，调查的结果应与护栏提升改造方案相适应。

③ 应调查护栏设置的现状，结合运营过程中存在的问题、运营管理部门和公路使用者的需求，选择合适的提升改造方案，包括意见和其他需求，以及对护栏提升改造的建议等。

④ 宜结合收集的资料及座谈的情况进行现场调研，采集现有护栏的有关数据，包括护栏结构、基础条件、锈蚀和损坏情况。现场调查时，应充分听取驾驶人、公路运营养护和管理部门以及公安交通管理部门等各方面对现有护栏使用效果的评价、对护栏设置情况的反馈意见和其他需求，以及对护栏提升改造的建议等。

⑤ 宜根据现有护栏设计时采用的相应标准规范，对护栏的结构形式和设置条件进行核查。其中现有立柱的设置满足设计时采用的相应标准规范方可进行再利用评估，否则在未进行相应研究的情况下不宜再利用。

⑥ 宜对现有波形梁护栏结构和材料进行评价，检验是否满足再利用要求。

⑦ 应根据现行《公路交通安全设施设计规范》（JTG D81）和《公路交通安全设施设计细则》（JTG/T D81）的有关规定，从防护等级、设置条件、交通状况、事故分析等方面进行综合考虑，确定改造结构设计方案。

（2）波形梁护栏设计。

山区普通二级公路对波形梁护栏的利用，多采用立柱加高的形式，梁板保留使用。公路罩面是路面维护改造的一种常规方式，具有对公路正常运营影响小且养护费用低的优点。而罩面会造成路面抬高，进而导致路侧护栏的防护高度不断下降，从而造成其防护性能无法满足安全防护要求，降低了公路行车的安全性。若重新布置护栏则存在施工难度大、经济投入高、维护周期长等缺陷，因此在护栏改造时，需对原有护栏进行加高，目前护栏加高有内套接高和外套接高两种方法，如图 7.11 所示。内套方案最大加速度比外套方案小，即内套方案缓冲效果较好。内套方案在现场施工时，由于新旧立柱采用同一直径，接头处平顺、美观，施工质量有保证、可控制，且操作快速、便捷，利于缩短工期。

（3）混凝土护栏设计。

山区公路常常因路面改造，使既有的路面将增高，导致部分路段的混凝土护栏的高度不满足现行标准、规范的要求。对混凝土护栏进行加高利用改造是一种常用方法，混凝土护栏加高的方法一般有两种。

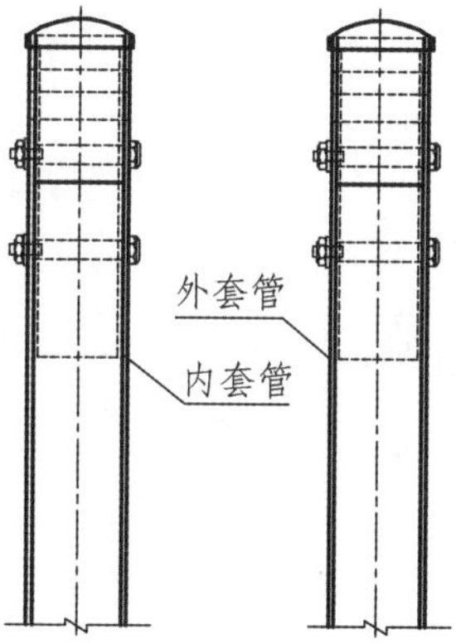

图 7.11　立柱加高

① 铸铁支座法。即在原有护栏顶部安装铸铁支座，间距为 2 m，支座用ϕ12 螺栓固定，不能使用膨胀螺栓，因为膨胀螺栓在施工时很有可能损坏原护栏顶部混凝土，支座高度为加高高度，一般为 20 ~ 30 cm，支座顶部加工为ϕ60 横向圆孔，在圆孔内置入ϕ60 钢管形钢筋混凝土加高护栏，如图 7.12 所示。经过实际调查显示，这种护栏的优点是外形美观、工程造价低。缺点：一是在施工时必须加强监督，铸铁支座的安装固定须采用螺栓固定，严禁使用膨胀螺栓；二是在车辆撞击时容易被损坏，防撞等级较原来混凝土相对要低；三是养护成本也显著提高。在车辆碰撞加高部分后，加高部分的铸铁支座损坏后二次碰撞在原护栏上，加高护栏起到了很好的缓冲作用，其防撞等级亦能达到 SB 级。

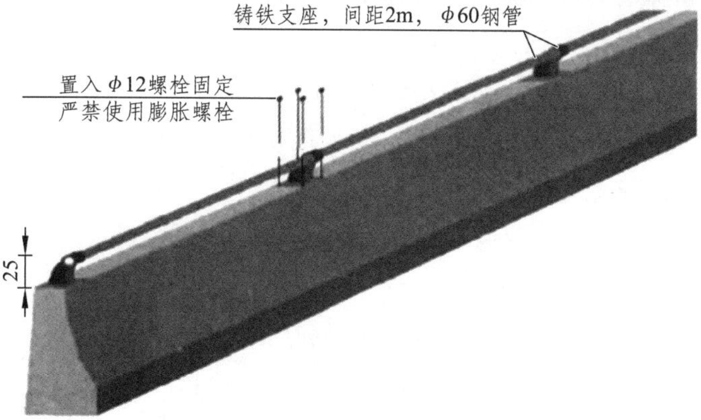

图 7.12　钢筋混凝土护栏加高示意图

② 加筋混凝土法。就是将原护栏顶部混凝土凿除 15 ~ 20 cm，使原护栏顶部钢筋露出 10 ~ 15 cm，再根据护栏需加高的高度，在原护栏顶部焊接加高部分钢筋，然后浇筑混凝土，完全实现了钢筋混凝土护栏的加高利用。加筋混凝土法加高的钢筋混凝土护栏，在车辆碰撞加高部分后，加高部分和原护栏共同受力，其防护等级也可得到提高。

二、特殊路段安全设施设置方法

1．长下坡接弯道处

车辆在长下坡路段上行驶，一般会采用较高的速度，若突然出现弯道尤其是小半径平曲线，车辆会因减速不及时而发生事故。特别是在下坡方向的尽头更要注意线形的连续性，若因地形所限，不得不采用小半径平曲线时，中间应插入过渡性平曲线，并使纵坡不要过大，同时要采取相应的交通安全设施加密等措施。

山区公路路段长下坡接弯道处为交通事故多发区域，发生交通事故数占比较大。此路段主要的交通安全隐患有：① 车辆超速行驶；② 货车因制动系统失灵驶出路外导致翻车、坠车事故。针对此状况，长下坡接弯道处交通安全设施设置方法如下：

（1）施划中心线、道路轮廓线，规范车辆行驶路径，减少与对向车辆间的冲突。

（2）设置长下坡、事故多发路段、减速慢行、禁止超车等标志，警示驾驶人路段事故多发，谨慎驾驶。

（3）将紧急避险车道设置于坡地弯道处，防止长下坡过程中货车由于制动系统失灵驶出道路发生交通事故。

（4）靠城镇区域的路侧设置路侧防撞墙，防止车辆因失控驶入附近城镇，引发交通事故，造成人员伤亡及财产损失。

（5）长下坡路段设置间隔不断变小的减速振动带，给予驾驶人视觉诱导及触觉的警示，配合减速慢行警告标志及限速标志，警示驾驶人即将进入弯道，需减速慢行。

（6）弯道外侧设置彩色路面，给予驾驶人触觉和视觉冲击，警示其弯道处减速慢行，同时彩色路面质地粗糙，可以加强路面的附着力及摩擦系数使车辆不易发生侧滑翻车、冲进附近城镇居民区，如图 7.13 所示。

（7）加强智能交通设施的研发运用。充分利用声、光、电等交通安全设施对驾驶人的强刺激作用，在下坡路段提示及强制其采取主动安全措施。

2．连续弯道路段

连续弯道路段事故发生概率较长下坡路段、急弯路段较低，路段主要的交通安全隐患有：① 弯道处缺少诱导；② 车辆超速行驶；③ 城镇出入口车辆碰撞行人及夜间事故易发；④ 弯道处容易发生车辆失控驶出路外而引发交通事故。针对这些特点，连续弯道处交通安全设施设置方法如下：

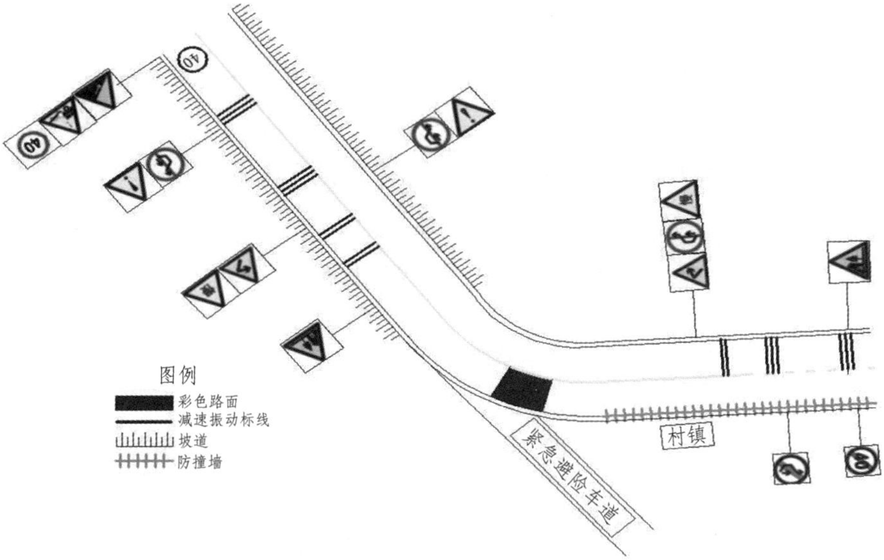

图 7.13 长下坡接转弯路段交通安全设施设置示意图

（1）施划车道中心线、车道轮廓线，规范车辆行驶路径，减少与对向车辆间的冲突。

（2）进入弯道前设置连续弯道、事故多发点、禁止停车、禁止超车等标志，警示驾驶人路段交通事故频发，督促驾驶人谨慎驾驶。

（3）禁止弯道间附近直线路段停车，并在人行横道前设置减速振动标线及彩色路面，提醒驾驶人减速的同时，加强路面附着力与摩擦系数，缩短车辆制动距离，保障人车安全，增强道路安全性。

（4）城镇周边道路路侧设置照明设施，减少夜间交通事故。

（5）设置视线诱导标志引导或警示驾驶人前方道路线形变化。

（6）弯道外侧设置防撞墙并施划诱导标志，防止车辆驶出道路发生交通事故；弯道内侧设置路侧护栏，防止车辆失控驶入村镇引发交通事故，造成人员伤亡或财产损失。

（7）弯道内侧设置反光道钉，标识车道轮廓，防止车辆越过本侧车道驶入对向车道与对向来车产生冲突，降低发生碰撞事故的可能。

（8）进入弯道前设置间隔不断变小的减速振动带，给予驾驶人视觉诱导及触觉的警示，配合减速慢行警告标志，警示驾驶人即将进入弯道，需减速慢行，降低车辆进入弯道的行驶速度，防止车辆驶出弯道。

（9）设置限速标志，降低车辆过弯速度，提升连续弯道处交通安全。

（10）城镇出入口处设置停车让行标志，降低城镇出入口车辆行驶速度，保证出入口交通安全。

（11）设置禁止掉头标志，禁止车辆在交通需求较大的城镇出入口掉头，减少交通冲突，提升道路行驶顺畅程度，增强道路交通安全。

（12）废弃轮胎做挡墙外挂，形成刚柔相济的防护结构，用于急弯陡坡路段的路侧，如图 7.14 所示。

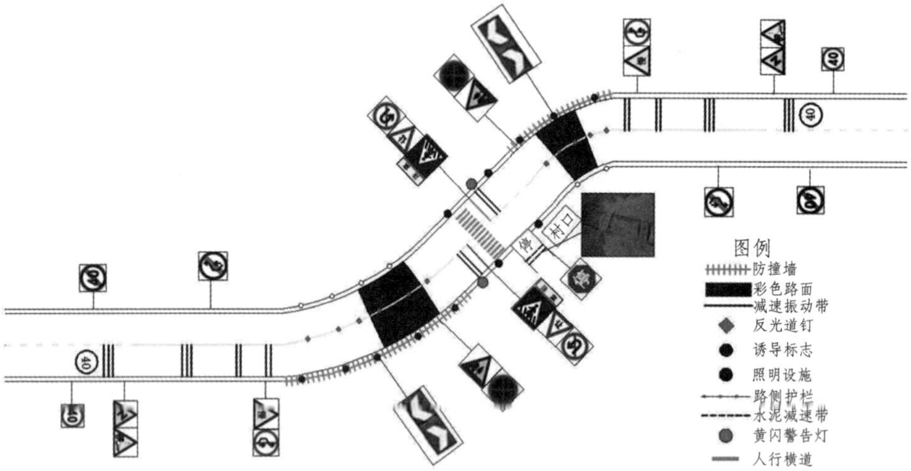

图 7.14　连续弯道路段交通安全设施设置示意图

3．急弯路段

山区路段多沿山体而建，一侧靠山，另一侧是悬崖，车辆驶出道路后果极其严重。此路段主要的交通安全隐患有：① 车辆因行驶速度过快驶出道路或内侧车道车辆驶入对向车道引发交通事故；② 在急弯路段行车时，驾驶人行车视距受山体遮挡现象严重。针对以上特点，山区公路急弯处交通安全设施设置方法如下：

（1）施划车道中心线、车道轮廓线，规范车辆行驶路径，减少与对向车辆间的冲突。

（2）设置急弯、事故多发点、减速慢行、禁止超车等标志，警示驾驶人此路段交通事故频发，督促驾驶人谨慎驾驶、减速慢行，减少交通事故隐患。

（3）设置视线诱导标志引导或警示驾驶人前方道路线形变化。

（4）弯道外侧设置防撞墙并施划诱导标志，防止车辆驶出道路外侧引发交通事故，造成人员伤亡或财产损失。

（5）弯道中心线设置反光道钉，标识车道轮廓，减少不同方向间车辆的冲突，防止车辆由于失控越过本侧车道，驶入对向车道与对向来车发生碰撞事故。

（6）弯道处设置凸面镜，缓解沿山体路段行车视距不足现状。

（7）急弯前设置黄闪警告灯与危险路段减速慢行警告标志，警示驾驶人急弯道路段减速慢行。

（8）进入弯道前设置间隔不断变小的减速振动带，给予驾驶人视觉诱导及触觉的警示，配合减速慢行警告标志，警示驾驶人即将进入弯道，需减速慢行，降低车辆进入弯道的行驶速度，防止车辆驶出弯道导致交通事故发生。

（9）弯道处设置彩色路面，给予驾驶人触觉和视觉冲击，警示其弯道处减速慢行，同时彩色路面质地粗糙，可以加强路面的附着力及摩擦系数，使车辆不易发生侧滑翻车，如图 7.15 所示。

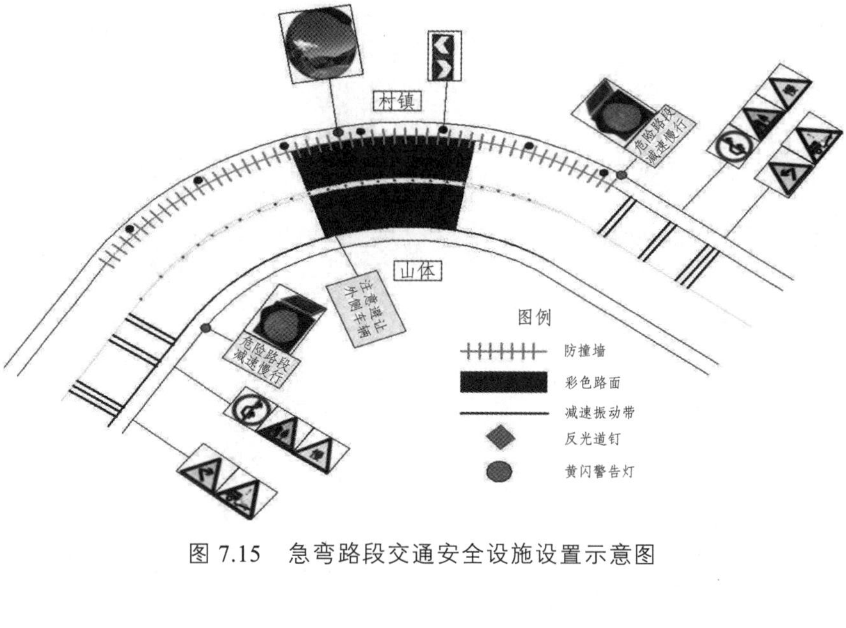

图 7.15　急弯路段交通安全设施设置示意图

第八章　景观美化亮化技术

第一节　既有公路的常见景观特点

山区公路是指位于山岭地区、路线迂回曲折、纵坡度较大、特殊构造物较多的公路。按路线所行经的地带可分为沿河（溪）线公路、山腰线公路、山脊线公路和越岭线公路。其路基多高填、深挖，特殊困难地点以隧道或高架桥穿越。易发生滑坡、坍方等，修建费和养护费较高。山区公路的景观打造需要充分地结合地形、线形进行打造，在保证美观的同时还兼具保障行车安全的效果，如图 8.1、图 8.2 所示。

图 8.1　山区公路景观（1）：G243 湄潭月亮坝至余庆二级公路

图 8.2　山区公路景观（2）：G243 湄潭月亮坝至余庆二级公路

一、山区公路景观的概念

公路景观是指公路与其周围景观因素共同构成的、集多重属性（如社会属性与自然属性、功能性及观赏性、实用性及艺术性等）为一体的综合景观体系。公路景观按构成要素来分，可分为自然景观和人文景观两类；按对景观的保护、利用、创造、设计来分，公路景观又可分为保护利用型景观和设计创造型景观两类。合理的公路景观能够给驾驶人营造舒适、安全的驾驶环境，缓解驾驶人的疲劳感，使其保持良好的驾驶状态，大大降低交通事故的发生率；而不合理的景观则容易使驾驶人产生压抑、消极的情绪，大幅增加驾驶人的疲劳感，进而严重影响车辆的行车安全。

总体来说，公路景观包含两个方面：一是路域设计范围外的自然景观，二是路域范围内由公路建设而形成的人造景观。地域文化表达设计主要是对因公路建设而形成的人造景观进行表达设计，对公路路域设计范围外的自然景观中能体现地域特色的景观通过视线引入公路景观中来。

山区公路景观是基于公路景观，而因为山区独特的地形、水文、气候、日照等环境特征其景观有不同的特征，在概念上是指山区公路路域设计范围内因公路建设而形成的人造景观。

山区公路景观的构成可以分为交通安全设施景观、构造物景观、附属设施景观、绿化景观。这些构成要素决定了山区公路景观的最终效果，它们可加强或削弱环境景观的品位，可构成公路景观特色。

1．交通安全设施景观

交通安全设施景观的主要作用是向公路使用者提供各种路况信息，保证车辆安全、高效行驶，包括护栏、标识系统等。

2．构造物景观

公路构造物景观是指在公路建设时为公路的通行及安全考虑而修建的一些交通通行设施。它们是公路景观的重要组成部分，尤其是在山区公路中，由于复杂的地形，构造物景观显得尤为重要，包括桥梁、隧道、挡墙、边坡等。

3．附属设施景观

在公路路线主体修建后完善公路其他功能的设施，包括房建设施、景观小品设施等。

4．绿化景观

公路绿化景观是指人为地在公路沿线科学合理并具有创造性地种植植物，以改善和提高公路沿线环境及美学质量。

二、公路景观的特点

公路景观绿化设计是指在公路路域范围内利用植物及其他材料创造一个具有形态、形式因素构成的较为独立的，具有一定社会文化内涵及审美价值并能满足公路交通功能要求的过程。这样它必须具有三个属性：一是自然属性，它必须作为一个有光、形、色、体的可被人感知的因素，有一定的空间形态，较为独立并易从公路路域形态背景中分离出来的客体；二是社会属性，它必须有一定的社会文化内涵，有观赏功能，在一定程度上改善环境并满足使用功能，可以通过其内涵，引发公路使用者——驾驶员、乘客、公路管理养护人员等的情感、意趣、联想、移情等心理反应，即所谓的景观效应；三是特殊的功能性，这是公路景观绿化设计区别于一般景观设计的重要特征，公路景观绿化设计的依附主体是公路，在其具有上述两种属性的同时必须注意应满足公路在设计、施工、运营过程中的具体功能要求，如交通安全、防止水土流失、净化空气、降低交通噪声等。

（一）公路景观设计与园林景观设计的区别

公路是一条狭长的线性空间。其车速快，空间移动迅速，形成了与其他方式不同的空间移动感，其空间的景观构成应以汽车行驶速度为前提，应从驾驶员和乘客的角度考虑绿化的配植方式。公路的自身特点决定了景观绿化设计要注意绿化功能的需要，不能像传统园林设计那样，把景观的美化置于绿化功能之上。首先要考虑安全、舒适，要与周围景观协调一致。在设计时，为避免司乘人员感到单调，在空间的开合上，结合周围的山水地形，形成丰富变化的节奏和韵律。在一些路段考虑四季景观，采用常绿树与落叶树，乔木、灌木，速生、慢生，不同树形和色彩的树种合理、巧妙配置，树木花草种植形式要多种多样，如丛植、群植、孤植、对植等，打破成行、成列、成片的群植产生的单调和呆板，力求统一中有变化。使道路景观四季景色分明、层次清楚、季相变化丰富多彩，整条道路像用不断变化的景观空间谱写的一曲自然交响曲。

公路的自身特点决定了公路景观的设计同园林景观设计不同。公路景观的观赏者是人在景外行，园林的观赏者是人在景中游。这就存在两种不同的观赏方式。园林的观赏者大多是俯视或者平视，道路景观的观赏者是远视或侧视，这就使得两者的设计理念并不相同。道路景观设计不能像传统园林设计那样，图案多变、色彩太过丰富，而要从绿化功能出发，以模仿自然为主；以道路走向曲线为景观设计曲线，与周围的环境密切配合、合理搭配，尽可能采用拟对称自由式布局手法，设计成从不同角度都能看到完整造型的、具有群体美的景观，不能只是近视、全视效果，而不考虑远视、侧视的效果。例如，在起伏多变的地形段，景观设计宜散不宜聚、宜素雅不宜华丽，利用植物的遮掩，布置出多变的环境，使司乘人员不管在何角度都能观赏到一个完整的景观，而且不同的角度景观效果不同，以达到车移景异、丰富多彩的景观效果，体现“车在路上走，人在画中游”的一种境界。如图 8.3 所示为园林景观，图 8.4 所示为公路景观。

图 8.3　园林景观

图 8.4　公路景观

（二）公路景观的设计理念

虽然公路由于车辆速度的因素，景观设计时一切景观元素的尺度要扩大，元素间的间隙等随车速的加大而加大，但并不是在绿化配植时，完全要用片植的形式组成大色块，而应以生态学理论为依据，以公路的自身特点为出发点，尊重原有环境，正视自然，体现“自然的才是最美的”的设计理念。

公路景观绿化不仅要美化环境，也要加强道路的特性，使其连续性、方向性、距离感突出。公路本身的变化往往不是本身所能显示的，需要通过其他要素进行加强和指示。要通过种植植物材料，利用其在立面上所形成的竖线条，加强视线的诱导，反映线形的变化，通过树木高度和位置的安排等达到预示作用。例如，在周围地形较狭隘时，不宜大色块种植，而应以稀种点缀为主，增加空间感，令人视野开阔，心情舒畅；在道路线形较弯曲时，不宜大量群种，宜随线形列种，突出道路的线形特点，增加司机的方向感、安全感；地形起伏处，低矮的土丘之顶，配以长尖形植物，则可增强和烘托小地形的起伏感；而于山基植以矮小扁平或匍匐类植物，同样可以增加地形的起伏感。公路景观绿化还要宣传传统文化、历史遗迹、风土人情等，将文化古迹和风景点很好地组合到公路环境中来，突出当地文化特点，赋予公路文化特色，不仅可增添游客兴趣，给人留下深刻的印象，而且可以延续历史文脉，弘扬民族文化。例如，在设计有体现地方文化内涵或纪念性的雕塑小品、浮雕时，不宜大手笔、大色块地种植，避免喧宾夺主，宜进行衬托性种植，植物少而精，配置上要与总体环境相协调，渲染气氛，烘托主题。这样即使车辆迅速通过，通行者对雕塑仅做短暂的注视后也能留下深刻印象。

公路景观绿化更要遵循自然协调的原则，再现自然本色。景观设计要因地制宜，结合环境，要注意分散与集中兼顾；要注意生物的多样性，乔、灌、草、地被、花卉合理组合，保持景观的良性循环，不宜一味追求“大色块”。有时摒弃规则式的绿化，引入绿化的小品设计，采用小片种植或点缀为主，也能克服大色块景观的单调性，达到良好的视觉效果。例如：回头曲线处雅致的玩石、边坡上自然裸露的孤石自成景致、在有起伏的绿地中间植稀疏的树木等所形成的景观，有酷似“枯山水”的艺术风格，都不是“大色块”能达到的效果。

从生态学的角度讲，公路景观设计不是规则式设计，而应是自然式设计。就是通过搭配不同的植物、树木、其他景观材料，选用易突出大自然天然景色的景观，营造自然式的路域环境，要求与环境在变化中统一。在公路目前的绿化设计中，一些设计往往沿用城市园林设计手法，制造出大量人造景观，如采用大量的雕塑、山水小品、与路域环境不相符的一些城市园林树种，在一些路段人为改变原有地形、地貌、原有植被，进行人工造景；另外还存在着不考虑周围环境，一味追求所谓的一致、大气、规则，绿化手法单一，片面追求公路的线形指标，从而形成了“封”“堵”的压抑感，忽视了“不破坏就是最大的保护”的基本设计原则。

公路景观设计应以不追求人造景观、适应自然为原则，减少人工构造痕迹，要能隐就隐；要“露、透、封、诱”相结合，有收有放；既要配合和利用环境的形态、质地、色彩来营造“动”的氛围，还要保护自然界既有的势，公路借势得势，营造“势”的氛围。

近景好的“露”，利用园林中的借景手法，把园外的自然风景引入园内，形成内外一致的壮丽景观。例如，道路周围有秀美景色时，在景观设计中，就不能种植过密、过高，而要让近景“露”出来，使道路景观与自然景色融为一体。

远景好的“透”，把远处的美景拉到眼前，形成道路景观的美丽背景，即在设计上采取借景生辉的手法。例如，远处有奇峰、密林等景色时，减少高大树种、高大的其他构造物，尽量种植低矮植物或草坪。广袤的大草坪，可使远景“透”出来，使司乘人员极目远眺，产生无限美感和遐想。

景色不好的通过绿化“封”，在需要“封”的地方，可采用密实的林丛隔断外面的世界，为司乘人员提供天然绿色屏障。例如，在周围环境空阔、多石、绿色植物稀少的情况下，可以多种植速生、强健、落叶晚、发叶早的阔叶树，但树叶要以单纯的绿色为主，不能有强烈的反光而影响驾驶员的视线。这样不仅能营造出丰富的景观，还能让人感受到阴凉的环境，使司乘人员感到风景这边独好。

景色不好又无法“封”的则“诱”开视线，如在周围自然环境不好且覆盖面大时，在设计手法上采用“破景”的方法，大量使用色彩明快的色带，配以色彩亮丽、简洁明快的图案，与周边的环境形成鲜明的对比，“诱”开司乘人员的视线。

（三）山区公路景观的特征

（1）以安全性为前提。

山区公路景观不能为绝对的美而存在。山区公路路线复杂，视线多变，要在安全、保持通行的情况下对景观的构成元素进行美学调整。

（2）观赏的动态性。

当用路者行驶在公路上时，人们是以运动的状态来欣赏沿路景物，沿线的景物被联系起来，形成动态景观序列，设计时要考虑这一特征，要以人的运动视觉特征为前提考虑景观的感知效果。

（3）景观构成要素的多元性。

首先，由于山区公路在修建的过程中要使公路畅通，某些路段还会出现桥隧紧密相连的复杂情况。其次，山区公路在山谷、山坡、山顶之间穿梭，往往会在山中开山造路，对山体造成很大的破坏，导致出现较高裸露的公路边坡、挡墙。所以，山区公路的构造物无论从数量还是体量上都远远超过平原区的公路。

（4）丰富的视觉景观。

山区公路景观地形起伏使得道路具有漫长而曲折的特点，在曲折和起伏中，会形成不同特征的视觉联系，使得在运动中的人们能够仰望山体自然景观或者边坡景观，或是平视公路景观，或是俯视公路下方的景观，使山区公路景观因独特的地形特征而有别于平原公路景观，以彰显其丰富多彩的个性特色。

（5）多转折起伏空间和长直的坡道空间。

为了减少高差，山区公路路线多采用曲直结合的形式适应地形起伏高低变化，所以会有较多的转折起伏点和长直坡道，山区公路景观也呈现出弯曲、高低变化的形态特征。与平原地区“一马平川”“横平竖直”的公路景观形态特征截然不同，相比较之下，山区公路景观的空间类型更多，会给人带来不同的体验感。如图 8.5 所示为平原公路，图 8.6 所示为山区公路。

图 8.5　平原公路

图 8.6　山区公路

（四）山区公路景观与地域文化

地域文化是一定区域内的精神文化，按照中国地域划分是源远流长、独具特色的主流文化，同时地域文化也是有关自然地理环境的文化，地理特征是地域文化的积淀。地域文化离不开自然、社会多方面的综合作用，它反映了地域自然环境特征，山水、气候及人文环境特征，以及民俗、历史、建造工艺等社会生活各个方面。地域文化虽然在空间上具有一定的局限性，但是在时间上包含了过去、现在的文化底蕴，它在一个稳定的大环境中产生，它又反作用于大环境。

地域文化包含三个层面：自然层面、社会层面、人文层面。自然层面是社会层面和人文层面的基础，人文层面是社会层面和自然层面共同作用的结果。

山区公路景观有了地域文化的融入，山区公路景观设计就有了明确的主题，无论是当地的风土人情、建筑风格、文艺作品，都能为设计师提供思路，打造不一样的公路景观。任何景观设计都应该注重地域文化的融入，没有地域文化融入的景观只有空壳没有内涵，公路景观背后所蕴含的地域文化是独一无二的。

山区公路承载着经济的功能，连接两个地区，促进周边地区的经济发展。山区公路景观具有生态复绿的功能。将地域文化融入山区公路景观，使得山区公路成为文化宣传走廊，赋予山区公路景观文化特性，丰富山区公路景观功能。让山区公路景观成为地域文化传播的媒介，同时地域文化也具有丰富山区公路景观的功能。如图 8.7 所示为遵义赤水河谷旅游公路。

图 8.7　遵义赤水河谷旅游公路

第二节　景观美化亮化设计基本要求

一、公路绿化景观

（一）功能性原则

公路绿化改善公路沿线环境。公路绿化能使本来生硬、单调的公路线形变得丰富多彩，创造出许多优美的景观，使裸露的岩石边坡披上绿装，使公路对周围环境景观的负面影响降低，使公路两侧的自然及人文景观资源与环境景观有机结合、协调，使公路构造物巧妙地融入周围环境之中，给公路的使用者提供优美宜人、舒适和谐的行车环境，同时防止公路范围内的水土流失。

公路绿化提高公路行车安全性。公路绿化在改善公路沿线环境的同时还提高了公路的交通安全性，降低了行车肇事的发生频率，减轻了事故的危害。

公路绿化功能的综合化。对公路沿线防护、防污、护坡等保护环境的功能栽植应给予足够的重视；诱导、过渡、防眩、缓冲、遮蔽、隔离等改善环境的功能栽植应尽可能完善。

1．安全性

安全是基础也是前提，公路绿化作为公路工程体系的一个重要组成部分，首先要避免视线干扰，确保视线通畅。绿化树种应选择分枝点高、树形紧凑、木质坚硬、不易折断，且病虫害少的树种；其次要适度变化，缓解驾乘疲劳。公路长距离单一均质景观易使司乘人员疲劳，影响驾驶注意力，在绿化设计时宜分段变化种植，改善路域景观丰富度；最后要因地制宜，增强路侧安全。在公路两侧有条件时可留出较宽的路侧净区，为驶离车道的车辆提供缓冲空间，最大限度地保障行车安全。在公路下边坡一侧在不影响交通视线的前提下，可以种植行道树，为可能的交通事故起缓冲阻挡作用，避免车辆坠落导致的更为严重的交通事故。

2．便利性

公路是直接与千家万户相连接的通道，与老百姓的生活息息相关，所以其交通情况也异常复杂，公路的交叉口多。公路绿化设计应充分考虑绿化对交通的影响，保证交通的便利性，同时，可以用特定的绿化植物来美化公路交叉口，作为对司乘人员的提醒和警示，既兼顾各方利益，又提高交通安全。

3．易维护管理

公路绿化养护管理主要存在以下几个方面的问题：① 公路由于其路线长、立地条件复杂，对植物的生长习性有较高要求；② 公路与民相邻的特点，使绿化植物除客观环境条件产生的维护管理困难外，还易于受到人畜损害；③ 绿化植物的抗病害能力强，养护成本低，若抗病害能力弱，养护成本就高；④ 绿化植物的落叶情况，落叶量大的树种，在落叶季节会给养护部门造成巨大的清理压力。所以贵州山区公路绿化植物的选择，应尽可能选择速生、抗性强、常绿的树种。

（二）生态性原则

公路建设不可避免会对公路路域生态环境造成一定的影响和破坏，也成了导致区域环境景观破碎化的重要因素，公路绿化的重要任务之一，就是对路域生态环境进行保护和恢复，实现公路环境可持续发展。保护要求：① 新增绿化能够和现有生态体系相融合共生，而不会破坏现有生态体系；② 不会产生生物入侵，破坏现有生态安全格局。恢复要求：① 促进原有生态体系恢复；② 如原有生态体系完全破坏，则要促进新的生态体系快速形成。

（三）地域性原则

当人们通过一条公路后，对这条公路留有的印象，就是这条公路有别于其他公路的特征，这就是公路的个性。如何建立公路的个性？地域性是表现公路个性的根本，努力发掘地域性特点并加以应用，是实现公路个性化的基本方法。地域性主要表现在两个方面：自然环境和文化特征。

1．自然环境

公路路线长、跨度大，所以其所关联的自然环境也特别复杂。从区域环境特征来讲，山区路面坡度大，路线弯曲复杂，视线不通畅，水土条件差。从公路周边环境而言，有河流溪涧，有秀美山川，有农田，有村庄。从公路本身结构而言，有的平直顺畅，有的蜿蜒盘旋，有的靠壁临壑，有的劈山开洞。公路所处环境的气象、气候条件也是自然环境的重要因素，如有的山区平常时节雾气较大，冬天湿度较大的地方，路面易结冰等，都容易产生安全事故。

2．文化特征

景观是人们对环境的一种认知，而有了人的参与，也就融入了人的情感、人的期望，也就有了超越客观环境本身而存在的文化和思想。也正是这种需要人们感知的文化和思想，给人以更深的感悟与领会，也给物质化的环境予以生命和灵魂，让它融入自然，而又超越自然，进而渗入人们的精神世界，历久弥新。

公路绿化所包含的文化特征包括：植物选择与配置所表达的物语文化，如松树是高洁、庄重的象征，柳树则表现为柔美、秀丽等；公路所处环境体现的社会文化，如城镇文化、村落文化、特色建筑、当地的生产生活方式等。

（四）美观性原则

山区公路绿化要达到其美化环境、吸引司乘人员注意、缓解司乘人员疲劳的作用和功能，则必须符合人们的审美观念，满足其美观性原则。

1．造景艺术法则应用

山区公路绿化要达到良好的审美效果，必须充分考虑环境特点，灵活应用造景艺术法则。在整体上要体现协调统一，不宜繁乱琐碎；要把握均衡稳定效果，不宜两侧差异太大，避免对司乘人员造成视线干扰和心理影响；并注意节奏韵律变化，让司乘人员在旅途中感受一种外在的次序美和韵律美。如多种基调树种有规律地分段种植，既强调了整体效果，又体现了韵律美。在局部可采用对比，突出变化，如在公路交叉口，或有特殊景观价值，或必要强调地段，可选择不同的植物加以提醒或警示，既美化了环境，又满足了功能要求。

为使公路环境和周边环境融合，增强景观效果，还要充分应用借景、障景、框景、添景、漏景等造景手法。借景就是借路外之景为我所用，如公路之外的湖光山色、秀丽山河等，让人心旷神怡。障景则是对路域环境中不美的景物或对交通行驶产生妨碍的景物，如凌乱的垃圾场、高反光性的建筑物或构筑物等，用公路绿化加以有意识的遮挡。对局部优美的外围环境，则用框景的方法进行绿化，取优去劣。公路沿线不可避免有无景可观，或景致不优美的路段，对这种情形，则可以适当应用添景手法，在绿化中加以变化，增加景观效果，但不宜琐碎、繁杂。在公路经过村落的地段，周边富有地方特色的民房错落、瓜果飘香，无疑是一道靓丽的风景，则公路绿化可以采用漏景手法，时隐时现，别有一番情趣。

2．观赏特性的应用

公路绿化植物在满足其功能要求的前提下，要充分考虑植物的观赏特性，如树形、观花观果、季相变化等，通过植物自身观赏特性的应用，增加公路绿化景观效果。如樟树、木荷的枝叶茂密、常绿；梧桐、枫香、杜英的色叶变化；女贞、紫薇的花序；池杉、水杉的树形等。

（五）经济性原则

随着公路建设标准的逐步提高，以及人们的环保意识和审美意识的加强，人们开始重新审视公路绿化建设，也给予公路绿化建设更多的关注和经费投入。应把现有的经费用好，选择经济合适的树种，创新更科学合理的养护模式，节约养护成本，将公路绿化达到可能的最优效果。

二、交通安全设施景观

公路交通安全设施包括交通标志、交通标线、护栏、轮廓标等，都属于人工构造物，其传统设计方法的现代感十分鲜明，与公路周边的自然感反差十分明显，是安全工程中对公路景观影响最大的部分。

（一）交通标志的景观设计原则

交通标志是公路直接向驾驶员提供信息的设施，是道路与道路使用者进行沟通的媒介；同时交通标志是交通规则和交通信息的图形化语言，具有法律意义。国家标准《道路交通标志和标线》（GB 5768）对于交通标志的图形、符号、颜色和外观尺寸均有严格的规定，作为公路的建设者，应该严格地遵循国家标准的规定。但是在和谐、创新理念的指引下，在标准规定的框架之内，可以采用自然化、乡土化和隐蔽化的设计手法，赋予交通标志新的特色。自然的才是最美的，从自然美学的角度讲，人工雕琢的痕迹越少，道路与自然越和谐；而从标志的功能上又要求越醒目越好，交通标志设计就是要从这对矛盾中寻求最佳的平衡点。

（1）满足现有规范和相关法律法规的要求。

标志的景观化设计必须在我国现行的规范和相关法规允许的范围内进行，不能突破国家对于交通标志的规定。交通标志是一种法律的语言，为了保证标志的一致性，相关的标准是国家的强制性要求，擅自变更的行为是一种违法行为，因此对于有强制性规定的标志不能从图案、内容上进行景观方面的修改，只能在标志的结构上考虑景观方面的要求。而对于部分强制性要求以及无强制性要求的标志，则可以从标志的位置、内容、图案上考虑景观的元素，同时还可以对标志的结构进行景观化设计。

（2）满足安全和信息提示的基本功能。

标志的景观化设计应秉承安全第一，以不降低道路交通安全水平且不减少驾驶员能够获得的有效信息为原则。

（3）与环境相协调原则。

标志景观化设计应结合标志的功能以及具体的道路情况和景观特征，结合不同路段地形地物的特点，因地制宜地进行合理的景观化设计。

（4）安全功能优先原则。

交通标志首先是一种道路安全设施，对于保证公路的安全水平和服务水平具有至关重要的作用，因此交通标志的景观化设计不能降低标志系统应具有的功能，若景观要求与交通标志的功能要求发生冲突，则首先考虑对标志系统进行功能优化，通过调整标志的内容和位置，在保证功能的前提下追求美观；若无法通过优化实现上述目的，则保证交通标志的功能，而承受景观方面的瑕疵。如图 8.8 所示为交通标志图。

图 8.8　特色旅游标志牌

（二）护栏的景观化设计

护栏是行车道两侧的安全设施，其目的是防止失控车辆驶出路外，降低事故中人员和财产的损失，在现代交通系统中具有举足轻重的作用。同时，护栏占据着驾驶员和乘客路侧的视野，是整个交通环境中有机的组成部分，直接影响着道路的整体景观。因此，对于有景观要求的公路来说，护栏的选择不但要考虑对车辆的防护，而且要使护栏的形式与自然景观和文化传统相得益彰。

（1）必须能够满足安全防护的基本功能。护栏的景观化设计必须在满足护栏基本防护功能的基础上进行，不能以降低护栏的安全防护和诱导水平为代价。

（2）与环境相协调原则。公路作为长度很大的线性工程，路线穿越的沿线环境也在不断变化，单一形式的护栏使人产生单调乏味的感觉，且难以与富于变化的环境相协调。因此，护栏的景观化设计应结合具体的道路情况和景观特征，结合不同路段地形地物的特点，因地制宜地进行合理的景观化设计。

（三）排水设施设计

公路排水包括地下排水和地表排水两大类。排水设施应系统、完善，以“隐”为原则，尽量不外露，注重与自然景观协调，并考虑对行车安全的影响。根据当地降水量及汇水面积等对排水设施的形式和尺寸进行灵活选择，从防冲刷角度合理选择排水设施的防护类型，主要有植被防护、圬工防护两种类型。

在各种排水设施中，边沟对行车安全起主要作用。其他排水设施的设置应与周围环境相协调，尽量通过各种处理措施弱化人工痕迹。

边沟的断面类型有矩形、梯形、浅碟形和三角形等，断面类型的选择应根据公路等级、沿线地形地貌、设置位置、路基填挖高度、泄流能力、土质或岩质，以及对安全与景观的影响程度等因素综合考虑。

从安全和美观角度，在深挖方路段，矩形边沟加泄水孔盖板形式对过水断面较大、排水距离较长的路基边沟的适应性较好，不但能减少开挖量，有效增大路侧净空区，防止车轮卡陷，提高安全性，而且可以防止边坡碎落堵塞。

三、构造物景观

（一）公路边坡景观设计

边坡是山区公路建设中地表被破坏严重的区域，也是不稳定的区域，必须对其进行有效的加固与防护，同时良好的边坡景观将给人们带来赏心悦目的享受，反之，使其产生视觉疲劳。为此，公路边坡景观设计在整个公路景观体系中显得十分重要。

（1）结构稳定性原则。

边坡加固与防护是公路建设的重要内容，如无有效防护，将导致边坡产生碎落、塌方、滑坡等灾害，影响交通安全。因此，公路边坡景观设计应首先保证边坡结构的稳定与安全。

（2）造型美观原则。

边坡与驾驶者的距离较近，即使高速行驶也较多地刺激驾乘人员的视觉，由于它是竖向布置，具有较高的敏感度，能对用路者产生较强的视觉冲击。边坡的景观设计，应结合工程特点，根据视觉心理特征和美学要求，恰当地进行整体以及局部的美化设计，以使其具有美的造型。

（3）生态保护原则。

山区公路建设由于开挖大量岩土体，破坏了原路域范围地表的大量植被，地面裸露生态环境被破坏，生物多样性减少，引发自然生态系统的退化。在景观设计中，应结合生态学原理，充分考虑设计方案所产生的生态效益，努力恢复路域的原生态环境。

（4）彰显地域文化原则。

一个区域的公路边坡设计是一个区域情况的反应，设计人员应以区域文化作为景观设计特色，在表达区域特色的同时尊重人与自然的和谐关系，造景过程中引用新型种植技术，提高景观设计的现代感，创造出现代和谐的景观设计风格。

（5）经济可行原则。

公路边坡景观设计必须使其造价控制在合理的范围之内。同时，设计方案应结合具体的工程特点，考虑其实际的工程可行性。

（二）公路隧道景观设计

隧道洞口作为独立、具体、不可重复的工程构造物，既具有类似公路、建筑等的景观特点，又区别于这些建（构）筑物景观。在景观设计上其具有显著性、统一性、空间感、意象感、力度感、趋同性等特点。隧道处于公路的“咽喉”部位，其景观设计及优化营造应遵守相应的原则和设计理念。

（1）“以人为本”的安全性原则。

道路行车安全在任何条件下都处于首要位置，因此结构安全和运营安全是隧道洞口景观设计的基础。主要体现在洞口结构、洞外亮度、装饰、安全防范几个方面。

结构安全是景观设计的根基，没有良好的结构支撑，景观设计便没有其存在的本质意义；隧道洞内外亮度差是降低驾驶安全的主要因素之一，因此在隧道洞口景观设计时，应利用构筑物形成明暗过渡段，削弱“黑洞效应”和“白框效应”，保障行车安全；隧道洞门壁面、洞门附近建筑物等装饰，尽量采用简单的装饰手法，杜绝华而不实的洞口景观，避免出现驾驶分心的现象以及铺张浪费的社会风气；在隧道洞口处设置导引系统，使得驾驶员提前知道前方有隧道出现，给驾驶员留有充足的心理缓冲时间，起到安全防范的作用。

（2）对比调和原则。

如果想让人们记住某一个特定的景观元素，对比无疑是最好的方法，但是隧道洞口景观具有一定的特殊性，那就是安全第一原则，隧道洞口景观对比一定要把握“对比度”，既要对比突出，又不可出现“万绿丛中一点红”的现象。调和则强调一种相似性，比如植物的种植形式，整体树种不要太多，保证一个基调，在基调基础上再点缀几颗具有对比效果的其他树种，或色彩、或季节、或体量上完成植物景观的营造，调和与对比可以整体相互转换。

（3）整体协调性原则。

隧道洞口景观设计整体性原则要求隧道洞口景观与公路全线景观相统一，与当地自然、人文自然相协调。其具体意义可以分为以下三个方面：

① 隧道洞口景观虽然属于公路全线景观的一个部分，但其设计不能脱离公路的整体设计，不能毫无特色，亦不能过于突兀。

② 隧道洞口景观设计在安全性的基础上，首要考虑周边的自然环境，设计中做到尽量减少对植被、山体的破坏，与周边的环境协调统一。

③ 隧道洞口文化景观作为一张立体的明信片，不能因强调其文化历史意义而设计过度，应做到在与整体环境协调的前提下，采用适当的艺术设计，形象地展示当地文化。

（4）生态设计原则。

生态设计不仅要保护自然环境，也应该考虑到所处地域的动植物生活习性，隧道洞口景观设计在改善我们人类的生活环境时，也力求不影响各种生物的生活环境。

（5）地域性原则。

在洞口景观设计时，应该将所处地域的风土人情和审美偏好考虑其中，做到尊重当地文化，包容区域差异性。如图 8.9 所示为 G243 湄潭月亮坝至余庆公路的大乌江隧道洞口景观。

图 8.9　大乌江隧道洞口景观

（三）公路挡墙设计原则

山区公路边坡挡墙的样式较为丰富，挡墙的选择应考虑比例、尺度、色彩、材质等因素对景观的影响，处于自然环境中的边坡挡墙应自然化，与周围环境相融合。

过高的挡墙厚重、压抑，而矮、隐的挡墙舒缓，容易与边坡和自然景观协调，通过形式、高度的变化，挡墙的形式更丰富。挡墙端部进行弯折处理，使其与周围环境相融合。平齐的挡墙显得单调，而结合地形起伏，相应地改变挡墙高度，墙顶线尽可能与路线纵断面平行，可以提高景观效果。与生硬、高大的挡墙对环境的影响相比，在深路堑处，设置低挡墙，更容易与周围环境协调。

挡墙饰面对减少人工痕迹、改善景观效果有显著作用。易与自然景观融合的边坡挡墙形式还有自然砌石式、自然石笼式、人工塑石式、混凝土预制块式等多种。如图 8.10 所示为文化挡墙。

图 8.10 文化挡墙

四、附属设施景观

（一）观景台设计

结合地形条件，在公路沿线合适地点合理设置观景台，不仅能为游客提供驻足欣赏美景的空间，而且还有利于行车安全。观景台的位置一般宜选在景观样式丰富或景观具有广阔眺望空间的地方，同时，应避免设在事故易发或视距不良路段，有条件的地方，可以考虑设置绿化带把公路与观景台隔开，以保证公路上的行车安全。

（二）公路服务区景观

服务区是当地文化对外展现的窗口，服务区内单体建筑应能体现当地人文景观的特点，风格鲜明而又不过分张扬，能完全融入周围的自然环境中。休息区内可以设置具有观赏性的环境艺术品，如雕塑，是一种具有强烈感染力的造型艺术，具有独特的精神内涵和艺术魅力，乘客可以慢慢地欣赏。

为了方便旅游公路的使用者，服务区内可以通过可变电子情报板、自助触屏信息查询系统或其他文字材料提供综合信息，如人文历史介绍、旅游信息、交通常识、科普知识及服务设施分布等。服务区需提供完善的基础设施，如公厕、停车场、加油站、充电桩、公用电话、残疾人专用设施、座椅、饮水设施及垃圾桶等。

第三节　绿化景观优化的对策

路域景观的美化亮化设计是贵州山区普通二级公路提质升级改造中的重要内容，是建设“畅安舒美”的公路交通环境的重要途径。设计不仅立足于服务大众，还要与公路周围的环境相协调，保证生态环境的平衡，不可严重破坏当地的生态环境。以贵州山区普通二级公路提质升级改造工程——G243 湄潭月亮坝至余庆公路为例，对公路的景观美化亮化的对策进行说明。

一、提质升级改造背景

本课题的研究以普通二级公路提质升级改造要求为目标，以构建“畅、安、舒、美”的公路交通环境为中心，结合贵州省山区二级公路具体情况，针对路线、路基、路面、交安设施、路侧景设计等方面的提质升级改造，进行了提质升级改造工程关键技术理论研究，并应用于 G243 湄潭月亮坝至余庆公路路面改造工程，对整修路段进行了实施前后对比及风险评估，对重点路段新技术、新材料的创新性进行了分析，评估了实际应用效果，总结出适合山区二级公路的、可量入为出的、有推广价值的、可持续发展的、能形成地方性可借鉴的提质升级改造应用方案。提高公路通行能力、路况水平、安全水平、出行服务水平和路域环境综合水平，实现二级公路改建的“创建畅安舒美路”目标，为公众提供更好的服务。

二、景观设计思路

（一）路侧景观设计思路

路侧景观设计是公路景观美化亮化设计的重要组成部分，设计充分整合周边优美视觉资源，在景观风貌幽美的段落以透景为主，植物选择以色叶开花植物为主，为本项目增花添彩、丰富路域景观层次，形成层次分明、季相变化、色彩丰富的景观效果。根据公路现状周边资源以及主题段落划分选择相应主题树种，营造不同的景观主题风貌。

设计遵循交通运输部颁布的《“畅安舒美”路创建实施标准》，采取“重点与一般相结合”的原则，采用自然式的设计手法，因地制宜地打造景观。对于路侧宽平台、观景台等重点区域采用多种植物品种、多种规格搭配；对于一般的路段，通过补栽乔灌木和撒播草花等恢复性手段进行绿化。

（1）对沿线场地进行杂草清理、土方平整、场地规整，进行整洁度的规范，为景观美化亮化创造良好的基底。吸纳好的路外景观，摒除差的视觉因子，感受秀美的沿途风光。

（2）以“增花添彩”为主，通过补栽开花色叶小乔木增花添彩，撒播多年生草花，形成绿化基底，打造出层次丰富、富有韵律的绿化景观带；打造出一条“畅通、安全、舒适、美观”的多彩景观道。

（3）合理应用不同植物生长及观赏特性，分别对不同景观区域进行合理配置，通过主题段落的划分为各个主题段落规划不同的主题树种，将观景台及宽平台作为景观亮点重点打造，形成“丰富多样、特色鲜明”的景观效果，为公路景观增添一道亮丽风光。

（二）观景台及服务设施设计思路

为了更好地体现项目“畅通、安全、舒适、美观”的设计主题，提升整条线路的功能性和景观性，在沿线周边环境较好（视线开阔，周边有丰富的自然景观资源）区域，在场地条件允许的地方设置观景平台和停车区。同时针对道路沿线具有服务功能的养护站、售卖服务站点和简易便民服务设施进行完善和提升设计。设计充分利用既有公路管养设施、闲置设施及用地，着重解决服务设施供给不足、质量不高、服务内容较单一的问题，设计通过合理的布局、功能的完善，为用路者提供基本的公路服务。

设计中充分依托自然地形地貌及地域人文资源，坚持尊重场地特质，不大填大挖，布置各场地合理的服务功能，选择乡土材料及树种，通过丰富的景观文化元素和功能设置营造出极具地域特色的行车环境，方便与服务周边居民及过往司乘人员，形成主题鲜明、内容丰富、参与性强的道路景观亮点。

（三）装饰景观设计思路

为了更好地体现项目“畅通、安全、舒适、美观”的设计主题，提升整条线路的功能性和景观文化性，根据景观主题段落划分，提炼当地文化元素进行沿线文化景观打造。通过对项目的详细踏勘，分别对隧道洞口的挡墙进行文化主题装饰，展现各个主题段落的人文风貌，对全线弯道安全防护措施进行美化。

三、路侧景观设计

（一）路侧景观设计理念

该项目为湄潭县至余庆县主要通行道路，除了承载基本的交通运输功能之外，在保证行车安全的前提下，更应具备文化展示和引导功能。

湄潭县是“贵州茶业第一县”，余庆县盛产小叶苦丁茶，两县茶业均为主要优势产业，茶文化底蕴深厚，且基于项目路线穿越敖溪土司文化古镇以及横跨乌江这条红色文化历史长河，沿线拥有悠久、丰富的历史人文资源，因此提出“品味山水茶乡，畅游时光之旅”的设计理念。设计利用沿线丰富的自然、人文资源，融入当地历史文化、提取民俗文化元素，打造出富含地域特色、具有地方文化气息、主题鲜明的“畅安舒美”路。

（二）景观主题段落划分

围绕“品味山水茶乡，畅游时光之旅”的主题，提炼民俗文化（如湄潭农民画、打闹歌、余庆狮灯、花灯等）、茶文化、红色文化、千年土司文化等，展现项目沿线公路景观文化，如挡墙装饰、观景台、宽平台等景观亮点打造以及特色标识系统引导等。根据项目环境及人文历史、自然资源，进行特色景观主题打造，分段演绎文化历史故事，突出每个主题段落的人文特色和景观风貌，使本项目道路成为一条以“畅游（行车体验）——穿越（历史回顾）——记忆（文化传承）——新貌（风貌展示）”的人文景观廊道和历史文化卷轴。景观主题段落划分如图 8.11 所示。

1．畅游·茶海原乡（见图 8.12）

（1）起止桩号：K4 + 450—K19 + 150。

（2）现状概述：本段经过多个乡镇，路侧房屋建筑较多，绿化空间相对较少，人口相对密集，车流量较大。

（3）景观主题：因为本段落周边分布较多城镇村落，为本项目的起点段落，景观规划主要围绕当地人文风情及湄潭县茶文化进行打造，营造进入“山水茶乡，时光之旅”的入口景观大道。

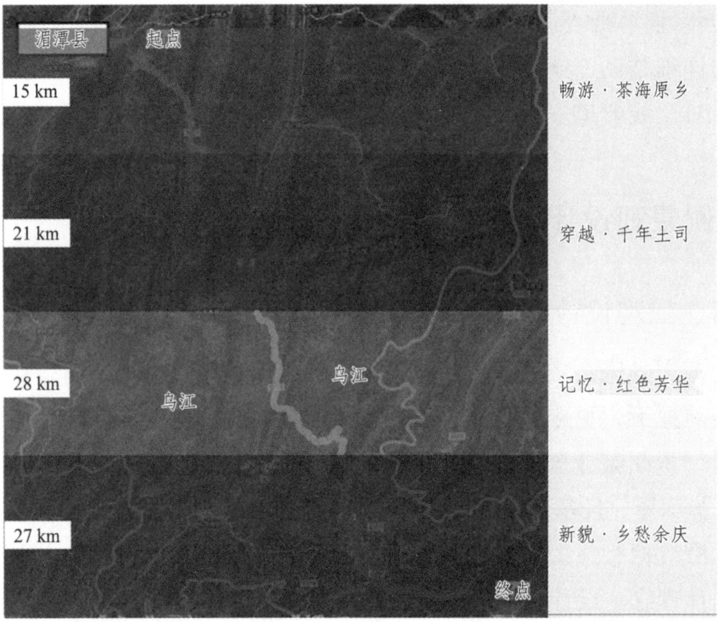

图 8.11　景观段落划分

（a）

（b）

图 8.12　畅游 · 茶海原乡主题

（4）景观规划：本段的绿化景观营造主要通过补栽行道树实现，完善道路景观的连续性；色叶植物点缀种植，增加道路景观亮点。提炼当地民俗文化、茶文化元素，进行挡墙文化装饰；设置特色标识标牌，起到引导作用，丰富司乘人员的行车体验。

（5）主题植物选择：复羽叶栾树、红枫、红叶石楠、毛杜鹃、二月兰。

2．穿越 · 千年土司（见图 8.13）

（1）起止桩号：K19 + 150—K40 + 300。

（2）现状概述：本段沿线多为峡谷丘陵地貌，自然山水风光秀丽，历史文化氛围浓厚，经过千年土司文化旅游古镇、飞龙湖国家湿地公园等，现有植被丰富，景观条件优渥，为重点打造段落。

（3）景观主题：在行驶途中穿越千年土司文化旅游古镇和飞龙湖景区，感受千年古镇的悠远历史，品味自然山水的壮丽风光。景观主题主要围绕千年土司文化，结合丰富的自然资源进行打造，延续古今文化之美，再现"青砖马头墙，红梁花格窗，飞檐小青瓦，家家开店堂"的土司风情。

（4）景观规划：现有植被丰富，绿化景观打造主要通过开花色叶小乔木序列种植，撒播多年生草花形成绿化基底，增花添彩。对宽平台进行组团种植，形成层次丰富、富有韵律的绿化景观节点；根据现有条件，对飞龙湖国家湿地公园处现有观景台进行提升改造；提炼土司文化和自然风光元素，进行挡墙文化装饰，感受本段落的历史文化底蕴。

（5）主题植物选择：桂花、木槿、红花檵木、野蔷薇、硫华菊、金鸡菊。

（a）

（b）

图 8.13　穿越·千年土司主题

3．记忆·红色芳华（见图 8.14）

（1）起止桩号：K40 + 300—K67 + 900。

（2）现状概述：本段以峡谷丘陵风光为主，海拔较高，视线开阔。跨越乌江，途经 1935 年红军长征时"突破乌江天险"一役旧址（贵州省乌江渡口——龙溪），红色文化氛围浓厚，经过余庆坊·红渡景区、红色文化教育基地等重要景区。

（3）景观主题：本段红色文化氛围浓厚，在红军长征强渡乌江旧址，回顾先辈们当年艰苦卓绝的奋斗和铮铮铁骨，景观主题围绕红色文化、长征精神进行打造，体现本段落红色记忆军旅文化的景观主题。

（4）景观规划：现有植被条件较好，需对部分区域地被杂草进行清理和补栽；选用颜色浓郁具有“红”色主题的色叶植物进行序列种植，对宽平台进行色叶植物片植呼应红色主题文化，形成视觉兴奋点。同时提取红色文化和长征精神的元素，进行挡墙文化装饰；新坡水库处新增一处观景台；设置标识标牌，回顾革命先辈的艰苦战斗，突出红色文化主题。

（5）主题植物选择：鹅掌楸、紫薇、金叶女贞、波斯菊。

（a）

（b）

图 8.14　记忆·红色芳华主题

4．新貌·乡愁余庆（见图 8.15）

（1）起止桩号：K67 + 900—K95 + 300。

（2）现状概述：本段靠近余庆县城，以山林田园风光为主，沿线有乡镇分布，自然风光与人文风情相互交融。

（3）景观主题：“余庆”二字出自五代十国时期蜀绍主孟昶在春节亲笔题写的一副对联：“新年纳余庆，佳节号长春”。在唐乾符三年设白泥、余庆二司，余庆建县至此开始。景观规划围绕余庆建制沿革，结合当地民俗风情进行打造，融入余庆当地民风民俗、花灯等元素，展现喜庆、欣欣向荣的新农村新风貌。

（4）景观规划：现有植被条件较好，需对部分区域地被进行清理和补栽，采取开花色叶小乔木加强密度种植的方式，突出本段落欣欣向荣的风貌，对宽平台进行组团式种植，形成丰富的景观层次；同时提取当地民俗文化元素，进行挡墙文化装饰；设置标识标牌。

（5）主题植物选择：枫香、红叶李、金叶女贞、美女樱。

（a）　　　　　　　　　　　　（b）

图 8.15　新貌 · 乡愁余庆主题

（三）路侧景观设计方法

路侧绿化包含一般路侧绿化、碎落台绿化、挡墙绿化、花池绿化、宽平台绿化、平交口绿化、取弃土场绿化、路域环境整治，如表 8.1 所示。

表 8.1　路侧景观营造方式

序号	段落	长度/km	主题植物品种	现状	景观营造
1	茶海原乡	14.7	复羽叶栾树、红枫、红叶石楠、毛杜鹃、二月兰	本段经过多个乡镇，路侧房屋建筑较多，绿化空间相对较少；路侧现状有种植较多行道树，缺少色叶植物	补栽行道树，完善道路景观的连续性，突出“畅游”主题；色叶植物点缀种植，增加道路景观亮点
2	千年土司	21.15	桂花、木槿、红花檵木、野蔷薇、硫华菊、金鸡菊	本段路侧现有植被丰富，绿量较大；沿线海拔较高，视野开阔，有较多宽平台及碎落台；绿化场地形式较为多样	开花色叶小乔木序列种植；撒播草花形成绿化基底，增花添彩；宽平台组团种植，形成层次丰富的景观节点，体现“穿越”主题的神秘感
3	红色芳华	27.6	鹅掌楸、紫薇、金叶女贞、波斯菊	本段路侧沿线绿化场地较为杂乱，被破坏的绿化场地、宽平台较多；有部分取弃土场和挡墙分布；原有绿化绿量较足	对部分区域地被杂草进行清理和补栽；选用颜色浓郁具有“红”色主题的色叶植物进行序列和亮点种植；宽平台色叶植物片植呼应“红”色主题文化，形成视觉兴奋点
4	余庆乡愁	27.4	枫香、红叶李、金叶女贞、美女樱	本段落路侧沿线绿化场地较为杂乱，道路绿化连续性不足，较为零碎；缺少色叶开花植物	对部分区域地被进行清理和补栽；开花色叶小乔木加强密度种植的方式，突出“欣欣向荣”的风貌，对宽平台进行组团式种植，形成丰富的景观层次

1．一般路侧绿化

对项目全线一般路侧绿化进行梳理，针对路侧已栽植乔木如桂花、银杏、杜英等行道树或无行道树栽植的一般路段，进行补充栽植绿化，保证道路景观连续性，提升路侧景观效果。具体方案如表 8.2 所示。

（1）对于路侧无乔木栽植路段，增加小乔木和灌木球，分别交错间距 400 cm 列植，靠近路侧片植 50 cm 宽的灌木地被，丰富路侧景观层次。

（2）对于路侧已有乔木栽植路段，增加下层片植 50 cm 宽的灌木地被，同时每隔 100 m 列植 7～9 株灌木球，增强路侧植物层次和景观连续性。

（3）对于路侧已有乔木和灌木球栽植路段，增加下层片植 50 cm 宽的灌木地被，增强路侧景观连续性。

表 8.2　一般路侧绿化植物配置

植物类别	K4＋450—K26＋100	K26＋100—K40＋300	K40＋300—K67＋900	K67＋900—K95＋300
小乔木	红枫	木盛	红叶李	美人梅
灌木球	红叶石楠球	红花继木球	金森女贞球	山茶球
灌木地被	木春菊	春鹃	木春菊	春鹃

注：上表段落划分与景观主题段落划分不同，是考虑到不同主题间的过渡、重叠，下表同。

2．碎落台绿化

路堑边坡碎落台绿化中，通过绿化栽植，保证路侧景观连续性，同时与周边环境较好融合。具体方案如表 8.3 所示。

（1）当碎落台宽度为 $S \leqslant 50$ cm 时，碎落台满栽灌木地被，保证路侧连续性。同时栽植攀缘植物爬山虎，对岩质边坡进行攀爬覆绿。

（2）当碎落台宽度为 $S > 50$ cm 时，碎落台采用灌木球间距 400 cm，下层满栽灌木地被，提升路侧连续性。

表 8.3　碎落台绿化植物配置

植物类别	K4＋450—K26＋100	K26＋100—K40＋300	K40＋300—K67＋900	K67＋900—K95＋300
灌木球	红叶石楠球	红花继木球	金森女贞球	山茶球
灌木地被	木春菊	春鹃	木春菊	春鹃

3．挡墙绿化

对于挡墙路段，景观绿化设计以弱化挡墙生硬感为目的，与周边环境进行自然协调。

同时根据挡墙高度的不同采用相应的设计模式。具体方案如表 8.4 所示。

挡墙高度 $H \leqslant 300$ cm 时，挡墙顶部间距 400 cm 栽植灌木球，同时按照 10 株/m 列植垂吊植物，丰富挡墙景观效果；当挡墙高度 $H > 300$ cm 时，在挡墙根部列植攀缘植物爬山虎。

表 8.4　挡墙绿化植物配置

植物类别	K4 + 450—K26 + 100	K26 + 100—K40 + 300	K40 + 300—K67 + 900	K67 + 900—K95 + 300
灌木球	红叶石楠球	红花继木球	金森女贞球	山茶球
灌木	迎春	蔷薇	迎春	蔷薇

4．花池绿化

城镇段部分花池有一定程度的破损，需进行花池补修，保证花池的连续性和景观效果。同时花池内杂草较多，部分灌木球死亡，造成景观效果不佳。因此本次对城镇段花池进行补栽绿化，旨在增强城镇段景观连续性和丰富性。具体方案如表 8.5 所示。

表 8.5　花池绿化植物配置

植物类别	K4 + 450—K26 + 100	K26 + 100—K40 + 300	K40 + 300—K67 + 900	K67 + 900—K95 + 300
灌木球	红叶石楠球	红花继木球	金森女贞球	山茶球
灌木地被	木春菊	春鹃	木春菊	春鹃

5．宽平台绿化

全线宽平台较多，根据景观营造需求，对全线三处宽平台 K18 + 120 左侧、K54 + 340 左侧、K58 + 450 右侧进行重点设计。其中 K54 + 340 左侧、K58 + 450 右侧现场已栽植灌木地被，但局部连续性不够，且缺少乔木栽植，景观层次不够，景观绿化考虑增加乔木和开花或色叶小乔木栽植，丰富宽平台景观层次，增花添彩，提升公路景观亮点。

同时对于路侧宽度 200 cm $< S \leqslant$ 800 cm 的宽平台，采用小乔木片植 + 灌木地被 + 撒播草花的绿化模式，营造公路自然、多彩的景观效果。具体方案如表 8.6 所示。

表 8.6　路侧宽度 200 cm $< S \leqslant$ 800 cm 宽平台植物选择

植物类别	K4 + 450—K26 + 100	K26 + 100—K40 + 300	K40 + 300—K67 + 900	K67 + 900—K95 + 300
小乔木	红枫	木槿	红叶李	美人梅
灌木地被	木春菊	春鹃	木春菊	春鹃

6．平交口绿化

通过对现场调查，K79 + 720 处存在一处较大平交口，绿岛较多且已栽植灌木地被，但景观效果较差。根据行车视线和视距安全方面进行景观考虑，在分流处点缀小乔木和灌木球组团，进行行车视线引导，同时丰富景观效果；在汇流处以视线开敞为主，局部点缀灌木球即可。

植物选择：红叶李、红叶石楠球、山茶球。

7．取弃土场绿化

针对公路行车可视程度较强且水土条件好的取弃土场或路侧宽度 $S > 800$ cm 的宽平台，以路侧间距 400 cm 列植双排开花或色叶小乔木，下层片植宽度 50 cm 的灌木地被，丰富路侧景观层次，同时对取弃土场进行绿化遮蔽。另外，采用撒播草灌对场地进行生态恢复，保持水土稳定。具体方案如表 8.7 所示。

表 8.7 取弃土场绿化植物配置

植物类别	K4 + 450—K26 + 100	K26 + 100—K40 + 300	K40 + 300—K67 + 900	K67 + 900—K95 + 300
小乔木	红枫	木槿	红叶李	美人梅
灌木地被	木春菊	春鹃	木春菊	春鹃

8．路域环境整治

为提升公路路域环境的景观效果，对全线路侧苗木的枝叶进行适当修剪，确保路域行车视线畅通，同时避免遮挡交通标牌；对沿线路侧长势较差或死亡的乔木进行替换，保证景观连续性和最佳效果。

同时对路侧场地进行清理，包括杂草、碎石渣及其他垃圾，保持路侧通畅、整洁，也便于景观绿化施工，提升景观效果。

（四）路侧景观改造效果

本项目采取“重点与一般相结合”的原则，采用自然式的设计手法，因地制宜地打造景观。对于路侧宽平台、观景台等重点区域采用多种植物品种、多种规格搭配；对于一般的路段，通过补栽乔灌木和撒播草花等恢复性手段进行绿化。经过一系列景观改造措施后，路侧景观得到了很大改善。提质升级改造前后的对比如图 8.16、图 8.17 所示。

（a） （b）

图 8.16 路侧绿化效果图一（左图为原始风貌，右图为现状）

（a） （b）

图 8.17 路侧绿化效果图二（左图为原始风貌，右图为现状）

四、观景台及服务设施景观设计

（一）观景台及服务设施景观设计方法

通过对项目的详细踏勘，分别对 K47 + 680 售卖点、K51 + 360 飞龙湖停车区、K53 + 940 观景台、K62 + 500 售卖点、K77 + 280 龙溪养护站以及 K82 + 740 售卖点进行景观美化亮化设计及服务功能完善。

（1）K47 + 680 售卖点。

该售卖点中心桩号为 K47 + 680，现状为含停车区域及售卖廊的当地售卖点，占地面积约 2 800 m^2。该售卖点场地较为平整，视线开阔，作为沿线售卖点有较多的车流人流汇集。

景观设计主要对该区域的停车位进行合理规划，因地制宜地设置停车区域。现状已存在绿化花池，但绿化形式较为杂乱，绿化用地较少。设计对绿化进行梳理，增设绿化用地及花池，提升该售卖点的景观层次。通过乔灌草组团种植的形式，使绿化形成亮点，给沿线在此停留的司乘人员带来优美、舒适的景观场地。

（2）K51 + 360 飞龙湖停车区（观景台）。

该观景台位于飞龙湖国家湿地公园景区入口处，里程桩号 K51 + 360，占地面积约 1 950 m^2，是本项目全线重要的景观节点。观景台现状为停车区，有周边当地村民在此售卖农产品，人流车流交汇较多，存在较大的安全隐患。该位置场地平整，视线开阔，周边生态景观风貌较好。

观景台改造设计以飞龙湖景区为主题进行设计，结合场地特性及周边自然人文景观，建议因地制宜合理地设置安全停车区。原有停车位并未进行合理规划，本次改造提升设计增设并规划划线停车位，完善停车休憩功能。同时增设售卖廊及观景台等景观功能。丰富场地参与性和文化性，为过往车辆及周边居民提供集休闲、农产品售卖、驻足观景的好去处。休息场地主要采用透水砖和青石板等材料，同时在局部区域设置石坐凳便于休息。由于本区域植被丰富，绿量足，植被主要采用开花小乔木和色叶植物进行点缀绿化，丰富整个观景台的景观效果。

（3）K53 + 940 观景台。

该观景台位于桩号 K53 + 940 道路右侧转弯处，占地约 695 ㎡。观景台现状为长条形，视野开阔，山峦起伏，风景优美。

观景台改造设计结合场地特性及周边观景条件，将场地分为前后两块区域。靠近道路部分为车行区域，充分考虑加减速安全性设置停车区；外部为人行区域，人行区域内通过观景步道和景观亭连接，内部设置文化展示牌、休闲座椅等小品，同时搭配丰富的植物造景，为游人营造出舒适的游憩氛围。

（4）K62 + 500 售卖点。

该售卖点中心桩号为 K62 + 500，占地面积约 2 100 m^2。该售卖点现场场地内均已硬化，有售卖设施分布。场地较为平整。沿道路一侧有行道树种植，但无花池。

该售卖点设施较为完整，绿化景观设计主要对该点连接道路的区域做绿化梳理，在连接道路一侧设置花池绿岛进行分隔，起到安全引导的作用，同时增强该售卖点的景观性。花池绿化采用常绿树种与色叶开花植物相结合的形式进行列植，下层地被种植灌木带，丰富绿岛的景观层次，形成景观亮点。

（5）K77 + 280 龙溪养护站。

龙溪养护站位于余庆县龙溪镇，中心桩号为 K77 + 280，占地面积约 4 400 m^2。养护站北侧为县交警大队龙溪中队，南侧为龙溪镇客运站，交通便利。

养护站作为附属设施，绿化功能性较强，可停留时间较长，最能体现精细化设计和特色，绿化景观营造优先考虑功能性绿化，与养护站房遥相呼应、烘衬。在绿化景观改造提升设计时，考虑养护站的实用性，对停车区以及功能区进行划分，对植物进行梳理和美化，同时将当地人文文化融入养护站的设施中，从而整体提升养护站的品质。

在绿化景观区域内，使用枫香、桂花作为主景树，采用乔、灌、草搭配组合的方式进行绿化设计。多采用开花植物紫玉兰、日本晚樱以及色叶小乔木红叶李、红枫，下层搭配灌木红叶石楠、春鹃、金森女贞，形成层次丰富的景观组团。在停车场绿化区域，种植桂花作为遮阴树种，完善服务设施的功能性。养护站进口成团点缀灌木球，起到提示及引导作用。

（6）K82 + 740 售卖点。

该售卖点中心桩号为 K82 + 740，现状为含售卖廊的长条形售卖区域，占地面积约 3 400 m^2。该售卖点场地较为平整，但紧邻道路平交口，对面有公交车停靠点，作为沿线售卖点有较多的车流人流汇集且未合理设置停车区域，存在安全隐患。

景观设计主要对该区域的停车位进行合理规划，利用花池将停车位与道路进行分隔，完善停车安全性。现状已存在绿化花池，但绿化形式较为杂乱。设计针对绿化对花池进行梳理，由于现状周边绿量较为充足，植物主要采用色叶开花乔木，增花添彩，丰富该售卖点的景观色彩。

（二）观景台及服务设施设计实施效果

（1）飞龙湖停车区。

如图 8.18 所示为飞龙湖停车区出入口原始风貌，图 8.19 所示为飞龙湖停车区出入口景观提升改造效果。

（2）龙溪养护站。

如图 8.20 所示为龙溪养护站原始风貌，图 8.21 所示为龙溪养护站景观提升改造效果。

（3）兴隆养护站。

兴隆养护站原貌较为老旧，仅为养护工区及停车休憩区。景观提升改造兴隆养护站为展现“劳动模范”文化的主题文化展示区，同时兼具停车、服务的功能。绿化景观以农耕文化为主题，形成乡村、野趣的景观氛围，以自然草花及灌木为主，点缀种植乔木。将农耕、劳作等雕塑小品置于其中，使得自然景观与人文景观相结合。如图 8.22 所示为兴隆养护站原始风貌，图 8.23 所示为兴隆养护站景观提升改造效果。

图 8.18　飞龙湖停车区出入口原始风貌

图 8.19　飞龙湖停车区出入口景观提升改造效果

（a）　　　　　　　　　　　　（b）

图 8.20　龙溪养护站原始风貌

（a）

（b）

图 8.21 龙溪养护站景观提升改造效果

（a）

（b）

图 8.22 兴隆养护站原始风貌

（a）

（b）

（c）

（d）

（e）

图 8.23　兴隆养护站景观提升改造效果

（4）路政文化示范展示。

本公路路政文化宣传原仅为挡墙标语形式，且墙面旧化破损，对路域环境景观品质影响较大。景观提升改造将路政文化通过漫画浮雕的形式，生动形象地展示出来。浮雕挡墙下带自然式砖砌花池，通过与植物地被带结合，形成一道生动、亮丽的人文景观。如图 8.24 所示为路政标语原始风貌，图 8.25 所示为改造后路政文化示范展示区。

图 8.24　路政标语原始风貌

图 8.25　路政文化示范展示区

五、装饰景观设计

（一）隧道洞门装饰景观设计

隧道洞门装饰景观以红色文化为主导，通过五角星等元素装饰隧道端墙，美化亮化沿线景观，弘扬红色文化。端墙大面积采用真石漆饰面搭配涂装式洞铭牌，营造良好的景观效果，如图 8.26 所示。

图 8.26　隧道洞门装饰效果

（二）挡墙装饰景观设计

K17 + 480 右侧挡墙采用 GRC 浅浮雕形式进行装饰，以仿原木树桩 + 茶文化标语 + 绿化的形式装饰挡墙，从竖向分隔了挡墙呆板的造型，同时搭配宣传语，起到宣传及美化作用，赋予此路段原乡自然的景观氛围，如图 8.27 所示。

图 8.27　K17 + 480 右侧挡墙装饰效果

K53 + 900 右侧挡墙采用 GRC 浅浮雕形式进行装饰，以红色文化为主导，通过红旗等元素装饰挡墙，优化沿线景观，弘扬红色文化，如图 8.28 所示。

K74 + 030 左侧挡墙采用 GRC 浅浮雕形式进行装饰，以余庆民俗风情为主导，通过艺术的处理手法，赋予挡墙文化性，在展现余庆新风貌的同时，弱化了挡墙传统的单调感，赋予驾乘者行车乐趣，如图 8.29 所示。

图 8.28　K53 + 900 右侧挡墙效果

图 8.29　K74 + 030 左侧挡墙效果

（三）标识标牌景观设计

提取沿线民居文化运用于景观标牌设计之中，采用铝板折形方式营造出标牌优美造型，起到美化环境及提示驾乘者的作用，如图 8.30、图 8.31 所示。

沿线公交站亭布置较多，为统一风格，均采用相同形式进行设置。设计以民居为设计元素，运用于公交站亭设计之中，营造出与道路及周边环境相协调的景观氛围，如图 8.32 所示。

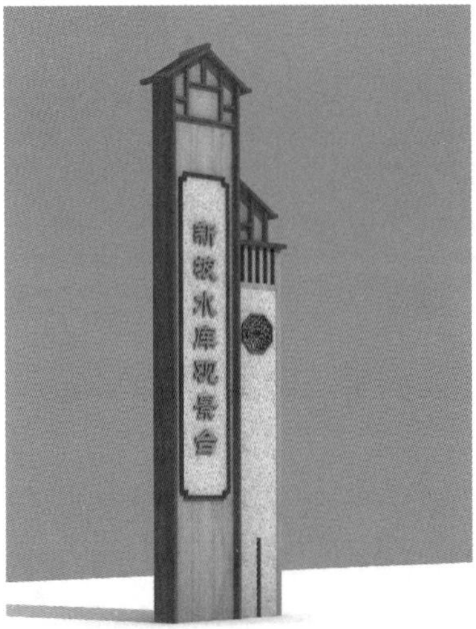

图 8.30　观景台标识牌

图 8.31　文化介绍牌

图 8.32　公交站亭设计效果

（四）养护站建筑装饰景观设计

根据项目自身特点，遵循设计的主题性对龙溪养护站进行景观升级改造。在遵循经济、实用、美观的设计原则下，融入公路文化、生态文化及贵州民居特色等设计元素，搭配色叶植物和景观标牌，形成功能完善、效果优美、休闲舒适的养护站，如图 8.33 所示。

图 8.33 龙溪养护站装饰景观效果

第九章　绿色品质理念的应用

在公路建设中，绿色品质理念是设计的必然要求和发展趋势。本章结合 G243 湄潭月亮坝至余庆公路提质升级改造工程的经验做法，以实际案例论述绿色品质理念在贵州山区普通二级公路提质升级改造中的技术方案。

第一节　山区公路提质升级改造工程发展趋势

一、公路改扩建及提质升级

关于公路的改扩建以及公路的提质升级，国内外学者都进行了大量的研究，包括线形的设计、路线方案比选、路基加宽技术、运行速度检测、交通组织优化、生态化建设等许多方面。

国外公路建设开始的时间较早，高速公路的建设就比我国早了半个世纪，因此国外也较早地进入改扩建时期。但很多发达国家比较准确地预测了交通量的增长，在规划和设计时考虑比较全面，运营后一般不需要拓宽或者已经预留了用于拓宽的中央分隔带，国外对改扩建公路问题的研究总体较少。

美国的公路建设可以分为四种类型：新建、改建、3R 维修和养护。对改建公路进行设计时，大部分的平纵调整主要在老路的用地范围内进行修正，针对存在的安全隐患予以消除。美国公路在沿用既有道路资源升级改造时，全面考虑景观、生态、造价等方面的因素，采用少量改移线位，保持现有道路平纵横线形，仅重新罩面、修复和更换标志，这就是 3R 工程。改建和 3R 维修这两种方式都达到了升级改造旧路的目的，同时充分利用既有道路资源，是非常理想的改扩建方式。

日本对软土地基的拓宽工程及山区公路的拓宽工程均进行了多方面的研究，提出了通过设置板桩、挤实砂桩、石灰桩等方法来减小新路堤的沉降量，并对荷载预压法、减轻路堤荷载法等处置措施进行了研究。

此外，美国、日本、法国、挪威等对轻质路堤也进行了很多研究，并制定了相应的设计施工规范，成功地解决了一些路堤的不均匀沉降问题。

国外公路没有“畅安舒美”的明确称谓和定义，但是发达国家对道路交通安全、舒适、畅通等方面做了大量工作，对较高等级的公路建设和管理经历了一个逐步发展完善的过程。美国、加拿大、英国、德国等国家从二十世纪五六十年代开始，各自经历了经济高速发展、公路交通安全状况严重恶化的时期，其后各国通过有效的管理和建设手段，以及采取综合性应对措施，使公路事故率和死亡率逐年下降，畅通性和舒适性大大提高。对于公路安全来讲，与城市道路有很多类似的地方，“人、车、路和环境”同样是影响公路安全极其重要的因素，需要对“人、车、路和环境”进行综合管理研究。

近年来，随着绿色、环保的理念日渐深入人心，国家政府、社会民众对与自然和谐共存、实现可持续发展的重视，把绿色公路设计理念融入设计过程已是公路发展的必要内容。

党的十八大提出全面落实经济建设、政治建设、文化建设、社会建设、生态文明建设五位一体总体布局，促进现代化建设各方面相协调，要求大力推进生态文明建设，并把生态文明建设纳入社会主义现代化建设总体布局。党的十八大报告指出，走向社会主义生态文明新时代，必须树立尊重自然、顺应自然、保护自然的生态文明理念；必须坚持节约优先、保护优先、自然恢复为主的方针。

党的十九大报告提出要坚定不移贯彻创新、协调、绿色、开放、共享的发展理念。国务院《“十三五”现代综合交通运输体系发展规划》提出，要基本建成安全、便捷、高效、绿色、经济的现代综合交通运输体系，提升公路绿色发展水平。

“坚持绿色发展、建设美丽中国”是习近平新时代中国特色社会主义思想和习近平生态文明思想的重要组成部分，是新时代我国交通运输行业发展的行动指南。以习近平同志为核心的党中央提出了新时代中国生态文明建设思想，其核心要义就是要坚持人与自然和谐共生，树立和践行绿水青山就是金山银山的理念，把节约资源和生态环境保护作为基本国策，像对待生命一样对待生态环境，形成绿色发展方式和生活方式，坚定走生产发展、生活富裕、生态良好的文明发展道路，建设美丽中国，为人民创造良好的生产生活环境，为全球生态安全做出贡献。

作为国家基础运输主骨架和与人民群众联系最紧密的交通运输方式，公路的绿色发展与交通强国目标实现息息相关。绿色公路建设应大力推动理念创新、技术创新、管理创新和制度创新，将绿色发展理念贯穿到公路建设、管理、养护全过程，不仅能推动生态保护修复，水气污染防治，能源高效和新能源利用，信息化、智能化，标准化建设等方面的技术研究与应用，更加能推动总体设计、路基路面、桥梁隧道、交通工程等各公路专业技术革新与工程品质升级，为绿色品质的交通强国建设提供重要支撑。

绿色公路建设具有保护生态环境、降低能源消耗和污染排放、促进资源集约循环利用等优点，是“六个坚持，六个树立”公路建设理念在新时代的拓展，特别是坚持质量第一、树立让公众满意的理念，坚持合理选用技术标准、树立设计创作理念，坚持以人为本、树立安全至上的理念，是交通行业调整结构、转变发展方式的必然选择。

二、绿色公路概念及内涵

绿色交通是引领现代交通运输转变发展方式的重要途径，是实现交通运输与资源环境和谐发展的应有之义。绿色公路作为绿色交通建设的主阵地，其初衷是在实现公路基础设施本身固有功能的同时实现公路与生态环境的和谐共生，是推进交通行业生态文明建设的根本措施，即在质量优良为前提，以资源节约、生态环保、节能高效、服务提升为特征，努力推进工程建设持续健康发展。

（一）绿色公路的渊源解读

20 世纪后半叶以来，工业化、城市化等快速发展，但与此同时，也带来了环境污染、气候变暖、能源危机、交通拥堵等诸多问题，人们不得不反思以往的发展方式，转而寻找一种更长久的生存发展之道。

1987 年，世界环境与发展委员会发表的《我们共同的未来》报告中首次提出了“可持续发展”一词，并将其定义为“既满足当代人的需求又不危及后代人满足其需求的发展”。1992 年，《环境与发展宣言》和《全球 21 世纪议程》确立了可持续发展的理念，并将其作为人类社会发展的共同战略。我国在 1994 年通过了《中国 21 世纪议程》，开始把可持续发展作为各项建设和发展的重要战略指导原则。

1996 年，世界银行出版的《可持续城市交通：政策变革的关键》一书中，首次提出了“可持续城市交通”的概念，并阐述了三方面的基本内容：经济与财务的可持续性、环境与生态的可持续性、社会的可持续性。其中，环境和生态的可持续是可持续性的前提和根本。基于这种观点，以环境保护作为目标的“绿色交通”应运而生。

为了解决交通堵塞、交通污染问题，实现城市的可持续发展，原建设部等单位于 2000 年发起了“绿色交通”行动。“绿色交通”行动旨在满足城市区域人们大幅度增长的出行需求的同时，将交通堵塞和空气污染降到最低。

多年来，随着经济社会的快速发展，公路建设在实践过程中，不断探索和总结新的发展理念，坚持试点先行，示范引领，加强新技术、新材料、新工艺、新产品研发与应用，建设理念不断提升，技术水平不断提高，建造能力不断进步，在不同的历史时期先后建成了一批代表性的工程，为深化绿色公路建设奠定了坚实基础。

第一阶段，起步阶段。2003 年 9 月，原交通部与四川省联合组织实施了川（主寺）九（寨沟）公路示范工程建设，为我国公路勘察设计借鉴国外先进经验，转变设计理念，实现公路建设与自然环境、人文环境的和谐统一，进行了积极探索和有益尝试，成为我国环保公路建设的开端标志。2004 年，全国公路勘察设计工作会议提出了“六个坚持、六个树立”的公路勘察设计新理念，即“坚持以人为本、树立安全至上的理念，坚持人与自然相和谐，树立尊重自然、保护环境的理念，坚持可持续发展、树立节约资源的理念，坚持质量第一、树立让公众满意的理念，坚持合理选用技术指标、树立设计创作的理念，坚持系统论的思想、树立全寿命周期成本的理念”，成为公路建设科学发展的有力抓手。2005 年以后，在全国先后选定了 52 个示范项目，编辑出版了《新理念公路设计指南》（2005 年版）和《降低造价公路设计指南》（2005 年版），组织修订了《公路工程基本建设项目设计文件编制办法》及《公路工程基本建设项目设计文件图表示例》，将勘察设计新理念拓展、固化为设计管理制度，公路设计理念全面提升，设计水平上了一个台阶。云南思茅至小勐养高速公路、湖北恩施至利川高速公路、景婺黄高速公路、宝鸡至天水高速公路、苏通长江大桥、杭州湾跨海大桥等项目的建设，即体现了新理念的成果。

第二阶段，发展阶段。2007 年，原交通部相继在山区高速公路建设、生态环境保护和交通安全等领域组织实施了 14 项以生态建设和环境保护为重点的科技示范工程，有力地推动了新技术、新材料、新工艺的推广和应用，并有效促进了工程建设理念、质量和技术水平的提升。2010 年，全国公路建设座谈会提出了发展理念人本化、项目管理专业化、工程施工标准化、管理手段信息化、日常管理精细化的“五化”要求，加快推行现代工程管理，组织开展了高速公路施工标准化活动，编制《高速公路施工标准化技术指南》丛书，推行“三集中、两准入”（钢筋集中加工、混凝土集中拌和、构件集中预制及模板、台车准入制），大大提升了工程关键指标合格率和项目管理水平。启动三批共 30 个绿色循环低碳公路主题性项目，里程累计达到 4 300 km，主要以节约资源、提高能效、控制排放为目标，验证低碳循环融入公路规划设计、建设、管理、养护和运营各方面的技术和管理措施。印发了《创建畅安舒美示范公路实施方案》和《普通国道“畅安舒美”示范公路创建实施标准》。公路发展理念不断迈上新台阶。永州湾跨海大桥、共和至玉树高速公路、汉中至陕川界高速公路、京港澳高速公路河北段改扩建工程、神农架至宜昌公路等项目，体现了这一时期的发展理念。

第三阶段，深化阶段。2014 年，全国交通运输工作会议提出加快发展综合交通、智慧交通、绿色交通和平安交通的“四个交通”。其中综合交通是核心，智慧交通是关键，绿色交通是引领，平安交通是基础，四个交通相互关联，相辅相成，共同构成了推进交通运输现代化发展的有机体系。同年，国务院在《关于促进旅游业改革发展的若干意见》中，提出要完善旅游交通服务功能，推进旅游交通设施的建设，对我国交通服务和公路转型发展提出了新要求。2016 年，交通运输部印发了《关于实施绿色公路建设的指导意见》《关于推进钢结构桥梁建设的指导意见》《关于推进公路水运工程 BIM 技术应用的指导意见》，提出以安全高效、结构耐久、资源节约、生态环保、节能减排、服务提升为主要特征的绿色公路理念，明确要求编制《绿色公路建设技术指南》，并启动若干试点示范项目，以绿色公路为载体，深化供给侧改革，推动公路建设转型和高质量发展。2017 年 3 月，交通运输部、国家旅游局、国家铁路局等联合发布《关于促进交通运输与旅游融合发展的若干意见》，要求完善旅游交通基础设施网络体系，健全交通设施旅游服务功能，推进旅游交通产品创新，提升服务质量，强化交旅融合发展的保障措施。港珠澳大桥、虎门二桥、云南小勐养至磨憨高速公路、北京新机场高速公路及延崇高速公路等项目，是这一时期的发展成果。

（二）绿色公路概念解析

基于对绿色的解读和对绿色公路理论发展的分析可知，绿色公路的核心理念是：以满足人的多元需求为出发点和落脚点，坚持系统论和周期成本思想，统筹公路建设质量、运行效率、环境影响、资源利用之间的关系，把“节能、高效、环保、健康”等绿色要求贯彻到公路建设设计施工及运营养护全过程。

基于上述理解，将绿色公路定义为：以生态系统的良性循环为基本原则，在公路规划、设计、建设、运营和养护的全寿命周期里，以最大限度节约资源、提高能效、控制排放、保护环境为目标，以低消耗、低排放、低污染、高效能、高效率、高效益为主要特征，综合运用各种措施，最大限度地为人们提供安全、健康、舒适和高效的出行服务，实现经济效益、社会效益和环境效益的有机统一，是与自然和谐共生、可持续发展的公路工程。如图 9.1 所示为绿色公路必备品质。

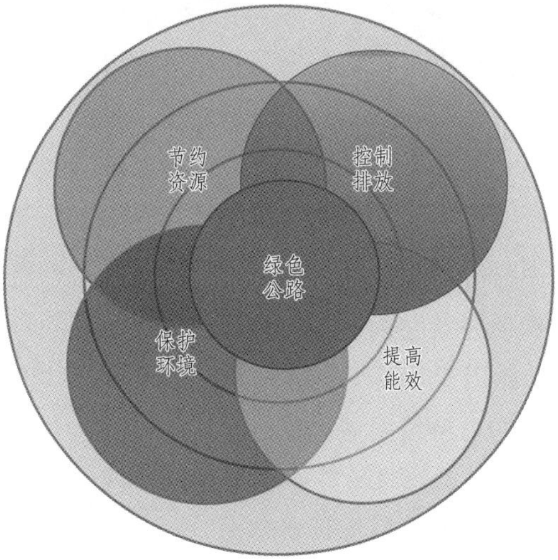

图 9.1　绿色公路必备品质

（三）绿色公路的内涵

绿色公路是绿色交通的重要组成部分，是指按照系统论和周期成本思想，统筹公路建设质量、资源利用、能源耗用、污染排放、生态影响和运行效率之间的关系，统筹公路规划、设计、建设、运营、养护全过程，以最少的资源占用、最小的能源耗用、最低的污染排放、最轻的环境影响，获得最优的工程质量和最高效的运输服务，实现外部刚性约束与公路内在供给之间最大限度的均衡。

换言之，绿色公路是在公路的全寿命周期内，以创新、协调、绿色、开放、共享为发展理念，最大限度地节约资源，保护环境和减少污染，注重智慧化管理和服务品质提升，为人们提供安全、舒适、便捷、美观的公路使用环境以及与自然和谐共生的公路。它包括绿色设计、绿色施工、绿色养护及绿色公路设施等方面。如图 9.2 所示为基于可持续发展理念的绿色公路内涵。

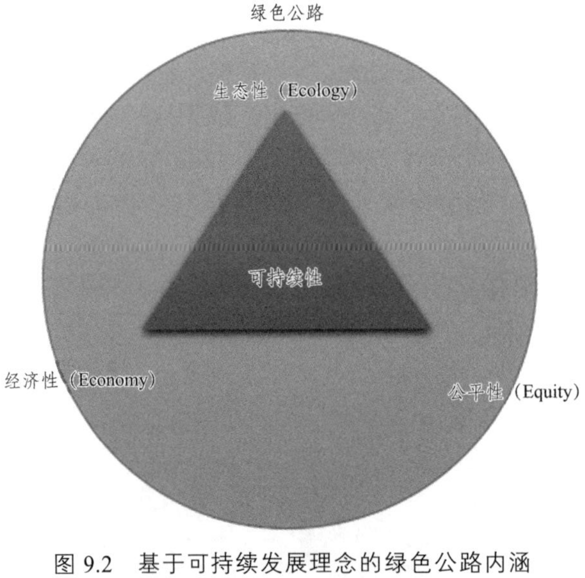

图 9.2　基于可持续发展理念的绿色公路内涵

与传统公路相比，绿色公路在内涵上实现了三个转变：

（1）从侧重公路的功能因素、强调经济效益的传统建设思想转变为整体考虑区域经济、环境和社会综合系统的可持续发展思想。

（2）从单纯注重公路经济合理性、技术可行性的传统评价方法转变为综合经济、节能、环保、景观、可持续发展的多目标评价体系。

（3）绿色公路具有保护生态环境、降低能源成本、促进材料循环利用等优点，是交通行业调整结构、转变发展方式的必然选择，其建设理念从重视当前利益转变为关注长远利益，从关注代内公平拓展为统筹代际、代内公平。

（四）绿色公路的特征

绿色公路是大自然这个整体的一个有机部分，应当参与到自然生态系统的物质能量循环中去。归纳起来，绿色公路主要特征可概括为“高效能、高效率、高效益”的“三高”特征，“低消耗、低排放、低污染”的“三低”特征和“全寿命、全要素、全方位”的“三全”特征。如图 9.3 所示为绿色公路的特征雷达图。

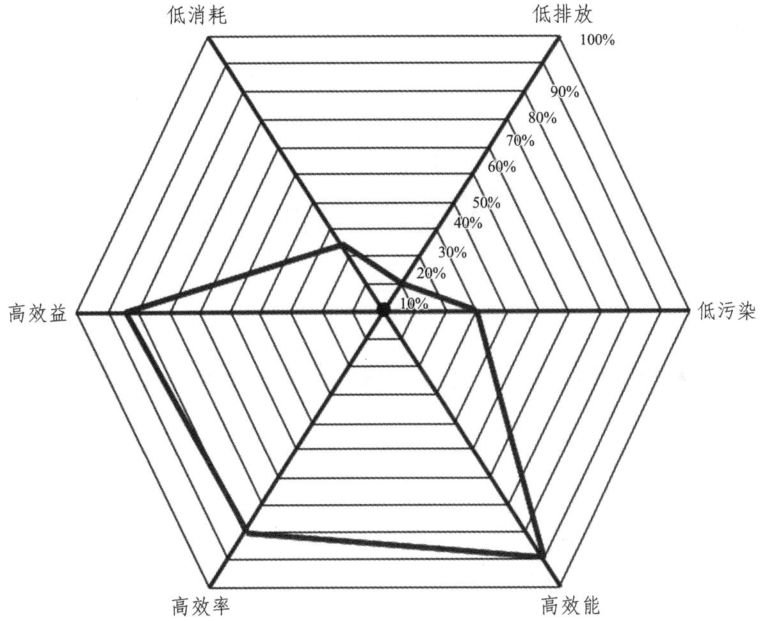

图 9.3　绿色公路的特征雷达图

（1）高效能、高效率、高效益（三高）。

高效能：绿色公路的整个生命周期通过综合运用各种绿色技术和措施，达到整体工作效率和服务能力的最大化。

高效率：最有效地使用自然、社会及经济资源，为绿色公路带来最大可能性的满足程度的利用，达到资源最优配置效率。

高效益：以最小的生态和资源代价获得可持续发展的最大利益，实现经济效益、社会效益和环境效益的有机统一，实现综合效益的最大化。

（2）低消耗、低排放、低污染（三低）。

低消耗：绿色公路具有节能、低能耗等优点，从材料使用的角度，绿色公路所采用的有可再生材料，或者是可降解材料，能进行循环利用。

低排放：绿色公路建设过程中能够使对各种资源进行循环利用，少排放污染物甚至可以达到零排放。

低污染：绿色公路注重生态的平衡，是在环境承载力之内进行的，其设计和施工不能以破坏大自然、破坏地表结构、破坏生物多样性为代价。

（3）全寿命、全要素、全方位。

全寿命周期：绿色公路应坚持系统论的思想，将绿色理念与技术贯穿规划、设计、建设、运营、养护等整个寿命周期的各个阶段，如图 9.4 所示。

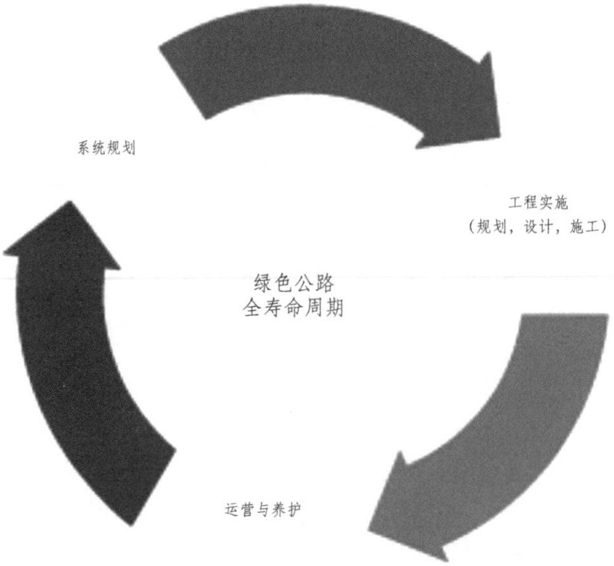

图 9.4　绿色公路全寿命周期特征

全环境要素：根据绿色公路建设目标，综合考虑各方面要素，节约资源、提高能效、控制排放、保护环境，将“节能、高效、环保、健康”的绿色要求贯彻到公路建设设计施工全过程。

全方位控制：绿色公路除了主体工程建设运营维护要全面运用绿色理念与技术，还要为绿色运输、安全运营创造必要条件。

第二节　绿色品质理念在设计阶段的应用

一、设计阶段的绿色公路理念

（一）绿色公路建设的影响因素

绿色公路建设需以质量优良、安全耐久为前提，重点在“资源节约、生态环保、节能高效、服务提升”四个方面取得良好效果。

1．公路建设对环境的影响

公路交通的快速发展带来了经济上的腾飞，也带来了许多其他的影响，尤其是生态环境方面，造成了一定程度的破坏。公路交通对环境的影响有社会环境影响和生态环境影响两方面，如表 9.1 所示。

表 9.1　公路建设对环境的影响

<table>
<tr><td rowspan="10">公路建设对环境的影响</td><td rowspan="5">社会环境影响</td><td>拆迁与安置</td></tr>
<tr><td>对沿途居民和生物的影响</td></tr>
<tr><td>对沿途资源的影响</td></tr>
<tr><td>对沿途景观的影响</td></tr>
<tr><td>对沿途基础设施的影响</td></tr>
<tr><td rowspan="5">生态环境影响</td><td>对野生动植物的影响</td></tr>
<tr><td>对水资源的影响</td></tr>
<tr><td>对水土保持的影响</td></tr>
<tr><td>对大气环境的影响</td></tr>
<tr><td>对土壤环境的影响</td></tr>
</table>

（1）公路交通的社会环境影响。

① 拆迁与安置。

拆迁是指对公路用地内的建筑物或其他地表建筑，如民房、工厂、医院、电力线、电信线、水井、坟墓等由于公路占地不得不搬迁另建或拆除的整个过程。有时，考虑到公路噪声对环境敏感点（主要是学校、医院、疗养院等对噪声敏感的单位）的影响过大，环境评价单位提议并经过建设单位的同意，需要扩大个别敏感路段的拆迁范围，这部分的拆迁工程量也一并计入。

安置是对受公路工程占地和拆迁影响的人口及企事业单位采取一系列的措施和步骤，使其生产和生活在较短时间内得到恢复。

② 对沿途居民和生物的影响。

公路建设会阻断原来的交通路线，给公路沿线居民的生产和生活带来一定的影响，公路穿越动植物栖息地时，路带分隔了生物的生存空间，破坏了动植物的生存空间。此外，公路建设分隔了野生动物的生活区域，将它们生存的大面积地区分隔成了小区域，野生动物的领地缩小，生存也会受到影响。

③ 对沿途资源的影响。

公路建设会对公路沿线的土地资源、矿产资源、旅游资源、文化古迹等资源产生不利影响。大量的公路建设侵占了宝贵的国土资源，临时道路、料场、拌和站、临时取土堆和弃土坑等，破坏了原有的土壤和植被，公路建设对公路沿线的矿产资源开发利用、生产规模、运输方式等也会产生一定程度的影响。此外，公路建设还会对沿线文化古迹资源的保护、开发、利用产生影响。

④ 对沿途景观的影响。

景观是由地貌和各种干扰作用（特别是人为作用）而形成的，是具有特定的结构功能和动态特征的宏观系统，包括原有景观的地貌、植被、水体、建筑及现有的社会基础设施。目前，山区公路建设的景观问题较为普遍，有的还很突出。

公路的修建将占用土地，破坏植被，影响自然地貌和原始景观。一般情况下，公路在设计时注重平纵指标，忽视与周围地貌的融合；偏重乘坐安全，忽视乘客的视觉享受。山区公路建设时，填挖方工程量比较大，改变、破坏了原有的地貌，给人带来一种不协调的感觉，对自然景观损害很大。公路作为一种新的景观，应该和沿途已有的各种景观融为一体，尽量减少对原有景观的破坏。

⑤ 对沿途基础设施的影响。

公路建设对公路沿线已有的交通设施（公路、铁路、航道、轨道运输）、通信设施、水利排灌设施及电力设施等产生干扰，有时甚至会对阻碍公路建设的基建设施进行拆除。

（2）公路交通的生态环境影响。

① 对野生动植物的影响。

公路建设和运营对地区局部生态环境的影响往往是永久性的。路基、路面、采石取土区、工程施工区对森林、草地、湿地、荒漠等生态系统产生一定程度的破坏，修建公路所需的山体开挖，必将破坏原有的植被及原有的自然结构和水循环路径，干扰动物栖息环境，影响生物的生长规律，阻碍生态系统的蔓延，改变野生动物的生息、繁殖、迁徙场所，将不同程度地威胁到它们的生存和繁殖。公路建设和运营还会干扰沿线生物的正常活动，汽车废气、噪声、有害物质的产生，使生物栖息地的生态环境（空气、水、土壤）逐渐恶化，引起生物发育不良、繁殖机能减退、疾病增多、抗病能力下降，从而造成种群数量减少（特别是珍稀物种），有时可能会影响到整个生物群落，严重的甚至会威胁濒危生物的生存。因此，公路建设和运营必须重视保护生物的多样性，采取积极措施，尽可能消除和减少对生物多样性的不利影响。

② 对水资源的影响。

公路建设将会对水资源、自然水利形态造成一定程度的改变、阻隔、污染等，主要包括以下几方面：

a. 公路建设中的各种结构物以及路基的深挖高填将有可能阻隔湖泊、水库等对地表径流的汇集。

b. 流经路面的地表径流有可能污染饮用水体和养殖水体。

c. 排水、渗水等构造物的修建有可能对地下水造成污染。

d. 在途经瀑布、温泉等特殊水体时，可能对其产生影响。

e. 公路在跨越溪、河、沟等时，有可能改变其水流方向、水流速度。

f. 施工中的弃土有可能改变河床结构，甚至堵塞河流。

g. 运营后的汽车废气将有可能污染公路两侧的水体。

③ 对水土保持的影响。

在施工过程中，可能产生大量的路堤、边坡、路堑、取土场、弃土堆和暴露的工作面，这些对原生土地的破坏会造成两方面的生态环境破坏：一方面改变了原有的力学平衡，引起岩土移动、变形和破坏，增加地质脆弱边坡的不稳定性；另一方面，由于表土和植被的缺失，自然植被恢复困难，裸露的边坡含水量降低，土质松软，易风化，成为水土流失的主要发生源。这种情况下，可能发生坡面土壤腐蚀、水土流失、山体坍塌、滑坡、泥石流、河流阻塞等灾害。施工中爆破等作业也会对附近的建筑和岩石产生影响。

④ 对大气环境的影响。

a. 扬尘。

材料在运输过程中，由于施工便道等级低、施工道路凹凸不平或装运过饱满等原因造成的抛洒，以及车辆身后真空吸引力造成的道路扬尘；施工便道和施工工地地面干燥、松散由风引起的灰尘；土石方爆破引起的灰尘；材料（石灰、粉煤灰等）露天堆放、混合料的搅拌等引起的灰尘。扬尘不仅会严重影响施工道路和施工便道沿线居民的生活及环境卫生，还增加大气浮尘含量，给沿线农作物带来不良影响。

b. 沥青。

沥青烟的成分有颗粒物（以碳为主）和氮氧化物，沥青在融化、摊铺、碾压过程中将有大量悬浮物存在，对空气造成污染。

c. 尾气。

尾气主要来自公路运营期。车辆排气中主要污染物是烟尘、一氧化碳和铅等。因车流量变化，一般白天污染比晚上严重，下风向一侧的污染比上风向一侧的严重，静风天气的污染比有风天气严重。

d. 噪声。

施工期的噪声主要来源于车辆、机械及爆破，噪声水平及影响范围随着施工阶段(修筑路基、桥梁、结构物、路面铺设、交通工程等）不同而存在差异。运营期间的噪声主要来自车辆的运行，汽车噪声来自车体各部分的震动、撞击和摩擦。

⑤ 对土壤环境的影响。

公路运营期，排放进入大气、水体的各种污染物的大部分最终进入水域，或直接排放进入土壤，对公路沿线的土壤环境造成影响。虽然公路沿线土壤中各种污染物的含量增加比较缓慢，在短期内，污染物的含量不会造成严重后果，但是，由于公路的使用期限很长，污染物长期缓慢增加，在公路使用年限或更长时间内，可能会对公路沿线的土壤环境造成严重的污染。

2. 绿色公路设计原则

（1）减少破坏，尊重原始。

公路工程在进行土石方开挖、回填、浇筑混凝土、桩基施工等活动时，必然会对环境产生破坏作用，严重的会导致名胜古迹产生毁灭性破坏、保护区的动植物物种灭绝。因此，在设计阶段应将上述具有破坏性的施工避开保护区或者降低其影响，最大限度保持原始状态。

（2）全寿命周期原则。

绿色公路不仅仅存留在设计阶段，而是贯穿项目的全周期，从最初的规划设计、勘察设计、施工、运营、养护，都应该贯彻绿色理念，考虑对环境的保护，尤其是对设计和施工的监管。

（3）资源节约原则。

坚持“统筹规划、合理布局、集约高效”的基本原则，应高效集约利用项目线位上的资源，统筹线位运输资源，加大本地材料、本地资源的使用比例，降低运输成本，加强对废旧交通设施以及钢筋、木材、砂石等建材的循环使用，积极推动废旧路面、建筑垃圾的综合利用。

3．绿色公路设计组成内容与控制要素

（1）组成内容。

绿色设计的基本内容是使用绿色的、新型的施工技术，高效合理地利用资源、加强对施工现场的环境保护。应采用先进科学的施工技术、科学的项目管理、对资源利用严格把控，以最少的投入换取最大的效益。综合来看，绿色设计应包括：降低对能源的利用量，提高资源利用率；使用环保型材料和施工设备；尽量保持原始地貌；科学高效的项目管理。

（2）控制要素。

绿色设计的控制要素可以从项目管理、环境保护、资源利用等几方面阐述。首先在项目管理方面，对设计阶段进行有效的管控，因为设计阶段对整个项目起到控制和指导作用，应加强对人员、成果的管理与组织；在环保方面，主要是施工现场的空气质量、施工噪声、现场保护、施工垃圾的处理等几方面进行把控；设计阶段应对资源进行合理利用，使结构更优化，并对施工现场材料的堆放、使用进行科学设计和管理。

4．绿色公路设计构成要素

在绿色公路的设计阶段，要从总体上考虑问题，提出总体目标和总体功能要求，这个阶段从工程构思到现场开工为止，主要工作包括项目构思、必要的科研、施工图设计。该阶段的目标是各项指标设计合理，并且在施工图中落实有关绿色公路的理念与措施，最大限度地控制资源占用、降低能源消耗、保护生态环境。

① 集约利用通道资源。按照“统筹规划、合理布局、集约高效”原则，统筹利用运输通道资源，公路与铁路、高速公路与普通公路尽量共用线位；合理利用已有管网、电网等通道；共沟架（敷）设通信、供电、监控系统等的管线电缆。

② 严格保护土地资源。科学选线、布线，避让基本农田，禁止耕地超占，减少土地分隔；积极采用取土、弃土与改地、造地、复垦综合措施，高效利用沿线土地；因地制宜采用低路堤和浅路堑方案，保护土地资源；统筹布设公路施工临时便道、驻地、预制场、拌和站等，做到充分利用，减少重复建设。

③ 积极应用节能技术和清洁能源。加强设施的节能设计，推进节能通风与采光等技术的应用；推广应用供配电系统节能技术、LED 节能灯具、照明智能控制系统、温拌

沥青技术等新技术与新设备；加快淘汰高能耗、高排放的老旧工程机械；因地制宜推广太阳能、风能、天然气等清洁能源应用。

④ 推进生态环保设计。加强生态选线，依法避绕自然保护区、水源地保护区等生态环境敏感区；推行生态环保设计和生态防护技术，重点加强对自然地貌、原生植被、表土资源、湿地生态、野生动植物等方面的保护；增强公路排水系统对路面和桥面径流的消纳与净化功能。

⑤ 突出全寿命周期成本理念。将公路运营和维护纳入施工建设阶段统一考虑，突出全寿命，强调系统性，强化设计与养护的统一；推进钢结构桥梁的应用，发挥其在全寿命周期成本方面的优势；积极应用高性能混凝土，保证结构使用寿命，有效降低公路运营养护成本。

⑥ 设置多元化服务设施。结合社会发展和消费升级，充分利用公路养护工区、场站等用地，科学设置服务区、停车场，为公众出行提供便利；设置天然气加气站、充电桩，为节能减排创造条件；设置路侧港湾停车带、慢行交通系统、通道、天桥等便民服务设施，方便周边群众。

⑦ 充分展现旅游资源优势。在道路沿线风景优美路段科学设置观景台、停车区、汽车露营地、旅游服务站等特色设施；在沿线设置指引牌，提示旅游景点等信息；景观设计以自然资源景观为导向，凸显沿线景观优势，适宜路段追求景观视线通透。

⑧ 充分发掘少数民族文化资源。结合当地的名胜古迹、民俗风情等合理制定公路设计主题，通过合理设置雕塑、宣传板等，在道路沿线展示地方特色文化。

⑨ 提高养护便利化水平。以科学养护为统领，注重公路设计与建设的前瞻性，统筹考虑后期养护管理的功能性需要，合理设置检修通道，做到可达、可检、可修、可换，提高日常检测维修工作的便利性与安全性。

（二）绿色公路设计影响因素分析

设计人员除了要充分考虑当地的整体环境条件，还要在设计中制订出水土保持方案、道路绿化方案、边坡植被恢复方案以及水污染、声污染、大气污染控制方案等，这些方案用于降低绿色公路的环境影响，在一定程度上起到保护环境的作用。在对这些方案进行选择时，可采用价值管理中的设计方案审核法、百分比法等价值管理方法。其次，施工图设计应融入节约资源、绿化景观、保护生态等要求，对路基、路面、桥梁、隧道等结构物进行详细设计。这个阶段应全面考虑沿线的地理环境、自然条件，考虑横纵断面的设计、排水设计、边坡植被恢复设计、道路绿化设计、路面低噪声设计、道路声屏障设计等，采取一系列的措施降低对环境的影响。

根据以上分析，可知绿色公路设计影响因素主要包括以下几个方面：

（1）政策因素。

政策因素主要是指政策支持及导向。政策，顾名思义，指国家的政治策略，而策略则是国家根据形势发展而制定的行动方针和方法，国家公路政策是公路建设的根本遵循。

（2）经济因素。

经济因素主要是指绿色公路建设的资金来源和项目的经济效益评价。经济效益评价是通过计算投资方案的一系列经济指标来判断方案的优劣，是指经济效益的定量化及其直观的表现形式，它通常是通过对投资方案所涉及的费用和效益的量化和比较来确定的。按照其所考虑的因素及使用方法的不同，可进行不同的分类，其中常用的分类方法之一是按照是否考虑所量化的费用和效益的时间因素，即是否考虑资金的时间价值，将评价指标分为静态评价指标和动态评价指标。

绿色公路建设中，将会采用一系列的节能减排新技术、新材料、新工艺；会针对关键技术进行一系列的科技攻关；会针对实现绿色化采取一系列的手段和措施；这些都需要相关资金的投入，导致绿色公路建设投入可能比一般公路高，因此稳定的资金来源是保障绿色公路建设的基础。

因此，绿色公路建设应当积极拓宽融资渠道；积极引导金融机构增加对绿色公路建设项目的信贷支持，为符合条件的节能技术研发、产品生产及技术改造等项目提供优惠贷款；大力推动和引导社会有关方面加大对绿色公路建设的资金投入；积极争取国家发展改革委、财政部、交通运输部、科技部等中央财政资金的支持，积极争取省级的优惠政策。

（3）法律因素。

绿色公路工程在一定的法律环境中实施和运行，使用工程所在地的法律，受其制约和保护。包括：法律的完备性，法律是否健全，投资者能否得到法律的有效保护；与绿色公路有关的各项法律和法规；国家的土地政策等。

（4）自然条件因素。

自然条件因素包括：可供绿色公路工程使用的各种自然资源的蕴藏情况；自然地理状况；气候情况等。

（5）环境因素。

环境因素包括：场地周围的生活及配套设施；现场及周围可供使用的临时设施；现

场周围公用事业状况；现场以及通往现场的运输状况；各种通信条件、能力及相关价格；工程所需要的各种资源的可获得条件和限制情况等。

（6）技术因素。

绿色公路设计应当结合地理水文条件，充分考虑绿色公路在建设过程中可能出现的风险，采取有效的措施规避或减少风险的发生。设计过程中不仅要对方案进行优化，还要考虑到施工过程中的技术方案，包括机械选择、材料选择、平面布置、绿化恢复等问题。设计人员要充分考虑建设区域的生态条件，尽量避开生态敏感区域，例如学校、医院等居民密集的地区，或者文物建筑、动植物栖息地等。

（7）其他因素。

其他因素包括：社会人文方面；工程所需的劳动力和管理人员状况；技术环境，即工程相关的技术标准、规范和技术能力等。

二、G243 湄潭月亮坝至余庆公路路面改造示范工程

（一）工程概况

G243 湄潭月亮坝至余庆公路提质升级改造工程项目，起讫桩号为 K4 + 450（湄潭县内）至 K95 + 300（余庆县内），全长 90.85 km，为二级公路，2007 年开建（在原来旧路基础上改建），2010 年验收。路线沿线经过湄潭县、兴隆镇、抄乐镇、松烟镇、敖溪镇、大乌江镇、龙溪镇、小腮镇、余庆县；其中湄潭县境内约 21.5 km，余庆县境内约 69.35 km。路基全宽 10 m，路基横断面为：0.75 m + 0.75 m + 3.5 m + 3.5 m + 0.75 m + 0.75 m，其中兴隆街道段路基宽度 21.0 m（两侧均设置宽 4.5 m 的人行道）；敖溪场镇段路基宽度 13.0 ~ 19.0 m（两侧均设置宽 2.0 ~ 5.0 m 的人行道），公路路面均为沥青路面，沥青路面气候分区为 2-4-1。

该公路建成至今已运行多年，是湄潭和余庆县境内的一条主轴线，区域内旅游、生物资源丰富，近年来旅游人数激增，交通量每年呈增长趋势。

本项目公路经过长年的使用，目前道路状况逐年变差，路面破损较严重、交安设施不完善、行车舒适性差、道路外观形象不佳，既不利于行车安全，也不利于遵义市对外形象展示。随着交通量的逐年上升，道路状况已不能满足运输功能的要求。为改善沿线人民群众的交通运输条件，加速旅游资源的开发利用；改善投资环境，促进招商引资，增强民族团结，为加快脱贫致富步伐，构建大交通、促进大发展，为湄潭县和余庆县经

济社会跨越式发展提供强有力的支撑性基础条件，亟须对该道路路面进行整治，保障G243 湄潭月亮坝至余庆公路的高效性、安全性、舒适性，进一步提高综合服务水平，遏制病害进一步加剧，提升公路整体形象建设中应贯彻绿色品质理念。

（二）绿色公路设计需求

（1）生态环境保护的需求。

贵州山区生态环境脆弱，破坏后生态环境难以恢复，对设计要求较高。公路路线设计可能占用农田、河流、植被等，造成水土流失；路基开挖、回填等破坏地质稳定、破坏植被从而导致山体滑坡或泥石流等自然灾害；建筑垃圾、施工设备尾气、扬尘、噪声以及营运期的汽车尾气、交通噪声等对环境也会造成影响。因此，该公路绿色品质设计需对公路沿线环境进行详细调查，综合比较，优化路线设计，保护生态环境。

（2）节约资源的需求。

山区公路沿线土地、植被、矿产等资源珍贵，因此，该公路设计应充分考虑节约资源，提高既有老路利用率，减少征地和生态资源破坏，多角度降低公路建设对土地、植被、矿产以及生态资源的破坏或占用，达到节约资源的需求。

（三）山区公路提质升级路线设计

（1）原有路线利用原则。

山区二级公路提质升级改造工程中，路线设计应遵循尽量利用原有公路的原则，即在路线设计时需充分结合原有公路线路走向，对路基和路面情况进行详细勘察，合理评估公路标准等级，结合技术标准、规范，保证公路路线设计能够最大化利用原有公路，减少资源浪费。G243 湄潭月亮坝至余庆公路提质升级改造中未改变既有公路的平纵横线形，以提高老路利用率，科学合理地降低建设成本、节约资源。

（2）经济和社会效益原则。

路线设计必须利用二级公路的开放性功能，连接低等级公路与高等级公路以及连接重要城镇、景区等的重要作用，充分发挥二级公路的经济和社会效益。在路线选线及设计时，须详细调查公路沿线的重要节点，在保证通行安全的前提下，最大化地连接沿线的重要节点，提高出行的安全、快捷、高效，带动沿线区域的城镇规划、旅游、资源开发，最大化地提高二级公路提质升级改造工程的经济和社会效益。

（3）保护生态环境的原则。

路线设计必须遵循节约用地，保持原有生态系统连续性、路域生态系统稳定性，保护自然植被、生态环境恢复以及保护水环境、声环境等保护生态环境的原则。可以通过适合的建设标准、资源综合利用、生态恢复等相关措施保护公路沿线生态环境，使公路建设与生态环境自然协调。

（四）公路绿色沥青路面改造

在 G243 湄潭月亮坝至余庆公路提质升级改造工程中，对沥青路面改造施工技术进行了研究，应用了原水泥稳定碎石基层就地冷再生技术、原沥青旧铣刨料进行乳化沥青厂拌冷再生技术以及长大纵坡路段高模量沥青混凝土技术共三项绿色公路建设技术。

1．项目路面概况

其原有路面采用如下路面结构（局部路段进行过中修罩面）:

主线填方及挖土路段采用 5 cmAC-16C 面层 + 25 cm 水泥稳定碎石基层 + 25 cm 填隙碎石底基层。

主线挖石路段采用 5 cmAC-16C 面层 + 20 cm 水泥稳定碎石基层 + 15 cm 填隙碎石底基层。

平交和联络线采用 4 cm 沥青表处 + 20 cm 水泥稳定碎石基层 + 15 cm 填隙碎石底基层。

路线与乡村道路平交的交叉口，主线范围外采用 4 cm 沥青表处 + 15 cm 填隙碎石基层。

原有路面病害严重，以纵向裂缝、龟裂、沉陷、坑槽病害为主，局部路段存在波浪拥包、块状裂缝等病害，其中场镇段以坑槽和龟裂病害为主，根本原因在于本道路交通量增长较快，绝对数量较大，货车较多，原路面结构偏薄，承载能力不足，导致路面产生大范围疲劳开裂，如图 9.5、图 9.6 所示。

（a）

（b）

图 9.5　湄潭段路面状况

（a）

（b）

图 9.6　余庆段路面状况

2．原水泥稳定碎石基层就地冷再生技术

水泥稳定碎石就地冷再生基层设计方案贯彻了节约资源和保护环境的设计理念，减少了对集料的需求，百分之百利用了原基层材料，降低了筑路成本，效益高，对交通干扰小，减少了能源消耗和温室气体排放，减少了废料占地和对环境的污染，有利于材料的循环利用，环保效益好。

水泥稳定碎石就地冷再生为全深式再生方案中的一种，该项目采用水稳碎石就地冷再生，节约粗细集料约 132 492.5 m^3，减少废料堆放占地约 30 亩（1 亩≈666.7 m^2）。

（1）旧路的铣刨。

对原沥青面层进行铣刨处理，并对铣刨料集中堆放，根据原沥青层厚度来控制铣刨厚度，以原基层顶面作为铣刨面来控制，本次再生基层中不含原沥青旧料，原沥青旧料需作他用，再生无机结合料采用 42.5 级普通硅酸盐水泥。

（2）清渣。

清渣采用机械为主、人工为辅的方式，多余的残渣用路面清扫收集器卸载到装载车上，对漏洒残渣采用人工的方式装入装载车料斗，再由装载车统一装入运输车辆运到指定地方进行处理。

（3）调整原水稳基层级配。

为了保证水稳碎石再生基层密实度，将孔隙率控制在合理范围，在再生之前需通过室内试验摸清楚原水稳基层级配情况，才能有针对性添加规定级配的粗细集料，这样才有利于保证施工后的密实度。

（4）撒布水泥。

本项目采用水泥专用洒布车进行撒布，撒布之前需由测量人员对撒布范围进行确定，水泥撒布量采用施工配合比确定的最佳水泥用量来进行洒布，水泥撒布车应具有准确的计量设备，质检人员应不定期检查水泥撒布量是否满足要求。

（5）冷再生施工。

① 冷再生机组就位。

本项目施工采用 W2000 与 W2400 两台就地冷再生机，在施工前连接所有与再生机相连的管道；检查再生机操作人员是否已经将有关数据输入计算机设备；检查水罐车内的水是否满足作业段的需要；排除系统中的空气并确保所有阀门均处于全开的位置；对再生施工过程中所需要的其他设备全面检查。

② 破碎与拌和。

水泥就地冷再生铣刨、拌和、摊铺后的效果应均匀，避免出现离析。

冷再生机组行驶速度应控制在 3 ~ 5 m/min，再生过程中不能随意变更速度或中途停顿。

再生过程中，质检人员应跟随于再生机后，随时检查再生深度、含水量是否符合设计及施工最佳含水量要求，并配合再生机操作员进行调整。

再生机操作员应随时观察再生机的行驶轨迹，保证再生前后两幅的搭接宽度不小于 10 cm，同时，行驶线形保持顺直。

单幅再生至一个作业段终点后，将再生机和水罐车等倒置施工起点，进行下一幅施工，直至完成全幅作业面的再生。

③ 碾压作业。

当混合料的含水量为最佳含水量的 + 1% ~ + 2% 时，立即对再生混合料进行碾压。碾压顺序为由路肩向路中碾压，超高端由内侧向外侧碾压。

初压：单钢轮振动压路机静压 1 遍，初压速度控制在 1.6 km/h；复压：单钢轮振动压路机弱振 1 遍（2.4 km/h），强振 3 遍（1.6 km/h）；终压：轮胎压路机碾压 6 遍（2.5 km/h），有水泥浆压出为宜。

碾压时如发现局部混合料出现弹簧、松散、起皮等现象，应及时翻开重新拌和或挖除换新料，整平后继续碾压密实。碾压过程中再生料表面应始终保持湿润，如水分蒸发过快应及时补洒少量的水，严禁大量洒水。碾压时压路机的轮迹重叠 1/2 轮宽，严禁压路机在已经完成的或正在碾压的路段上调头或刹车，以免损坏再生层表面。

④ 接缝处理。

a. 横缝的处理。

再生机每次停机都会出现影响再生材料均匀性的横缝，因此，施工过程中应尽量减少停机现象，在不可避免的情况下，需要对所形成的横缝进行认真处理。

在临时停机后重新开始施工时，整个再生机组倒退 1.5 ~ 2 m 的距离到达再生过的基层上面，停机后，超过水泥初凝时间需要重新撒布水泥。

由于再生机开始作业时要使铣刨转子全部下切到再生层的底部来打碎再生料，此时前进速度为零，使得翻松的再生料混合不均匀，因此，需要人工翻拌后将坑槽找平。

b. 纵缝的处理。

相邻作业面间的最小重叠宽度为 10 cm，以保证纵缝处再生料的连续性，同时避免相邻作业面间存在未再生夹带。相邻作业间隔 12 h 以上时，重叠量应增加 5 ~ 10 cm。在纵向接缝上，根据已建再生层的完在时间，改变水的喷水量。

（6）施工组织及养生。

本公路为湄潭至余庆重要交通通道，沿线无直通的高速公路，无可代替的绕行路线，交通量大，如按传统养生模式需养生 7 d 及以上，若交通组织采用半幅封闭，另外半幅双向通行，将导致严重交通堵塞和造成不良社会影响。因此，再生施工完成后立即开放交通，但需控制社会车辆通行速度在 20 km/h 以内，不能在再生料上急刹车和调头，避免对再生料造成破坏。通过实践证明，此种养生与交通组织模式可行，对再生料造成的负面影响很低，顺利保障了社会车辆的运行，大大缩短了施工工期。

此种养生与交通组织模式为本项目重要创新点，在国内少有先例。如图 9.7 所示为现场施工图。

（a）

（b）

（c）　（d）

（e）　（f）

图 9.7　现场施工图

3．原沥青铣刨料进行乳化沥青厂拌冷再生技术

经过路面弯沉检测评价及钻芯取样，原路面水稳基层疲劳开裂较严重，需做整体修复及补强，基层采用水稳碎石就地冷再生的施工方案，原沥青面层既可与原基层一起做水稳就地冷再生层，也可以先把原沥青面层全部铣刨后作他用。经过对原沥青混合料相关性能进行评估，综合考虑经济性、环保性因素，确定了对原沥青混合料收集起来做乳化沥青厂拌冷再生混合料，用于路面下面层结构。

（1）成套技术。

本次乳化沥青厂拌再生技术集沥青路面再生特种设备、特种乳化再生剂材料、成品再生沥青混凝土加工为一体，有利于各种设备、材料、工艺达到好的配伍性，使厂拌冷再生技术稳定可靠。

（2）RAP 料性能评价。

系统评价 RAP 料沥青含量与老化指标、RAP 料级配、砂当量、含水量等指标，为乳化沥青厂拌冷再生混合料材料组成设计提供依据。

（3）高性能再生乳化沥青选型及配伍设计。

乳化沥青厂拌冷再生技术采用的是高品质再生专用乳化沥青，沥青固含量 65% 以上，采用精密胶体磨制备出平均颗粒仅 1 ~ 2 μm 的沥青颗粒（小于 3 μm），同时采用稳定的乳化剂与再生剂，结合项目特点、运输距离、气候条件（温度、湿度及风力）等设计出项目级乳化沥青配方，控制摊铺期破乳、2 ~ 3 d 形成早期强度，并保证良好的耐久性，如图 9.8 所示。

（4）冷拌温铺的高性能冷再生混合料二次成型设计。

乳化沥青厂拌冷再生混合料材料组成设计是基于二次成型理论，结合项目特点，在保证使用性能的前提下，通过控制破乳进而控制混合料工作性能，进行项目设计，实现工作性能、早期强度及长期性能的高度统一。如图 9.9 所示为再生混合料设计流程。

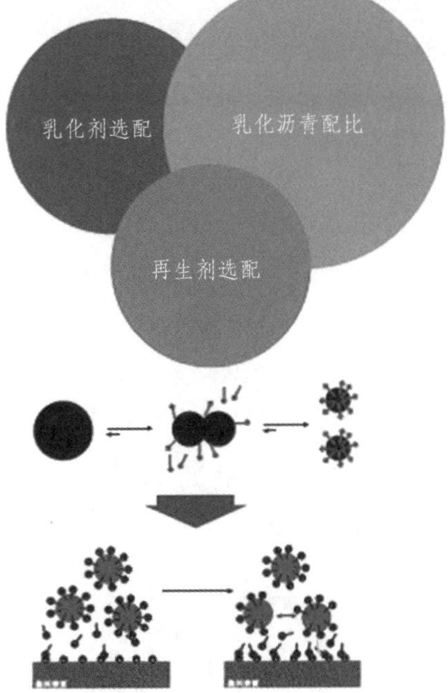

图 9.8　高性能再生乳化沥青选型及配伍设计

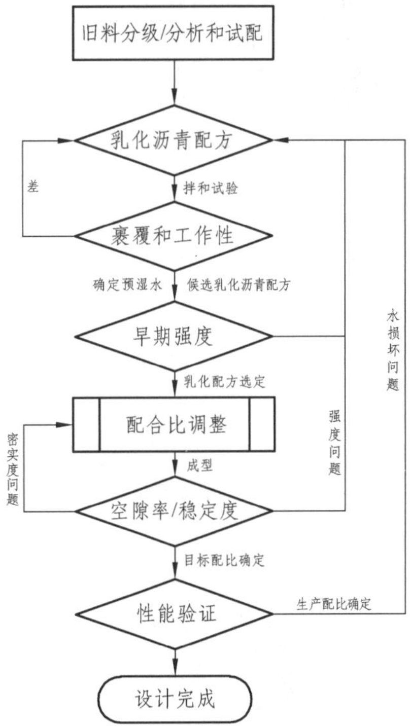

图 9.9　再生混合料设计流程

（5）特种联合破碎、筛分与拌和设备。

乳化沥青厂拌冷再生技术采用特种联合破碎、筛分设备对 RAP 料进行预处理，最少处理为三档 RAP 规格料。RAP 料经过特种破碎设备破碎后，针片状含量可降低 5% 左右，并能降低 RAP 料中假骨料 10% 以上，大幅减少材料的变异性。

其次，拌和设备采用分步分级拌和工艺，实现粗、细 RAP 料全面裹覆，仅需添加很低剂量的外加水，就能实现良好的裹覆效果，拌和更加均匀。此外，筛分设备生产能力为 200 t/h，拌和设备生产能力为 400 t/h，完全满足本项目前场大规模施工需求，如图 9.10、图 9.11 所示。

图 9.10　RAP 料特种破碎、筛分设备

图 9.11　冷再生拌和设备

（6）基于变异性控制的特种施工工艺。

通过特种工艺，控制乳化沥青厂拌冷再生材料变异性，确保冷再生混合料的施工质量满足规范、设计要求。

（7）施工组织及养生。

单幅再生长度约 500 m，再生施工完成后立即开放交通施工另外一幅，但需控制社会车辆禁止在再生料上急刹车和调头，避免对再生料造成破坏，一般情况再生完成后 4 d 左右则开始铺上面层，天气好时，再生施工完成后当天则铺上面层，立即铺上面层对再生层也可以起到保护作业。通过实践证明，此种养生与交通组织模式可行，对再生料造成的负面影响很低，顺利保障了社会车辆的运行，大大缩短了施工工期。如图 9.12 所示为现场施工图。

（a）

（b）

（c）

（d）

（e）　　　　　　　　　　（f）

图 9.12　现场施工图

4．长大纵坡路段高模量沥青混凝土技术

高模量沥青混合料一般是指模量高于改性沥青混合料的特种沥青混合料。目前高模量沥青混合料主要是在混合料拌和过程中掺加高模量剂以达到提高沥青混合料模量的作用。高模量沥青混合料多用于重载交通、高温地区、长大纵坡路段以及机场道面，主要解决路面强度不足问题以及沥青混合料高温性能不良造成的车辙等变形类病害。

该项目属于典型山岭重丘山区二级公路，长大纵坡较多，连续坡长最长达 10 余千米，且公路沿线货车绝对数量和所占比例较大，为了减轻或延缓路面产生车辙和推移，采用绿色品质理念，设计中将部分长大纵坡路段上面层采用高模量改性沥青混合料，同时下面层乳化沥青厂拌再生混合料本生具有较好的抗车辙性能，因此，两者结合具有非常好的高温抗车辙和抗推移变形能力。如图 9.13 所示为现场施工图。

（a）　　　　　　　　　　（b）

（c）　　（d）

图 9.13　现场施工图

第十章　结论和展望

第一节 结 论

本书以 G243 湄潭月亮坝至余庆公路提质升级改造为例，详细论述了贵州省山区普通二级公路的提质升级改造技术方案研究与应用实践。提质升级改造结合项目当地的实际情况，以构建“畅、安、舒、美”的公路交通环境为中心，针对路线、路基、路面、交安设施、道路景观设计等方面进行提质升级改造，进行了提质升级改造工程关键技术方案研究及应用，取得了丰硕的成果。该公路的改造成功，为贵州省乃至全国的国省干线公路的改造提供了很好的借鉴。公路工程的最终效果是让管理者有成就感、让从业者有自豪感、让行路者有愉悦感；实施过程中要量力而行，有能力的建设一片，没能力的建设一线，实在不行的建设一点。山不在高，有仙则灵；水不在深，有龙则灵。对于公路来说，路不在宽，有魂则灵，公路的灵魂就是“畅安舒美”，畅是路之基、安是路之本、舒是路之灵、美是路之韵。提质升级改造的成功实施，提高了道路的质量、保障了行车的安全、展现了当地的文化。结合 G243 湄潭月亮坝至余庆公路的提质升级改造项目，通过总结得到以下一些结论：

（1）改造工程的载体应具有代表性，以“畅安舒美”为创建中心，方可目标明确，达到预期效果。

（2）公路的提质升级改造要充分地利用原有的道路，充分利用已有的资源，减少资源浪费，提高老路的利用率。最大限度地发挥道路的功能，同时在改造的过程中要节约用地，充分地保护自然环境，让公路与环境相协调。

（3）在公路提质升级改造方案确定之前，应对原有道路进行充分的调查，摸清公路存在的病害，制订相应的处置措施。应根据山区公路的施工特点制订施工方案，提高施工水平和施工方案的针对性，保证施工效果。

（4）公路自身排水系统的不健全、设置不合理是导致公路发生水毁的重要因素，提质改造时需要加强对公路水毁的科学评估，应结合改造工程的具体情况，合理地选择排水设施以及排水形式。在场镇路段，还应考虑与城市道路、沿线居民实际需求的结合。

（5）对路面的提质升级改造方案技术进行了研究，应用了原水泥稳定碎石基层就地冷再生技术、原沥青铣刨料进行乳化沥青厂拌冷再生技术以及长大纵坡路段高模量沥青混凝土技术共三项采用绿色品质理念的技术。

（6）服务设施建设不宜下指标、不应定标准，提倡“尽力而为、量力而行、科学实施”。充分利用公路沿线现有设施（如道班、收费站、治超站等）、闲散用地等力所能及地设置一些公众服务设施（如停车港湾、卫生间、休息区、观景台等）；利用社会资源（如加油站、临时售卖点、车辆检修站点等）进行服务设施共建、共管。

（7）尽量利用停车区、服务区等设施进行文化宣传，内容可丰富多彩、简单明了，内涵可不断拓展，包括公路知识、公路精神、社会公德、交通法规、人文历史、风景名胜、当地特产等，都可用不同形式展示，尽可能少地采用宣传口号形式，避免生硬。

（8）路域环境是公路景观的重要组成部分，设计应充分整合周边优美视觉资源，在景观风貌幽美的段落以透景为主，植物选择以色叶开花植物为主，为公路增花添彩、丰富路域景观层次，形成层次分明、季相变化、色彩丰富的景观效果。根据公路现状周边资源以及主题段落划分选择相应主题树种，营造不同的景观主题风貌。

第二节 可推广应用的方案

G243 湄潭月亮坝至余庆山区二级公路提质升级改造技术方案研究中，探索了多种技术并得到了成功应用，主要体现在以下方面：

1．山区二级公路路面改造绿色品质理念的应用

绿色品质理念在 G243 湄潭月亮坝至余庆公路提质升级改造技术方案中，主要有：水泥稳定碎石基层就地冷再生、沥青铣刨料乳化沥青厂拌冷再生、长大纵坡路段高模量沥青混凝土的运用共三个应用方案。

水泥稳定碎石基层就地冷再生，减少了对集料的需求，实现了原基层材料的全部利用，降低了筑路成本，对交通干扰小，减少了能源消耗和温室气体排放，减少了废料占地和对环境的污染，有利于材料的循环利用，综合效益高。沥青铣刨料乳化沥青厂拌冷再生充分利用了既有路面结构层，采用厂拌冷再生技术，既能保证再生沥青混凝土的质量，也有利于节能减排、快速摊铺、开放交通，同时也有利于交通秩序的有序恢复。长大纵坡路段高模量沥青混凝土的运用，针对地是本项目载重车多、纵坡路段长的特点，用高模量沥青混凝土作为上面层，与下面层乳化沥青厂拌冷再生混合料的特性相结合，能减轻或延缓路面产生车辙和推移，体现了全寿命周期的设计思路。

2．景观美化亮化的创意设计方案

在精细化调查的基础上，对全线按照不同的景观主题进行段落划分，对不同的路段及

路域环境部位，采取不同的景观美化亮化创意设计，充分整合公路既有的视觉资源，“露、透、封、诱”相结合，在景观风貌幽美的段落以透景为主，植物选择以色叶开花植物为主，为公路增花添彩、丰富路域景观层次，形成层次分明、季相变化、色彩丰富的景观效果。根据道路现状周边资源以及主题段落划分选择相应主题树种，营造不同的景观主题风貌。

3．人性化服务设施设计

为了更好地体现该公路“畅、安、舒、美”的设计主题，提升整条线路的功能性和景观性，针对公路沿线具有服务功能的售卖点、简易便民服务设施，进行完善和提升设计。设计充分利用既有公路管养设施、闲置设施及用地，着重解决服务设施供给不足、质量不高、服务内容较单一的问题，设计通过合理的布局和功能的完善，为用路者提供基本的公路服务。

第三节　展　望

贵州 G243 湄潭月亮坝至余庆山区二级公路提质升级改造工程，为解决当前贵州省以及我国其他地区山区公路建设中面临的改造技术方案及应用问题，从经验积累和先进理念的运用方面，做了积极的探索和总结。从该项目的改造效果来看，总体效果优秀，得到了社会各界的一致好评，提高了当地的交通水平，带动了当地的经济发展，提升了公路功能、服务、景观等综合品质，达到了预期的目标。

结合 G243 湄潭月亮坝至余庆公路提质升级改造技术方案与应用的实践，在以下方面，对于普通山区公路的提质升级改造，期望得到完善和优化。

（1）结合“畅安舒美”的要求和技术方案的设计，应贯彻动态设计、延续设计过程，在项目施工过程中发现问题、解决问题、优化设计、完善设计。

（2）如何基于一条公路的提质升级改造的成果，进行相应的部门、行业的统筹，使“畅安舒美”公路互相连接形成“畅安舒美”通行环境公路网，促使我国交通道路网的最优化发展，这也是下一步要研究的问题。

（3）目前的景观美化亮化设计，主要追求层次分明、季相变化、色彩丰富的景观效果，给驾驶者舒适的驾驶体验。对于夜间行驶环境的营造，尤其是在线形条件不良的路段，既能考虑到夜间驾驶人的视觉需求，保障行车安全，又能不过多地增加工程造价，这也是值得研究的内容。

参考文献

[1] 中华人民共和国交通运输部. “十三五”公路养护管理发展纲要[R]. 2016.6.

[2] 中华人民共和国交通运输部. 公路“十四五”发展规划[R]. 2022.1.

[3] 贵州省交通运输厅. 贵州省“十四五”公路养护管理发展规划[R]. 2022.3.

[4] 贵州省公路局. 贵州省普通国省干线畅安舒美示范公路创建指南[R]. 2019.1.

[5] 吴春颖，章征宇，李爱芳. 贵州公路沥青路面新材料与新技术[M]. 北京：人民交通出版社股份有限公司，2015.

[6] 王松根. 干线公路养护改造综合技术[M]. 北京：人民交通出版社股份有限公司，2017.

[7] 中华人民共和国交通部. JTG B01—2014，公路工程技术标准[S]. 北京：人民交通出版社，2014.

[8] 中华人民共和国交通部. JTG D20—2017，公路路线设计规范[S]. 北京：人民交通出版社，2017.

[9] 贵州省地方标准. DB52/T 1609—2021，山区普通公路改扩建工程技术规范[S]. 贵州省市场监督管理局，2021.

[10] 马赞. 山区低等级公路升级改造技术研究[D]. 西安：长安大学，2015.

[11] 孟超. 山区低等级公路升级改造技术研究[J]. 黑龙江交通科技，2021，44（5）：2.

[12] 李萌萌. 山区公路路线设计[J]. 交通世界，2021（26）：2.

[13] 彭义俊. 干线公路城镇段改造相关技术研究[D]. 淮南：安徽理工大学，2014.

[14] 许晋峰. 呼和浩特地区二级公路升级改造典型技术方案浅析[J]. 内蒙古科技与经济，2017（7）：2.

[15] 宋传增，李鑫磊，法政，等. 道路线形安全分析与评价应用[M]. 北京：中国建筑工业出版社，2017.

[16] 王松根，弋晓明，等. 干线公路养护改造综合技术[M]. 北京：人民交通出版社，2017.

[17] 吴华金，张林洪，等. 公路改扩建技术[M]. 北京：人民交通出版社，2019.

[18] 交通运输部公路科学研究院. JTG 5210—2018,公路技术状况评定标准[S]. 北京：人民交通出版社，2018.
[19] 张鹏元. 形卡贵州南部山区运营高速公路常见滑坡病害发育规律与稳定性研究[D]. 成都：西南交通大学，2018.
[20] 邓伟强. 公路路肩滑坡原因分析及加固处理措施探讨[J]. 广东建材，2008（6）：126-128.
[21] 徐东伟. 沿河路基冲刷机理与防护措施初探[J]. 北方交通，2013（03）：29-31.
[22] 曹伯能. 公路路基常见病害及处理措施[J]. 中国高新科技，2021（22）：114-115.
[23] 吉随旺，孙振堂. 衡重式路肩高挡墙病害分析及处理[J]. 西南公路，2003（1）：23-24.
[24] 罗大天. 高速公路排水系统效率评估与提升技术研究[D]. 长沙：中南林业科技大学，2021.
[25] 鄢启和. 山区高速公路排水系统的水毁现象及处治措施[J]. 公路，2010（04）：186-191.
[26] 中华人民共和国行业标准. JTG 5210—2018，公路技术状况评定标准[S]. 北京：人民交通出版社，2018.
[27] 中华人民共和国行业标准. JTG D50—2017，公路沥青路面设计规范[S]. 北京：人民交通出版社，2017.
[28] 中华人民共和国行业标准. JTG/T 5521—2019，公路沥青路面再生技术规范[S]. 北京：人民交通出版社，2019.
[29] 中华人民共和国行业标准. JTG/T F20—2015，公路路面基层施工技术细则[S]. 北京：人民交通出版社，2015.
[30] 中华人民共和国行业标准. JTG F40—2004，公路沥青路面施工技术规范[S]. 北京：人民交通出版社，2004.
[31] 贵州省地方标准. DB52/T 1609—2021，山区普通公路改扩建工程技术规范[S]. 贵州省市场监督管理局，2021.
[32] 唐新国. 贵州山区道路冷再生沥青路面结构设计及典型结构研究[D]. 重庆：重庆交通大学，2015.
[33] 张琳. 水泥稳定基层全深式冷再生应用技术研究[D]. 重庆：重庆交通大学，2020.
[34] 杨露. 伊犁地区省道219线特殊土路基及沥青路面病害处治措施应用研究[D]. 西安：长安大学，2020.

[35] 吴春颖，章征宇，李爱芳．贵州公路沥青路面新材料与新技术[M]．北京：人民交通出版社，2015.
[36] 吴华金，张林洪．公路改扩建技术[M]．北京：人民交通出版社，2019.
[37] 郑木莲，李海彬，孟建党．公路改扩建技术[M]．北京：人民交通出版社，2019.
[38] 陈红梅．钢筋混凝土桥梁病害分析及其维修加固[D]．大连：大连理工大学，2011.
[39] 黄颖．混凝土板桥病害分析及加固方法研究[D]．西安：长安大学，2005.
[40] 李少波．桥梁病害防治措施的研究[D]．天津：河北工业大学，2000.
[41] 金玉泉．桥梁的病害及灾害[D]．上海：同济大学，2006.
[42] 黄晓明，许崇法，等．道路与桥梁工程概论[M]．北京：人民交通出版社，2014.
[43] 李世华，张建辉，等．道路桥梁养护手册[M]．北京：中国建筑工业出版社，2006.
[44] 刘玉民，陈惟珍，杨修志，等．桥梁养护技术与管理[M]．北京：人民交通出版社，2013.
[45] 李若愚．山区农村公路陡坡急弯路段安全评价及交安设施布置仿真研究[D]．重庆：重庆交通大学，2021.
[46] 栗海翔．高速公路交通安全设施养护效益评价及养护方案研究[D]．西安：长安大学，2017.
[47] 张晶晶，赵志忠．高速公路波形梁护栏改造方案研究[J]．公路，2015，60（12）：67-70.
[48] 崔同飞．关于山区公路护栏加高的研究与应用[J]．公路，2014，59（02）：193-195.
[49] 交通运输部公路科学研究院．公路交通安全设施设计规范：JTG D81—2017[S]．北京：人民交通出版社，2017.
[50] 王建军，韩荣良．交通工程设施试验检测技术．北京：人民交通出版社，2004.
[51] 缪鹏程．公路边坡景观设计、评价及优化策略——以长沙县黄兴大道为例[D]．长沙：中南林业科技大学， 2016.
[52] 黄吕强，林显锋，李劲松．公路边坡景观设计探讨[J]．路基工程，2008（04）：106-108.
[53] 卜艳梅．公路景观的构成特点及设计原理[J].交通世界（运输.车辆），2013（04）：128-129.
[54] 孟强．公路景观特点及设计技术综述：2008 年全国山区公路环境与岩土工程学术会议[C]，重庆，2008.
[55] 张林洪，吴华金．公路美学研究概论[J]．公路，2016，61（09）：193-200.

[56] 雷红仙，黄萍. 公路隧道洞口景观设计浅析[J]. 公路交通科技（应用技术版），2019，15（08）：312-317.

[57] 叶飞，苏恩杰，梁晓明，等. 公路隧道景观设计现状和思考[J]. 中国公路学报，2022，35（01）：23-37.

[58] 林琨. 贵州省某二级公路改扩建工程生态工程设计和营造技术研究[D]. 重庆：重庆交通大学，2011.

[59] 刘青，刘苑秋，杜天真，等.普通公路绿化景观设计[J]. 中外公路，2010，30（05）：13-16.

[60] 魏新. 黔南山区旅游公路景观规划应用研究[D]. 重庆：重庆交通大学，2021.

[61] 罗丹. 山区公路景观中的地域文化设计表达研究[D]. 重庆：西南大学，2021.

[62] 张金龙. 山区旅游公路景观设计研究[D]. 西安：长安大学，2012.

[63] 杜慧慧. 生态美学与现代公路景观设计[D]. 昆明：昆明理工大学，2018.

[64] 钱蔚. 公路边坡景观设计分析[J]. 现代装饰（理论），2016（12）：86-87.

[65] 何钢，朱季萍，吕峰. 公路景观绿化设计常见误区分析：第四届亚太可持续发展交通与环境技术大会[C]，中国西安，2005.

[66] 胡长龙，荆海涛，戴洪，等. 道路景观规划与设计[M]. 北京：机械工业出版社，2012.

[67] 常根柱. 高速公路绿化[M]. 北京：中国农业科学技术出版社，2009.

[68] 熊广忠. 公路美学概论[M]. 北京：人民交通出版社，2014.

[69] 陈芳. 贵州高速公路环境保护与景观营造技术[M]. 北京：人民交通出版社股份有限公司，2015.

[70] NetlonLimited. Guidelines for the design and construction of einforced solid Retainingwalls using “Tensaf” geogrids, 1990.

[71] Muthucumarassmy Yogendrakumar, Richard J Bathurst, Liam Finn W D. Dynamic Response Analysis of Reinforced-RoilRetaining Wall. Geotech.Engrg.ASCE, 1992, (8): 1158-1167.

[72] Fannill, and Sigurdsson O. Field Observations on Stabilization of Unpaved Roads with Geosynthetics. J Geotech.Engr.ASCE.1996; 544-553.

[73] Ragui F, Wilson—Fahmy, Robert M Koemer, Leonard J. Sansone, Experimental Behavior of Polymeric Geogrids in Pullout.J Geotech.Engineering, ASCE, 1994, (4): 66 1-677.

[74] Uzan Jacob. Permanent deformation in flexible pavements[J]. Journal of Transportation Engineering, 2004, 130(1): 6-13.

[75] Sila I. Examining the effects of contextual factors on TQM and performance through the lens of organizational theories: an empirical study[J]. Journal of Operations Management, 2006, 2.

[76] 杨小峰. 高速公路改扩建工程软土地基段路基加宽施工技术研究[D]. 大连：大连理工大学，2006.

[77] 万智，邓宗伟，刘宝琛，等. 山区拓宽公路挡土墙路基的受力与变形特征分析[J]. 岩土力学，2007，28（5）：921-927.

[78] 陈书雪，韩光钦，曹子龙，杨雪英. 我国建设绿色公路思路研究[J]. 中国资源综合利用，2016，34（08）：51-53.

[79] 陈胜营，关昌余. 绿色公路建设技术指南[M]. 北京：人民交通出版社，2019.

[80] 乔翔. 新时代绿色公路建设指南[M]. 北京：人民交通出版社，2020.

[81] 陈济丁. 绿色公路建设理论与实践[M]. 北京：人民交通出版社，2017.

[82] 张伟. 基于绿色公路理念的公路景观设计[J]. 湖南交通科技，2019，45（03）：79-81 + 155.

[83] 易列斯. 绿色公路评价指标体系与评价方法研究[D]. 重庆：重庆交通大学，2019.

[84] 林文. 基于生态技术的绿色公路景观设计[J]. 福建交通科技，2018（06）：31-37 + 41.

[85] 刘杰. 绿色公路的瓶颈分析与管理体系建设[J]. 中国公路，2018（10）：26-29.

[86] 陈冬燕，薛彦平. 绿色公路理念在延-崇高速公路设计中的应用[J]. 市政技术，2018，36（03）：17-20.

[87] 曾伟，赵建雄，王朝辉，等. 绿色公路评估现状与发展[C]//.2017 京津冀综合交通技术创新协同发展学术研讨会论文集，2017:68-74.

[88] 李宝铭，王莹. 辽宁省绿色公路设计理念和方法[J]. 北方交通，2017（04）：87-89.

[89] 郑淼. 基于模糊层次分析法的建设项目环境影响评价研究[D]. 天津：天津大学，2009.

[90] 盘钦卿. 基于价值管理的绿色公路目标体系构建研究[D]. 重庆：重庆交通大学，2012.

[91] 杨骏野. 公路建设项目生态影响评价研究与案例分析[D]. 成都：西南交通大学，2013.

[92] 杜国强. 我国公路景观设计现状及展望[J]. 黑龙江交通科技，2010，33（07）：219-220.

[93] 王建军，严宝杰，陈宽民. 高速公路建设项目后评价若干问题探讨[J]. 长安大学学报（社会科学版），2005（02）：4-8.

[94] 荆丽波. 道路生态环境评价指标体系研究[D]. 北京：北京林业大学，2008.

[95] 阮陆隍. 公路建设项目环境影响分析与评价研究[D]. 福州：福建农林大学，2008.

[96] 姚刚. 公路工程临时用地生态恢复研究[D]. 西安：长安大学，2008.

[97] 李太安. 西北地区高等级公路建设与路域环境耦合问题[J]. 青海交通科技，2003（05）：14-17.

[98] 桂浩尧. 公路施工废水污染控制研究[D]. 西安：长安大学，2007.

[99] 刘晓茹. 公路路域农田土壤-农作物重金属污染研究[D]. 西安：长安大学，2012.

[100] 付东伟. 浅析公路工程环境保护设计[J]. 科技风，2008（16）：27 + 29.

[101] 马中南，高建刚. 绿色公路的研究体系探讨[J]. 公路交通科技，2006（09）：146-149.

[102] 刘静. 公路环境保护工程计价依据拟定方法研究[D]. 重庆：重庆交通大学，2013.

[103] 郑言实. 绿色交通是交通运输发展的战略抉择[J]. 中国公路，2017（15）：46.

[104] 刘强. 关于生态公路的哲学思考[J]. 才智，2010（32）：272-274.

[105] 陈年文. 基于可持续发展的生态公路建设理念研究[D]. 汕头：汕头大学，2011.

[106] 刘伦衔，黄国军，杨兴宇，等. 高速公路沿线景观带特色植物的立体构建——以贵州威毕高速公路为例[J]. 森林工程，2014，30（05）：132-136.

[107] 管俊强. 广东省高速公路主线绿化养护及设计研究[D]. 广州：华南理工大学，2016.

[108] 马媛玲，魏磊. 浅议生态公路建设的理念[J]. 科技信息，2010（09）：364 + 374.

[109] 张琴. 基于可持续发展理念的绿色公路评价研究[D]. 重庆：重庆交通大学，2011.

[110] 彭辉. 环保理念在生态公路设计中的应用研究[J]. 科技创新导报，2010（34）：122-123.

[111] 范宇杰. 绿色公路建设目标及因素探析[J]. 交通与运输，2018，34（05）：35-37.

[112] 王蕾，谢超. 项目前期阶段对工程造价影响的控制研究[J]. 滁州学院学报，2017，19（05）：47-50.

[113] Zheng S, Meng Y, Cai H, et al. Research on highway accident prediction based on interactive highway safety design model[C]//International Conference on Smart Transportation and City Engineering 2021. SPIE, 2021, 12050: 347-352.

[114] Wang Y, Meng Y, Cai H, et al. Study on stability analysis and treatment measures of dangerous rock[C]//International Conference on Smart Transportation and City Engineering 2021. SPIE, 2021, 12050: 1432-1437.

[115] Liang X, Meng Y, Du G, et al. Research on drainage capacity of road plastic blind trench based on numerical simulation[C]//International Conference on Smart Transportation and City Engineering 2021. SPIE, 2021, 12050: 50-58.

[116] Liang X, Meng Y, Gao G, et al. Seepage analysis of highway subgrade in Guizhou mountainous area based on numerical simulation[C]//International Conference on Smart Transportation and City Engineering 2021. SPIE, 2021, 12050: 469-476.

[117] Zheng S, Meng Y, Li F, et al. Traffic safety evaluation based on unascertained measure model[C]//International Conference on Smart Transportation and City Engineering 2021. SPIE, 2021, 12050: 432-438.

[118] Jiang J, Meng Y, Liao J, et al. Vibration frequency of modified wave beam guardrail based on collision simulation and vibration acceleration analysis[C]//International Conference on Smart Transportation and City Engineering 2021. SPIE, 2021, 12050: 1074-1079.

[119] Liu B, Meng Y, Wang H, et al. Analysis of the influencing factors of traffic accidents based on the logistics method[C]//International Conference on Smart Transportation and City Engineering 2021. SPIE, 2021, 12050: 485-490.

[120] Jiang J, Meng Y, Wen L, et al. Analysis of influencing factors of mountain secondary highway accidents based on logistic regression model[C]//International Conference on Smart Transportation and City Engineering 2021. SPIE, 2021, 12050: 377-382.

[121] Wang Y, Meng Y, Wen L, et al. Stability analysis and disease treatment of Nanmu Bridge slope clone[C]//International Conference on Smart Transportation and City Engineering 2021. SPIE, 2021, 12050: 1384-1389.

[122] Liu B, Meng Y, Zhang K, et al. Collision-proof safety rating model of wave beam guardrail based on entropy weight technique for order preference by similarity to an ideal solution[C]//International Conference on Smart Transportation and City Engineering 2021. SPIE, 2021, 12050: 736-741.

[123] Meng Y, Yan H, Liang X, et al. Study on optimal evaluation of route design scheme in mountain highway reconstruction and expansion[C]//International Conference on

Smart Transportation and City Engineering 2021. SPIE, 2021, 12050: 120-125.

[124] 孟云伟，张熙衍，青光焱，等. 基于 Logistic 回归的高速公路交通事故后果的影响因素分析[J]. 武汉理工大学学报（交通科学与工程版），2022，46（01）：12-16.

[125] 孟云伟，张熙衍，青光焱，等. 山区双车道公路路域空间中驾驶视觉心生理负荷特性研究[J]. 武汉理工大学学报（交通科学与工程版），2021,45（03）：403-407.

[126] 孟云伟，陈磊，刘博航，等. 山区公路驾驶视觉信息量计算方法研究[J]. 交通运输系统工程与信息，2020，20（05）：45-50 + 63.

[127] Meng Y, Cai H, Chen L, et al. Research on driving visual comfort of two lane mountainous road based on traffic safety evaluation[J]. Engineering Reports, 2022: e12561.

[128] Meng Y, Wen L, Liu T, et al. Research on catastrophe progression of driving load in mountainous road based on visual and environmental characteristics[J]. Engineering Reports, 2022: e12554.

[129] 孟云伟. 驾驶视觉反应与山区高速公路路域景观交互影响研究[D]. 上海：同济大学，2017.

[130] 贵州省地方标准. JTT52/02—2019，贵州省普通国省道改扩建工程爬坡车道设计指南[S]. 贵州省交通运输厅，2019.

[131] 贵州省地方标准. JTT52/02—2018，贵州省二级公路改扩建设计技术指南[S]. 贵州省交通运输厅，2018.